Ingrid Schraub

Zwischen Salon und Mädchenkammer

FRAUENLEBEN
herausgegeben von Viola Eigenberz

Ingrid Schraub

Zwischen Salon und Mädchenkammer

Biedermeier bis Kaiserzeit

Kabel

Für Anna Lena und Jana
Danke Andi

Umschlag: Theodor Bayer-Eynck
Titelillustration von Hans Gabriel Jentzsch,
Gouache von 1902

Gesamtherstellung: Clausen & Bosse, Leck
ISBN 3-8225-0209-X

Inhalt

Das traute Glück zu zwein. Ehealltag im 19. Jahrhundert

Das deutsche Eheleben ist keine wahre Ehe. Der Mann hat keine Frau, sondern eine Magd; er führt sein Junggesellenleben im Geiste selbst im Familienkreise weiter.
Heinrich Heine

»Die Ehe ist die einzige wirkliche Leibeigenschaft, die das Gesetz kennt«, schrieb der englische Philosoph John Stuart Mill. Und nahezu alle jungen Damen strebten im 19. Jahrhundert diese Leibeigenschaft an. Auf die Eheschließung war alles ausgerichtet: Erziehung und Ausbildung sowie alle nur denkbaren Anstrengungen von Müttern und der gesamten Verwandtschaft. Und noch 1905 fragte *Die Gartenlaube*, eine bekannte und weitverbreitete Zeitung, ihre Leser in vollem Ernst: »Wie verheirate ich meine Tochter?« Mit der Suche nach einem Ehemann konnte nicht früh genug begonnen werden, schließlich galt das Motto »Jung gefreit, nie gereut«.

Die Frau war für die Ehe bestimmt, darüber gab es gar keine Diskussion. »Eine gute Partie machen«, »standesgemäß heiraten« lauteten die kategorischen Imperative der jungen Damen. Wie groß die Abhängigkeit der Frauen von einer Eheschließung war, zeigt der tragische Fall der Wiener Kaufmannsfamilie Lang, der 1900 in der österreichischen Öffentlichkeit für Aufsehen sorgte. Dominik Lang, das Familienoberhaupt, hatte geschäftliche Probleme, die er in seiner Verzweiflung durch einen Wechselbetrug lösen wollte. Als der Wechsel fällig wurde und zu platzen drohte, sah er keinen Ausweg mehr und dachte daran, seinem Leben ein Ende zu setzen. Allein der Gedanke an seine drei unversorgten Töchter ließ ihn noch zögern. Was sollte aus ihnen werden? Der verzweifelte Kaufmann weihte die Mädchen in seinen Plan ein. Der ruinierte Ruf und die fehlende Mitgift ließ sie zu dem Entschluß kommen, gemeinsam mit dem Vater in den Tod zu gehen. Nur äußerst glücklichen Umständen ist es zu verdanken, daß die beiden jüngeren Mädchen gerettet werden konnten.[1]

Drum prüfe, wen man ewig bindet

Die Suche nach einer passenden Partie begann schon früh, und sie wurde generalstabsmäßig geplant: »Schon lange vorher erwägt die Mutter die Chancen und bereitet den Kampf vor: Ihre Tochter habe alle möglichen Vorzüge, sie sei wie dazu geschaffen, einmal einen Mann glücklich zu machen. Dies Gerücht wird mit Eifer und Beharrlichkeit in Kurs gebracht. Jede Base erfährt es, jede Nachbarin, bei jeder Kaffeevisite, in jeder Gesellschaft wird es mit der größten Wichtigkeit erzählt und begründet: die Tochter soll ein wahrer Ausbund aller Tugenden sein.«[2]

Die Gefühle der Tochter standen bei einer derart genauen Planung nicht zur Debatte. Schließlich wurde nicht aus Liebe, sondern aus Gründen der Vernunft geheiratet.

Romantische Liebesgeschichten, von denen die Dichter erzählen, waren im letzten Jahrhundert eher die Ausnahme als die Regel. Der Adel heiratete, aus Rücksicht auf Stand und Familie, fast ausschließlich unter seinesgleichen. Auch in bürgerlichen Unternehmerkreisen leistete man sich kaum den Luxus, die Kinder aus Liebe heiraten zu lassen. Ganz im Gegenteil: Geschäftliche Erwägungen spielten hier eine ebenso wichtige Rolle wie dynastische Kalküle in Adelskreisen: Eine ordentliche Mitgift vergrößerte das Vermögen der Familie, eine angesehene Stellung in der Gesellschaft konnte die Verbindungen verbessern, wichtige Türen öffnen oder die Kreditwürdigkeit erhöhen – auf eine Formel gebracht: »Woman is money«.

Es war ein Geschäft auf Gegenseitigkeit: Gegen ihre Hand und eine ansehnliche Mitgift tauschte die junge Ehefrau einen Rang ein, den sie nur über die Ehe erreichen konnte. Der

Schlüssel zu einer angesehenen Stellung in der Gesellschaft war die Heirat, an ihr führte kein Weg vorbei.

Umgekehrt stieg die Attraktivität einer Frau mit der Höhe des Vermögens, das sie in die Ehe brachte: »Die ›schlichteste‹ Anziehungskraft einer bürgerlichen Frau bestand in einer stattlichen Mitgift (je unansehnlicher und älter die Frau, desto höher die Summe).» [3]

Und je früher man heiratete, desto besser. Das galt vor allem für die Mädchen, eine blutjunge Braut von fünfzehn oder sechzehn Jahren war keine Seltenheit. Der Zukünftige war häufig erwachsen, hatte womöglich schon graue Schläfen, denn noch in fortgeschrittenem Alter galten Männer als gute Partie und hatten keinerlei Probleme, noch eine Ehe einzugehen. Oft war eine junge Frau für die Männer bereits die zweite Gattin, denn viele Frauen starben im Kindbett. Die Mädchen standen dagegen erheblich unter Zeitdruck: Mit den Jahren konnten sie nur verlieren, und je länger sie warteten, desto schwieriger gestaltete sich die Suche nach einem passenden Ehemann. Typisch ist die Verlobung, die der berühmte Roman *Effi Briest* von Theodor Fontane beschreibt. Die Heldin wächst wohlbehütet auf dem Gut ihrer Eltern auf. Sie ist gerade siebzehn Jahre alt, als ein Jugendfreund der Mutter, Baron Geert von Innstetten, zu Besuch kommt. Bereits nach wenigen Tagen hält er bei dem Gutsherrn um Effis Hand an. Erst nachdem sich Vater und Bräutigam weitgehend einig sind, erfährt Effi von der großen Neuigkeit.

Die Mutter nimmt die Tochter beiseite: »Ich muß dir nämlich sagen, Effi, daß Baron Innstetten eben um deine Hand angehalten hat.« »Um meine Hand angehalten? Und im Ernst?« »Es ist keine Sache, um einen Scherz daraus zu machen. Du hast ihn vorgestern gesehen, und ich glaube, er hat dir auch gut gefallen. Er ist freilich älter als du, von Stellung und guten Sitten, und wenn du nicht ›nein‹ sagst, was ich mir von meiner klugen Effi kaum denken kann, so stehst du mit zwanzig Jahren da, wo andere mit vierzig stehen. Du wirst deine Mama weit überholen.« Effi ist einverstanden und damit verlobt. Einen Tag später muß der Zukünftige abreisen, die Pflicht ruft.

Manchmal fragte der Verehrer die Dame seines Herzens auch direkt: »Sofort trat der junge Lehrer auf Marthe zu, die sich in eine Fensternische gesetzt und ein Buch in die Hand genommen hatte. ›Liebes Fräulein‹, begann er, ›ich habe soeben mit Ihrer Frau Mutter gesprochen und diese hat mir Hoffnung gemacht, daß Sie mir vielleicht Gehör schenken würde, wenn ich mir erlaube, Sie zu bitten –‹ ›Oh Fräulein Marthe, Sie wissen ja, daß ich Ihnen für kulinarische Genüsse stets dankbar bin; denn Sie haben, wie ich mir schon öfters zu bemerken erlaubt, die Poesie der Küche erfaßt.‹ ›Liebste Marthe, bewahren Sie mich vor dem Zurücksinken in die Prosa gemeiner Kost, überwachen Sie stets die Zubereitung meiner Speisen, kurz – werden Sie – meine Frau!‹ ›Aber Herr Doktor!‹ Marthe war bei seinen letzten Worten vom Stuhle gesprungen, ›womit habe ich es verdient, daß Sie schlechte Scherze mit mir treiben?‹ ›Schlechte Scherze! Wie können Sie das von mir denken? Nein, nein, es ist mein heiliger Ernst!‹ ›So? Also wollen Sie sich eine gute Köchin sichern und gedenken deshalb, mich zu heiraten?‹« [4]

Derartige Geistesgegenwart hatten nur die wenigsten jungen Damen. Meistens wurden sie ohne viel Federlesen verlobt. Keine verliebten Blicke, kein langes Kennenlernen, keine Briefe, keine Seufzer im Mondenschein, die Ehe war schließlich eine ernste Sache und kein Ort für romantische Schwärmereien. Daher gab meistens die Entscheidung der Eltern den Ausschlag, sie wählten den zukünftigen Ehemann aus. Den Töchtern teilte man erst nach dem erfolgreichen Ende der Verhandlungen das Ergebnis mit.

So vernünftig die Ehen auch geplant wurden, sie hielten nicht immer das ganze Leben lang. Die oft erheblichen Altersunterschiede zwischen den Ehegatten konnten ernsthafte Differenzen zur Folge haben, denn nicht jeder ältere Mann war in der Lage, sich auf die Bedürfnisse seiner fast noch kindlichen Ehefrau einzustellen. Oder die Eheleute hatten so unterschiedliche Charaktere, daß sie sich trotz gemeinsamen Alltags nicht aneinander gewöhnen konnten. Und schließlich brachte nicht jede Frau die Geduld auf, an der Seite eines ungeliebten Mannes ein ganzes Leben lang auszuharren.

»Fräulein befinden sich?«
»O, ich danke! Ich glaube, wir werden heute noch eine Witterung bekommen.«

Eine der Frauen, die dieses Schicksal nicht ertrug, war Elisa von der Recke, eine Schriftstellerin des frühen 19. Jahrhunderts. Sie berichtet in ihrem Tagebuch von den Anfängen ihrer Ehe: »In einem Alter von fünfzehn Jahren wurd' ich einem Manne gegeben, den ich zu lieben wünschte und nicht lieben konnte, weil unsere Neigungen durchaus entgegengesetzt waren. Er, hart und leidenschaftlich, heuchelte in Gegenwart meiner Verwandten die zärtlichste Liebe zu mir und eine Gefälligkeit, für die er mich um so mehr mißhandelte, wenn wir ohne Zeugen waren. Die Fehler, die ich täglich mehr an ihm entdeckte, entfernten mein Herz noch weiter von ihm als die

Unfreundlichkeit, mit welcher er sich gegen mich, gegen alle meine Freundinnen und selbst gegen meine Geschwister betrug.«[5]

Elisa verlangte ultimativ von ihrem Mann, daß er sich ändern müsse, wenn die Ehe fortgesetzt werden solle. Vor allem müßte er seine zahlreichen Affären mit anderen Frauen beenden. Doch der ältere Junker dachte nicht daran – also zog seine Frau die Konsequenzen. Sie reichte die Scheidung ein und verließ mit ihrer kleinen Tochter das Gut ihres Mannes.

Die Kalkulation, daß auf geordnete Finanzen zwangsläufig das dauerhafte Eheglück folge, ging also nicht immer auf. Auch in einem anderen Falle waren die wohlgemeinten Berechnungen der Familie ein Mißerfolg. So schildert Georg Hermann in dem bekannten Roman *Jettchen Gebert* einen Fall, der sich im Berlin der Biedermeierzeit abspielte.

Die Heldin wird von ihren liebenden Verwandten an einen Vetter aus der Provinz verschachert, weil dieser geschäftlich erfolgreich zu werden verspricht. Die Familie glaubt, der Vetter könne Jettchen auch in Zukunft einen angemessenen Lebensstandard bieten. Die Braut erklärt sich nach langem Zögern mit der Hochzeit einverstanden. Von der Hochzeitsfeier flüchtet sie im Brautkleid. Ihr war der Skandal lieber als das Leben an der Seite eines ungeliebten Ehemannes.

Bei allen diesen Ehen wurde immer wieder an die Vernunft der Mädchen appelliert. Man meine es doch gut und wolle nur das Beste für sie. Da die meisten Mädchen keinerlei Lebenserfahrung hatten, folgten sie den wohlgemeinten Ratschlägen der Eltern.

Von der Möglichkeit, eigene Erfahrungen zu machen, blieben die Mädchen weitgehend abgeschnitten. Entweder besuchten sie eine »Höhere Töchterschule«, in der man ihnen alles beibrachte, was für eine Ehefrau der gehobenen Stände notwendig war. Oder die Erziehung fand zu Hause statt. Dann verbrachten die Mädchen den größten Teil des Tages im Hause der Eltern und bereiteten sich im häuslichen Unterricht auf ihre spätere Rolle als Hausfrau und Mutter vor. Der Umgang mit dem anderen Geschlecht war auf gesellschaftliche Gelegenheiten beschränkt. Feste in der Nachbarschaft oder gelegentliche Besuche bildeten die einzige Abwechslung im tristen Dasein. Durch Unterwerfung unter die gesellschaftlichen Regeln erhielten sich die jungen Damen die Aussicht auf eine gute Partie.

Und was wurde nicht alles getan: »Um die jungen Mädchen zu schützen, ließ man sie nicht einen Augenblick allein. Sie bekamen eine Gouvernante, die dafür zu sorgen hatte, daß sie Gott bewahre nicht einen Schritt unbehütet vor die Haustür traten, sie wurden zur Schule, zur Tanzstunde, zur Musikstunde gebracht und ebenso abgeholt. Jedes Buch, das sie lasen, wurde kontrolliert, und vor allem wurden die jungen Mädchen unablässig beschäftigt, um sie von möglichen gefährlichen Gedanken abzulenken... ›Gut erzogen‹ galt damals bei einem jungen Mädchen für vollkommen identisch mit lebensfremd; und diese Lebensfremdheit ist den Frauen jener Zeit manchmal für ihr ganzes Leben geblieben.« [6]

Auch in dem damals weitverbreiteten, von Henriette Davidis verfaßten Ratgeber *Die Braut* von 1896 stand zu lesen: »Nicht genug können junge Mädchen vor dem frühen Anknüpfen von Liebesverhältnissen gewarnt werden. Eine zu früh in unreifem Alter gefaßte und verfolgte Neigung nimmt Sinn und Verstand gefangen, hemmt alles ernste Streben, untergräbt nicht selten die Gesundheit, ja wohl das ganze Lebensglück. Erst sollten junge Töchter sich ganz gehörig für das häusliche Leben vorbereiten, um ihre künftigen Pflichten genügend erfüllen zu können, dann wird die Zuneigung eines ehrenwerten Mannes keine flüchtige sein, nicht mit den kurzen Flitterwochen verschwinden, sondern das Liebesglück das ganze Leben hindurch bewahrt bleiben.« [7]

Die einzig wichtige Aufgabe der jungen Frauen bestand darin, einen Ehemann zu bekommen, den sie über ihre persönlichen Eigenschaften, ihr gutes Aussehen, ihre Bildung und ihre hausfraulichen Qualitäten an sich binden mußten. Die Ehe war eine Zweckgemeinschaft, die dem Mann die häuslichen Verpflichtungen abnahm und der Erzeugung von Nachwuchs diente. Diese Arbeitsteilung sicherte den Frauen eine Stellung in der Gesellschaft und ihren Lebensunterhalt. Erst in der zweiten Hälfte des 19. Jahrhunderts wurde die Berufstätigkeit eine ernstzunehmende Alternative zur Heirat. Vorher war es völlig undenkbar, daß eine heranwachsende junge Dame an eine eigene Karriere dachte. Erst die fortschreitende Industrialisierung und die allgemeine Bevölkerungsentwicklung ermöglichten standesgemäße Alternativen.

Das Prinzip, die gesellschaftliche Position durch eine Heirat abzusichern oder sogar auszubauen, galt nicht nur für die oberen Zehntausend. Auch die jungen Arbeiterinnen und die vielen Dienstmädchen in den Städten wollten möglichst die gesellschaftliche Stufenleiter hinaufheiraten und schlossen den Bund fürs Leben lieber mit einem kleinen Beamten oder Angestellten, dessen Gehalt es ihnen erlaubte, in Zukunft »nur« Hausfrau und Mutter zu sein.

Für die Mädchen der unteren Schichten war es in der Stadt noch verhältnismäßig leicht, einen Mann kennenzulernen. Oft ergab sich auf der Straße, im Laden oder an der Haustür die Gelegenheit zu einem Gespräch, man konnte Verabredungen treffen und Bekanntschaften machen. Tanzvergnügen oder der sonntägliche Ausgang waren weitere Möglichkeiten zu Begegnungen mit einem jungen Mann aus dem Kontor, einem feschen Soldaten oder einem soliden Beamten mit Pensionsanspruch. Schon sprichwörtlich waren die »Bratkartoffelverhältnisse« der Köchinnen, die ihren Liebsten in der Küche der Herrschaften empfingen und ihn dort bekochten.

Auf in den Kampf...

Derartige Vergnügungen kamen für die Töchter begüteter Eltern überhaupt nicht in Frage. Liebschaften vor der Ehe – undenkbar, unmöglich, völlig ausgeschlossen. Sie durften nie alleine unterwegs sein, waren immer in Begleitung. So etwa bei der Promenade am Sonntagnachmittag, im Berliner Zoologischen Garten: »Hier erschien in schäbiger Eleganz die Offiziers- und Beamtenwitwe, um ihre schon stark angejahrten, interessant verschleierten Töchter vor Männeraugen spazieren zu führen. Hier ließen sich mit der Stickerei und dem mitgebrachten Kuchen zu stundenlangem Klatsch all die Überflüssigen nieder, an denen das weibliche Geschlecht so reich ist.«[8] Dabei ging es immer nur um den einen Punkt: »Die erste und wichtigste Aufgabe, vor die sich jede Mutter einer heiratsfähigen Tochter gestellt sieht, ist: ihr Gelegenheit zu Herrenbekanntschaften zu geben. Man muß ihr doch Gelegenheit geben, einen zu ›finden‹! Hinterm Ofen findet sie keiner, da sind schon die schönsten vertrocknet; aber auf dem Markt finden mitunter sogar die magersten Kälber einen Liebhaber.«[9]

Eine günstige Gelegenheit zur Bekanntschaft mit einem jungen Mann war die Tanzstunde. Hier konnten erste zarte Bande angeknüpft werden. »Es mag auch vorgekommen sein, daß der eine oder andere Junge auf die Erkorene seines Herzens ein paar Verse gemacht hat. In ihre Hände sind sie aber schwerlich gekommen. Eine solche Kühnheit hätten wir nicht gewagt. Auf dem Tanzstundenball tanzte man mit ihr die Kotillon. Das war der einzige Lohn der treuen Tanzstundenminne.«[10]

Aber dies war eben nur eine der Möglichkeiten, und allein darauf konnte sich eine sorgende Mutter nicht verlassen. Deshalb nahm sie jede Chance wahr, den Nachwuchs vorzuzeigen. Allen gesellschaftlichen Verpflichtungen wurde nachgekommen, Bälle und Wohltätigkeitsveranstaltungen, Theater und Oper besucht, Sport getrieben, die Ferien in mondänen Badeorten verbracht usw. usw.... Kein Aufwand war zu hoch, um die Tochter in den Hafen der Ehe zu bugsieren.

Bitter schreibt Franziska von Reventlow, selbst Tochter aus adligem Hause, über solche Bälle in Schleswig-Holstein, »zu denen die Mutter dann mit ihren Töchtern und einem ›Altar in der Tasche‹ hinfährt. Während sich die unschuldigen Schlachtopfer arglos amüsieren, sitzen die Mütter in langen Reihen umher, beobachten mit mehr als Argusaugen, wer wem die Cour macht, etc. und thun ihr Möglichstes, um ›Partien zu machen‹, und was sie darin in einer Ballsaison zustande bringen, ist unglaublich.«[11]

Ungezwungene Gespräche fanden bei den meisten Veranstaltungen nicht statt, denn den wachsamen Augen der versammelten Mütter entging nichts. Bei jedem Tänzer stellten sich die Mädchen die Frage: Möchtest du den? Könntest du den gern haben? Und im Hintergrund immer die Mütter, die alles mit kritischen Augen begleiteten und überwachten. Ungezwungen plaudern, jemanden kennenlernen, flirten, das alles war nicht möglich. Ein Ball war schließlich kein Vergnügen, sondern ein Markt der Eitelkeiten, auf dem Verbindungen geknüpft wurden. Jede kleine Geste, jeder Blick, jede Handlung wurde zu einem Zeichen von besonderer Bedeutung.

So galt ein Mädchen fast schon als verlobt, wenn es nur mehrmals mit einem der jungen Männer tanzte. Peinlich genau registrierte man auch die Besuche eines jungen Mannes bei einer Familie. Spätestens nach dem dritten Erscheinen brodelte die Gerüchteküche, und man tuschelte hinter vorgehaltener Hand von einer bevorstehenden Verlobung. Bald blieb dem Gast nichts anderes übrig, als sich mit Blumen einzufinden und um die Hand der Tochter des Hauses zu bitten oder die Besuche einzustellen. Wie schnell man verlobt sein konnte, ohne es zu ahnen, zeigt der autobiographische Bericht einer jungen Dame. Ihr raubte ein ungestümer Kavalier während eines Tanzvergnügens einen Kuß. Daraufhin stellte der Vater sie am nächsten Tag zur Rede: »Du bist ja eine nette Pflanze! ... Hinter dem Rücken deiner Eltern bändelst du mit meinen Leutnants an und setzt ihnen Flausen in den Kopf. Hast du denn gar keine Ehre im Leibe?!‹ Verständnislos starrte ich ihn an.« Was sie nicht wußte: Der stürmische junge Leutnant hatte ohne jede Rückversicherung von Seiten der jungen Dame um ihre Hand angehalten![12] Der gute Ruf mußte unter allen Umständen bewahrt bleiben. War dieser erst ruiniert, konnte eine junge Frau nur noch schwer »an den Mann gebracht« werden. Da zeigten sich die Gesetze und Moralvorstellungen der Gesellschaft ebenso unerbittlich wie die Männer selbst. Wie hart das sein konnte, belegt eine Szene aus dem Roman *Der Untertan* von Heinrich Mann. Der »Held« der Geschichte, Diederich Heßling, studierte in Berlin. Sein Vater, seines Zeichens Papierfabrikant in der Provinz, hatte ihm ein Empfehlungsschreiben an einen Berliner Geschäftsfreund gegeben. Diederich wird von der Familie herzlich aufgenommen und bewirtet. Nach einiger Zeit hat er ein Liebesverhältnis mit der Tochter des Hauses. Allerdings denkt der Fabrikantensohn nicht daran, das Mädchen zu heiraten. Der Vater der Verführten stellt ihn zur Rede in der Absicht, ihn durch eine Heirat zu einer Legalisierung der Beziehung zu bewegen.

Allein, Diederich denkt gar nicht an eine Eheschließung, beleidigt den empörten Geschäftsfreund und fordert ihn sogar noch zum Duell. Schließlich schleudert er dem Vater hochmütig ins Gesicht: »Wenn Sie es durchaus hören wollen: Mein moralisches Empfinden verbietet mir, ein Mädchen zu heiraten, das mir seine Reinheit nicht mit in die Ehe bringt.«

Die Unberührtheit der Braut war Vorbedingung für die standesgemäße Eheschließung. Daher wachte die Familie strengstens auf den Umgang der Töchter. Denn der Bräutigam besaß sogar das Recht, die Unschuld seiner zukünftigen Frau, die »virgo intacta«, von einem Arzt überprüfen zu lassen! So berichtet der Berliner Arzt Heinz Zikel in seinem Buch *Das Sexualleben der Frauen* von einer Patientin, deren Verlobter diese Untersuchung vor der Hochzeit von ihr verlangte. »Ich erschrak nicht wenig, als er, im letzten Vierteljahr vor der geplanten Hochzeit, eines Abends unverblümt mit der Forderung an mich unschuldsvolles Geschöpf herantrat, ich müsse mir eine Nachprüfung gefallen lassen, da er nur ein vollkommenes Weib ehelichen wolle. Ich protestierte energisch. Aber er erklärte, das sei das Recht des Mannes. Vergebens waren meine Beteuerungen. Er bestand auf seinem Rechte. Und da ich ihn lieb hatte und ihm sein Recht gönnte und genau wußte, daß ich eine vollkommene und unschuldige Jungfrau sei, so gestattete ich ihm nach langen Kämpfen sein ›Recht‹.« [13]

Allerdings waren nicht alle Männer so auf Moral erpicht wie der Zukünftige der unbekannten jungen Dame. Man übersah so manchen Schönheitsfehler, wenn nur die Mitgift stimmte. Auch die auf Ehre bedachten Militärs drückten ein

Auge zu. So stand in einer der Tageszeitungen folgendes Inserat zu lesen:

> Ein adeliger Offizier, Mitte der Dreißiger, von angenehmem Äußeren, sucht die Bekanntschaft mit einer Dame behufs Verheiratung. Vermögen mindestens 300 000 Mark erforderlich. Religion bleibt außer Acht. Vermittler ausgeschlossen. Verschwiegenheit selbstredend. Offerten, nicht anonym, mit näheren Angaben und Bild, daß umgehend zurückerstattet wird, unter...

Die standesgemäße Lebensführung im Offizierskorps verlangte eben einen erheblichen finanziellen Aufwand. Der Sold war knapp, die Ausgaben für Gelage, Jagd, Glücksspiel und Bordellbesuche hoch.

Heiratsanzeigen wurden Mitte des 19. Jahrhunderts auch ein beliebtes Mittel, die mitunter schwierige Suche nach einer passenden Partie für die Tochter zu vereinfachen. Durch ein Inserat verringerte sich der Kreis der Herren auf die ernsthaft Interessierten. So annoncierte ein fürsorglicher Vater:

> Zwecks Heirat. Im Hinblick auf mein Alter suche als Vater, völlig sekreter Weise allen Angehörigen gegenüber, für meine Tochter, evang., 25 Jahre alt, stattliche Erscheinung, angenehm gebildet, auch musikalisch und sprachlich, sowie in Kunstfertigkeiten geübt, dabei sehr häuslich und bescheiden, vornehm in Gesinnung und Charakter, zwecks Heirat akademisch gebildeten Mann von empfehlendem Äußeren, größerer Figur, bester Gesundheit und zweifellos gediegenem Charakter, etwa Anfang Dreißiger, bevorzugt Arzt, Jurist, höherer Beamter, Oberlehrer, Apotheker. (Witwer ausgeschlossen.) Bei angenehmer Aussteuer Jahreszuschuß circa 5000 M. als Zinsen, sichergestelltes Kapital von 100 000 M. Diskretion gegen Diskretion. Streng reelle, möglichst erschöpfende Zuschriften, zunächst wohl anonym, unter... innerhalb von acht Tagen erbeten. Ev. Antwort etwa 14 Tage darauf zu gewärtigen.[14]

Es wurden weder Kosten noch Mühen gescheut, um die jungen Damen unter die Haube zu bringen. Schließlich stand die Familie ebenso wie die Tochter unter Zeitdruck, denn fand sich kein passender Bewerber, galt die Tochter schnell als spätes Mädchen und hatte keine Aussicht mehr, noch eine Ehe einzugehen.

Schon mit Mitte Zwanzig war man spät dran und ohne eine besonders große Mitgift im Grunde nicht mehr zu verheiraten. Fanny Lewald, die sich später als Schriftstellerin einen Namen machte, mußte sich von ihrem Vater folgende Rechnung aufstellen lassen, als sie einen der Bewerber um ihre Hand nicht akzeptieren wollte: »Überlege dir die Verhältnisse, mein Kind! Du bist nicht mehr jung, du bist fünfundzwanzig Jahre. Ich befinde mich leider nicht in der Lage, dir ein Vermögen zur Mitgift zu geben, man weiß, daß ich kein reicher Mann bin, und ich habe fünf Töchter außer dir... Der Assessor wählt dich um deiner selbst willen, das wird vielen reichen Mädchen nicht zuteil, und du hast als Frau eines Landrates, der sicher eine gute Karriere machen wird, eine ehrenvolle Stellung und ein gesichertes Auskommen; ganz abgesehen davon, daß eine Frau selbst in einer nicht ganz glücklichen Ehe noch immer besser daran ist als ein altes Mädchen.« [15] Allen Vorhaltungen zum Trotz: Fanny lehnte es ab, die Gattin des vielversprechenden Assessors zu werden.

Ledig zu bleiben war in den Augen der Gesellschaft suspekt. Mit einer Frau, die nicht geheiratet wurde, konnte irgend etwas nicht stimmen. Sie gehörte damit zum Kreis derer, »denen vom Leben zu allen Genüssen des Daseins nur die Gartenzaunbillette bewilligt worden sind; sie kann immer nur von fern zusehen, wie die anderen sich freuen und genießen.« [16]

Alleinstehende Frauen hatten je nach Status und Vermögenslage der Familie verschiedene »Karrieren« zur Auswahl. Bei vornehmer Herkunft bestand die Möglichkeit, Stiftsdame zu werden und in diesen Institutionen zusammen mit anderen Damen standesgemäß zu leben. Dieser Weg stand aber nicht allen offen. Meist blieben die Junggesellinnen in der Familie. Sie wurden zu ältlichen Tanten, die, obwohl noch jung an Jahren, immer in dunklen Kleidern gingen – den heranwachsenden Töchtern eine ständige Mahnung. Eine alte Jungfer war Zielscheibe des Spotts und Lieblingsfigur der Karikaturisten.

Auch von einem »späten Mädchen«, das eigentlich keine Aussicht auf eine Ehe mehr hatte, wurde dennoch Jungfräulichkeit verlangt. Man konnte ja nie wissen, vielleicht fand sich in späteren Jahren doch noch ein Bewerber, der kein ganz jungen Mädel zum Altar führen wollte. »Die Bewahrung der Jungfräulichkeit ist gemäß ihrer Bedeutung für die bürgerliche Ehe ein Kapital, das den Wert der Frau in der bürgerlichen Gesellschaft in den meisten Zeiten bedeutend erhöht. Der bloße Besitz dieses Kapitals oder seine Preisgabe hat aber schon vielen noch in vorgerückten Jahren die Pforten zu einer Ehe erschlossen; und der Mensch hofft, solange er lebt.« [17]

Wenn die Hochzeitsglocken läuten

Viele Geschichten und Mythen ranken sich um den »Schönsten Tag«, die Erfüllung eines Frauenlebens. Endlich waren die Anstrengungen der Familie und der jungen Mädchen von Erfolg gekrönt. Der Bewerber hatte die alles entscheidende Frage gestellt, die Verlobung war zustande gekommen.

Der größte Teil der Verlobungszeit ging mit Vorbereitungen der Hochzeit und der Zusammenstellung der Aussteuer dahin. Meist waren die sehr jungen Mädchen nur am Rande beteiligt, während die Mütter eifrig Wäschelisten erstellten und Einkaufszettel anfertigten. Effi Briest machte mit ihrer Mutter die notwendigen Einkäufe in Berlin – und interessierte sich eigentlich gar nicht für die Qualität und den Preis der Wäsche, ihr war alles gleich. »Ob man von einer Sache sechs oder drei Dutzend erstand, Effi war mit allem gleichmäßig einverstanden, und wenn dann auf dem Heimwege von dem Preis der eben eingekauften Gegenstände gesprochen wurde, so verwechselte sie regelmäßig die Zahlen.« Im zarten Alter von siebzehn Jahren hatte sie nur verschwommene Vorstellungen davon, was wohl für die Führung eines Haushaltes benötigt werden würde.

Das wichtigste an den Hochzeitsvorbereitungen war der Erwerb des Brautkleides. Spätestens seit der Hochzeit der Kaiserin Eugénie mit Napoleon III. im Jahre 1853 hatte sich das weiße Kleid durchgesetzt, das sich bald auch in bürgerlichen Kreisen zunehmender Beliebtheit erfreute.

Eine Hochzeit war ein freudiges Ereignis, bei dem die ganze Familie zusammenkam und das wieder Gelegenheit schuf für andere Paare, sich kennenzulernen. Der Brautvater bot alles auf, was Haus und Hof hergaben, und er stellte den Reichtum der Familie zur Schau. Nichts durfte fehlen, um der Tochter den »schönsten Tag im Leben einer Frau« so prachtvoll und unvergeßlich wie möglich zu gestalten, denn gleichzeitig war es auch der letzte Tag im elterlichen Hause.

Vermutlich war es so mancher Braut ziemlich mulmig bei dem Gedanken, das elterliche Heim an der Seite eines nahezu fremden Mannes verlassen zu müssen, mit dem sie nun für den Rest ihres Lebens zusammenleben sollte. Dabei stand den jungen Bräuten das Schlimmste noch bevor, die Hochzeitsnacht. Die meisten Mädchen waren auf dieses Ereignis nicht vorbereitet, denn Aufklärung gab es in bürgerlichen Häusern nicht. Sexualität war ein Tabu. Die Nacht der Nächte

Der »schönste« Tag im Leben: Die Braut wird für die Hochzeit geschmückt.

dürfte daher für die meisten Jungvermählten mit einem ziemlichen Fiasko geendet haben.

In der Literatur finden sich leider nur wenige Schilderungen der Hochzeitsnacht. Eine der wenigen Ausnahmen ist der Bericht der Schriftstellerin Vicki Baum, die die Erfahrungen ihrer Mutter beschreibt: »Jetzt ist sie also – und dies habe ich von ihr selbst – zum erstenmal allein mit ihrem Mann. Ganz Unschuld, Dummheit, Gehorsam, mit den allerfeinsten handgestricken weißen Seidenstrümpfen, weißen Satinhandschuhen in Kindergröße, weißem Schleier und weißem Myrthenkranz. Auch Vater bebt vermutlich in seinen Lackschuhen, denn, um Himmels willen, wie machte man denn den Anfang mit einer Jungfrau? Er stellt ihr ein paar unangenehme Fragen, entdeckt ihre abgrundtiefe Unkenntnis der Dinge. Es rührt ihn zwar an, doch es macht die ohnehin schwierige Situation noch um – oh – so viel schwieriger. Die Mietsdroschke rattert über das Kopfsteinpflaster, es wird dunkel, es regnet, Vater sagt dem Kutscher, er solle eine Fahrt um den Ring machen. Das ist kostspielig, aber es braucht Zeit, um seiner kleinen Frau die schrecklichen Tatsachen des Lebens zu erklären... Mama fröstelte, zitterte, seufzte vor Angst, hielt mühsam die Tränen zurück. Woher wußte er nur all diese schmutzigen Dinge? so überlegte sie... Bis sie zu Hause anlangten (Flitterwochen entfielen als zu teuer), war Mama zu Stein geworden.«

Die junge Braut versuchte ihr Bestes, leider vergeblich. Noch in derselben Nacht lief sie ihrem Ehemann davon, zurück nach Hause. Am nächsten Morgen wurde sie dann dem konsternierten Gatten wieder übergeben, versehen mit ein paar Winken der Frau Mama: »Und sie fügte sich, ganz wie man es ihr gesagt hatte – und wie Tausende von Mädchen sich einem unerwünschten, ungeliebten Manne fügten.«[18]

Auch die Mutter der Schriftstellerin Lily Braun war auf die Hochzeitsnacht und die ersten Tage der Ehe nicht vorbereitet. Sie erzählte ihrer Tochter später immer wieder, »daß sie in den ersten acht Tagen ihres Zusammenlebens mit ihrem Mann am liebsten davongelaufen wäre, wenn sie sich nicht vor ihren Eltern geschämt hätte. Erst ganz allmählich kam ihr die Erkenntnis, daß ihr Gatte kein Verbrecher, ihr Schicksal kein abnormes war.«[19]

Im Vergleich zum 18. Jahrhundert, in dem man sich ausgesprochen freizügig gab, gilt das 19. Jahrhundert als verschämt. Männer und Frauen waren prüde, Sexualität verpönt und in der Ehe ohnehin nur zur Erzeugung des notwendigen Nachwuchses wichtig. Über Sexualität wurde nicht gesprochen. Kein Wunder also, daß die Unwissenheit der jungen Bräute ebenso groß war wie die Unbeholfenheit der Männer, den »Anfang mit einer Jungfrau« zu machen.

Diesem Problem versuchten wohlmeinende Ratgeber beizukommen. So erschien beispielsweise 1881 ein Buch von Dr. Karl Weißbrodt mit dem Titel: *Vom rechten Gebrauche des Ehebettes. Gattenpflichten ärztlich und christlich beleuchtet. Ein Hochzeitsbrevier für Brautleute und Vermählte.* In diesem segensreichen Werk beklagt der Verfasser die Unkenntnis der jungen Ehefrauen, die von ihren Eltern keinerlei Aufklärung erhalten über das, was sie nach der Eheschließung erwarte.

Der Herr Doktor wartete mit ganz praktischen Tips auf, damit der eheliche Verkehr auch bald mit der Zeugung von Nachwuchs belohnt würde. So sollte eine Frau nach erfolgtem Beischlafe möglichst ruhig liegenbleiben und die Beine geschlossen halten, um auf diese Weise den schnellen Ausfluß des Samens zu verhindern. Auch für die Herren hatte der Mediziner Ratschläge parat: »Der Mann hat uebrigens nach dem Beischlafe weiter nichts zu thun, als sich dem Schlafe zu überlassen, welcher sich bald darnach einzustellen pflegt. Eine zufällige oder absichtliche Verscheuchung des Schlafes würde gewiß allemal eine große Abspannung der Leibes-, noch mehr aber der Seelenkräfte zur Folge haben. Nach vollendetem Beischlafe müssen daher neue anhaltende Liebkosungen, ebenso auch lebhafte Gespräch vermieden werden.«[20]

Die Initiative zum ehelichen Verkehr sollte, nach seiner Meinung, vom Manne ausgehen. Die Frau könnte den Geschlechtsverkehr zwar häufiger ausüben, ohne Schaden an Leib und Seele zu nehmen, aber der Herr der Schöpfung ist

»weniger durch den Verlust des Samens, also vielmehr in Folge der Ueberreizung des Gehirnes und Rückenmarkes bei allzu häufiger Begattung den schlimmsten Gefahren für seine Gesundheit (allgemeine Schwäche, vorzeitiges Altern, Rükkenmarksschwindsucht, Gemüths- und Geisteskrankheiten) ausgesetzt.« [21]

Diese Auffassung war auch schon in dem *Rathgeber vor, bei und nach dem Beischlafe* vertreten worden, der seit 1809 immer wieder neu aufgelegt wurde. Darin hieß es, daß der Geschlechtsverkehr nur zum Zwecke der Fortpflanzung vollzogen werden sollte, nicht jedoch um des reinen Vergnügens willen. Zu oft genossene Sinnesfreuden konnten böse Folgen haben: »Epilepsie strafte oft unmittelbar den Ehemann, oder traf bald hernach das Weib, das so wenig der Mäßigkeit eingedenk war.« [22] Mit solch hilfreichen Ratschlägen versehen, sollte einer glücklichen Ehe dann nichts mehr im Wege stehen.

Bis daß der Tod euch scheidet?

Angesichts des meist frühen Heiratsalters und des wohl nicht übermäßig aufregenden Sexuallebens ist es kein Wunder, daß trotz der Versorgungsprobleme der Frauen viele nicht gewillt waren, lebenslang bei einem ungeliebten Gatten auszuharren, und den Gang zum Scheidungsrichter antraten.

Die erste Ehescheidung in Deutschland hatte bereits im 18. Jahrhundert eine Frau erreicht, Anna Louise Karsch. Sie stammte aus kleinen Verhältnissen und wurde von ihrer Mutter ohne jede Mitgift im Alter von sechzehn Jahren an den Schneider Hirsekorn verheiratet. Bald wurde sie schwanger, dem ersten Kind folgte schnell das zweite. Der Ehemann, ein Trinker, ständig ohne Arbeit, lebte von dem, was seine Frau für den Unterhalt der Familie verdiente. Schon seit frühester Jugend hatte sie gern gelesen, alles verschlungen, was ihr an Gedrucktem in die Hände fiel. Mit Sinnsprüchen und Gedichten für Hochzeitsfeiern konnte sie ein paar Groschen verdienen.

Die Ehe war nicht glücklich, die Zustände erbärmlich. Aber sie ließ sich nicht unterkriegen. Der große Streit mit dem Ehemann brach aus, als er eines Tages nach Hause kam und seine Frau mit einem Buch in der Hand erwischte, während sie eines der Kinder stillte. In seinem Zorn nahm er ihr das Buch weg und verbrannte es. Das war zuviel. Alles hätte sie ertragen, aber daß er ihr die einzige Freude nehmen wollte, die ihr noch geblieben war... das nicht. Sie war gerade mit dem dritten Kind schwanger, als die Ehe 1745 geschieden wurde. Unterhalt bekam sie keinen, daher ging sie zuerst zurück zu ihrer Mutter, die sie schon bald wieder an den Mann brachte. Wieder verheiratet, der zweite Mann eine ähnliche Enttäuschung wie der erste. Es blieb ihr nur übrig, ihren Lebensunterhalt durch Verseschmieden und Liederschreiben selbst zu verdienen. Bald wurde sie so berühmt, daß der Preußenkönig Friedrich der Große auf sie aufmerksam wurde und ihr eine Audienz gewährte. Die königliche Protektion sicherte ihr gegen Ende ihres Lebens wenigstens ein Auskommen.

Rechtlich war eine Ehescheidung lange Zeit unmöglich, da die Kirchen die Ehe als unauflöslich betrachteten. Bis ins späte 18. Jahrhundert hinein hatten sie praktisch das Monopol auf die Trauungszeremonie. Fälle wie der der Anna Louise Karsch blieben die Ausnahme.

Dies änderte sich erst mit dem Preußischen Allgemeinen Landrecht von 1794, das in seinem Einleitungsparagraphen feststellte: »Der Hauptzweck der Ehe ist die Erzeugung und Erziehung der Kinder.« Damit war der staatliche Anspruch auf die Eheschließung zwar formuliert, hatte aber noch keine praktischen Konsequenzen, denn die Geistlichen blieben auch weiterhin die einzige Instanz, die eine Trauung vornehmen konnte. Die Zivilehe, vor einem Standesbeamten geschlossen, existierte damals noch nicht. Die Reform der Eheschließung kam erst mit der Revolution von 1848 in Gang, denn die bürgerlichen Revolutionäre forderten nicht nur Wahlrecht und Pressefreiheit, sie wollten auch die Zivilehe. Der vom Aufruhr überrollte Preußenkönig versprach ihre Einführung. Und in seiner Verfassung von 1849 schrieb er die Zivilehe zwingend vor.

Kaum hatte sich das Gewitter der Revolution verzogen und es kehrte Ruhe ins Land ein, meldeten sich die konservativen Kräfte wieder zu Wort. Das Thema wurde im preußischen Abgeordnetenhaus im Oktober 1849 behandelt. Ein Abgeordneter der Konservativen ereiferte sich, daß eine Zivilehe sich in nichts von einem normalen Gesellschafts- oder Kaufvertrag unterscheide, der nicht für das ganze Leben gelte, sondern nur für eine bestimmte Zeit. Und weiter: »Treiben wir diese Konsequenz auf die Spitze... so kommen wir zu dem Resultate, daß solche Bündnisse auf Jahre, auf Monate, auf Wochen geschlossen werden können; dann führen öffentliche Beamte die Register der Sünde, und die Schande geht einher stolz und aufrechten Hauptes, gekleidet in magistrualische Toga.« Viele Abgeordnete betrachteten die standesamtliche Ehe wie eine Einladung zum Ehebruch, sie galt ihnen als das »trojanische Pferd der Eheauflösung«. Die Konservativen konnten sich durchsetzen: Die Abgeordnetenkammer verabschiedete einen Zusatz, nach dem die Einführung der standesamtlichen Ehe weiteren gesetzlichen Regelungen vorbehalten blieb. Damit war die Einführung der Zivilehe praktisch verhindert, denn in den folgenden Jahrzehnten fand sich keine Mehrheit, die eine Änderung zustande bringen konnte.

Erst die Gründung des Deutschen Kaiserreiches brachte wieder Bewegung in die Diskussion. Bismarcks erbitterte Auseinandersetzungen mit der Kirche machten den Befürwortern der Zivilehe Mut. Einige Abgeordnete starteten eine neue Initiative, die wenigstens auf dem Gebiet der Ehe Staat und Kirche trennen sollte.

Damit sahen sich die Katholiken in ihren Grundfesten angegriffen, und der Papst selbst meldete sich zu Wort. Pius IX. stellte nachdrücklich fest, daß es einer der Hauptirrtümer der Zeit sei, anzunehmen, man könne die Ehe wie einen zivilrechtlichen Vertrag behandeln. Sie sei vielmehr ein Sakrament, und ohne die Kirche gebe es keine Ehe.

Letztendlich setzten sich aber die Liberalen durch. Und die Gesetze zum Personenstand und der Eheschließung traten mit Beginn des Jahres 1876 in Kraft; damit wurde die Eheschließung vor dem Standesbeamten verbindlich. Die kirchliche Trauungszeremonie konnte vollzogen werden, mußte es aber nicht mehr. Mit diesem Gesetz hatten die Kirchen den großen Kampf um die Ehe verloren.

Der Kampf der Philister gegen die »wilden Ehen«

Mit den rechtlichen Neuerungen war auch ein weiteres Problem gelöst, das die Zeitgenossen im 19. Jahrhundert lange beschäftigte: das Problem der wilden Ehen. Wilde Ehen waren im letzten Jahrhundert keine Alternative zur bürgerlichen Lebensform, sie waren kein Ausdruck des Protestes, sondern vielmehr eine Folge bestehender Ehehindernisse. Denn nicht jedes Paar, das den Bund fürs Leben eingehen wollte, konnte dies auch tun. Betroffen von den Beschränkungen waren vor allem arme Leute. Nach älteren Rechtsvorschriften durften Personen unterschiedlichen Standes nicht heiraten. Diese Gesetze wurden durch das Allgemeine Landrecht 1794 außer Kraft gesetzt. Doch das entscheidende Ehehindernis war das Gemeinderecht, mit dem der Zuzug in die Städte geregelt war.

Stadtluft macht frei, dieser Rechtsgrundsatz aus dem Mittelalter galt in der Neuzeit nicht mehr. Die Städte litten vielmehr unter zu vielen Neubürgern, vor allem unter solchen, die ihren Lebensunterhalt mehr schlecht als recht verdienen konnten. Diese Zuzügler wollte man draußen vor den Stadttoren halten, damit sie nicht der Armenfürsorge zur Last fielen. Denn die Armenkasse mußte im 19. Jahrhundert allein aus dem Stadtsäckel bestritten werden. Deshalb taten die besorgten Stadtväter alles, um die Zunahme hungriger Mäuler zu unterbinden. Ein angenehmer Nebeneffekt dieser Maßnahme war der Schutz der städtischen Handwerker vor unliebsamer Konkurrenz.

In den wichtigsten süddeutschen Staaten wie Baden, Bayern, Hessen-Darmstadt und Württemberg war die Erlaubnis zur Eheschließung nur dann zu erlangen, wenn man in der Gemeinde ansässig war. Ohne das Bürgerrecht konnte nicht geheiratet werden, ersteres zu erwerben setzte aber bestimmte ökonomische Bedingungen voraus. Im Süden Deutschlands blieb diese Regelung bis zur Reichsgründung in Kraft, während Preußen schon in den 1840er Jahren den Zuzug in die Gemeinde erleichterte und damit die Ehehindernisse teilweise abbaute.

Das Gemeinderecht traf also vor allem die armen Leute, die zwar heiraten wollten, aber nicht durften. So lebten sie in »unsittlichen Verhältnissen« zusammen und setzten auch noch uneheliche Kinder in die Welt. Geistliche und Bürger empörten sich über diese Zustände. In einer Denkschrift des Solinger Gefängnisvereins wurde behauptet, daß wilde Ehen eine »Hauptquelle und Pflanzschule der Unsittlichkeit« seien. »Hier werden die Kinder in Sünden geboren und erzogen und fast ohne Ausnahme einer Lebensart geweiht, welche sie früher oder später in den Kerker führt.[23] Dem aufgeregten Gebaren der Moralapostel, die nach einem Eingreifen der Behörden schrien, setzte vor allem die preußische Obrigkeit eine stoische Ruhe entgegen: Sie tat erst einmal gar nichts. Dies ließ einige der kirchlichen Autoritäten nicht ruhen, vor allem nicht den Bischof der Stadt Köln, der das Eingreifen der Polizei forderte. Doch die Stadtregierung antwortete dem entrüsteten Kirchenmann, daß es keine »Strafbestimmungen gegen den unehelichen Beischlaf gebe, wenn beide Teile unverehelicht sind.«[24]

Die Meinung des Herrn Bischofs war keineswegs ein Einzelfall, sie wurde von weiten Kreisen des Bürgertums geteilt. Bald fand die konservative Grundhaltung höheren Orts Gehör. Der preußische König Friedrich Wilhelm IV. ermächtigte die Polizei, gegen Konkubinate einzuschreiten. Nach dem Willen des preußischen Herrschers sollte das in »unmoralischen Verhältnissen« lebende Paar zuerst mit einem Geistlichen sprechen. Erst wenn dessen Ermahnungen nichts fruchteten, sollte das Einschreiten von polizeilicher Seite erlaubt sein.

In den Gesprächen merkten die Geistlichen sehr schnell, daß die rechtlichen Verhältnisse eine Heirat verhinderten. Entweder durfte ein Paar nicht gemeinsam in der Stadt wohnen, oder aber ihm fehlte das Geld für das kirchliche Trauungszeremoniell. Auf diese Gebühren wollte die Kirche jedoch nicht verzichten, und so blieb es bei den wilden Ehen.

Opfer dieser ganzen Situation waren die Frauen. Das Allgemeine Landrecht hatte auf rechtlichem Gebiet zwar einige Fortschritte gebracht, wie beispielsweise die Möglichkeit der Ehescheidung, hielt aber grundsätzlich an überkommenen Vorstellungen fest. So bestimmte § 184: »Der Mann ist das Haupt der ehelichen Gemeinschaft und sein Entschluß giebt in gemeinschaftlichen Angelegenheiten den Ausschlag.« Er war die entscheidende Person in allen Fragen, die die rechtlichen Regelungen eines Hausstandes betrafen. Mit der Eheschließung ging in der Regel das Vermögen der Frau in den Besitz des Mannes über, allerdings konnten die Frauen durch einen Vertrag die Eigentumsrechte behalten.

Schopenhauers Stoßseufzer: »In unserem monogamischen Weltteile heißt heiraten seine Rechte halbieren und seine Pflichten verdoppeln«, galt eher für die Frauen als für die Männer.

Trautes Heim

Abgesehen von den rechtlichen Folgen brachte eine Heirat eine erhebliche Umstellung im Leben der jungen Frauen mit sich. Bisher hatten sie im Hause der Eltern gelebt. Durch die Ehe standen sie jetzt selbst einem mehr oder weniger großen Haushalt vor. Hausfrau sein war damals etwas anderes als heute, denn viele Dinge wurden im Hause noch mit der Hand gemacht. Auch wenn in bürgerlichen Kreisen die Dame des Hauses die Arbeiten nicht selbst erledigen mußte – dafür gab es schließlich Dienstboten – so hatte sie doch den Ablauf der Dinge im Auge zu behalten und die Aufsicht über Küche und Keller, Speisekammer und Personal zu führen.

In ihren Verantwortungsbereich fiel jetzt auch die Einrichtung der Wohnung. Diese sollte sowohl behaglich eingerichtet sein als auch der gesellschaftlichen Stellung entsprechen. Seit dem Biedermeier gibt es eine bürgerliche Wohnkultur, die sich nicht mehr an adligen Vorbildern orientiert. Möbel wurden von Schreinern aus edlen Hölzern gefertigt, wobei Wert auf eine schöne Maserung gelegt wurde.

»Geraffter Mull ließ das Tageslicht doppelt weiß herein, es fiel auf die Vitrine und den Kirschbaumschrank, auf den reinen Rundtisch mit den schlanken Beinen oder der wohlgestalteten Säule, die ihn trug, auf bescheiden-reiche Lyrastühle, auf das sanftmächtige Kanapee. Und wenn man damals das ganze Wesen durch neugriechisch nannte, so war es doch völlig bei sich zu Hause, überall mehr Sein als Scheinen.«[25] So beschreibt ein Zeitgenosse den Eindruck in einer biedermeierlichen Wohnung.

Mittelpunkt des bürgerlichen Wohnzimmers wurde das Kanapee. Hier ruhte der Herr des Hauses nach dem Essen, hier entspannte sich die Gattin von den Sorgen des häuslichen Alltags bei der Lektüre eines Groschenromans, hier plazierte man den sonntäglichen Besuch.

Eine weitere Attraktion des Wohnzimmers war das Klavier. Ein solches Instrument stand in jedem Hause, das etwas auf sich hielt. Grundkenntnisse in Klavierspielen galten als unbedingtes Muß in der Erziehung, weshalb die jungen Mädchen – gleichgültig ob begabt oder nicht – Klavierstunden zu nehmen hatten. Die Vorführung der Künste am Piano oder die Gesangsdarbietung waren die Höhepunkte familiärer Geselligkeit.

Im Laufe der Zeit änderte sich der bürgerliche Geschmack. Nicht mehr die einfachen, klaren Linien des Biedermeier waren gefragt, in der Zeit nach der Gründung des Deutschen Kaiserreiches wurde Althergebrachtes wieder modern. Neubarock war die Einrichtung des Schlafgemachs, altdeutsch war das Speisezimmer gehalten, der Salon zeigte sich in Neu-Rokoko oder Belle-Epoque.

Doch damit nicht genug: »Gotische Türen mit Eisenbeschlägen und reichgeschnitzten Täfelungen versetzten uns in die Stimmung von alten Burgen, durch die man geführt wird, aber in denen man nicht schläft. An der Decke ein Lüsterweibchen, auf dem Nachttisch ein unbequemes, altertümliches Lichtgestell aus Schmiedeseisen, neben dem Bett ein kleines Schränkchen, dessen Tür einen sonderbaren Folianten vortäuscht, um den realen Zweck zu verbergen. Wie schwer es sein muß, hier die Augen zu schließen und sich von dieser schönen Welt zu trennen. Hier bleibt nur ein Paradeschlafen. Man geruht zu ruhen.« [26]

Mit der Industrialisierung des späten 19. Jahrhunderts hielt die Massenware Einzug in den Wohnzimmern. Die eigens für den jahrzehntelangen Gebrauch einer Familie hergestellten Einzelstücke waren der Fabrikware gewichen. In den neuen Kaufhäusern gab es alles zu erwerben, was zur modernen Ausstattung eines eleganten Haushaltes nötig war. »Schmücke Dein Heim« lautete das Motto, und die passenden Vorschläge wurden gleich mitgeliefert. An den Wänden hingen Reproduktionen berühmter Gemälde, nur wer es sich leisten konnte, hatte Originale. Landschaftsbilder vor allem im Salon, Sinnsprüche, gestickt oder gedruckt, fanden sich im Flur oder im Entrée, das Speisezimmer wurde mit Stilleben geschmückt. Die gute alte Zeit existierte bald nur noch in der Erinnerung: »Die Stühle waren für uns geschnitzt worden, ebenso das riesenhafte Büfett. Es barg Kostbarkeiten. Ich habe auch späterhin selten so schöne Gläser gesehen wie unsere Sektschalen, Rotwein- und Rheinweingläser. Hauchdünn waren sie. Wassergläser, Süßweingläser, Glasteller, alles hatte denselben schönen, fremden Schliff. Die Damasttischtücher zeigten nie einen Fleck. Das Geschirr aus England hatte nie eine angestoßene Ecke. Auch der tägliche Tisch war schön hergerichtet. Niemals zeigte das Silber eine Trübung. Nie war eine Gabel an der Spitze angelaufen.« [27]

Die auf den äußeren Rahmen bedachte Hausfrau mußte die Arbeiten, die eine solche Haushaltsführung erforderte, nicht selbst verrichten. Sie mußte aber dem Personal die Anleitungen dazu geben können. So hieß es in dem weitverbreiteten Büchlein *Der deutschen Jungfrau Wesen und Wirken* über den Umgang mit Dienstboten: »Eine Hausfrau, die nicht völlig Herrin ihres Hauswesens ist, wird es nie über ihre Leute sein. Vor einer ruhigen und tüchtigen Führung der Wirtschaft haben die Dienstleute Respekt... Jeder Hausfrau sollte mehr daran gelegen sein, geliebt statt gefürchtet zu werden.« Ganz besonders wies die Verfasserin auf eine gute Behandlung der Dienstboten hin: »Gönne den Dienstboten Zeit zum sonntäglichen Kirchgang und gewähre zuweilen eine erlaubte Erholung unter ihresgleichen. Sie widmen dir ihre vollen Kräfte; bedenke, welche Entsagung sie täglich üben müssen – die stete Verleugnung des eigenen Willens ist schon genug, von der du in deinen bemittelten und glücklicheren Verhältnissen vielleicht kaum eine Ahnung hast, – ja laß sie ihre dienende Stellung nicht allzu bitter empfinden.« [28]

Die jungen Mädchen sollten sich gründlich auf ihre Rolle als Hausfrau vorbereiten. Die Autorin dieses Ratgebers hatte dabei ebenso die Entwicklung praktischer Fertigkeiten im Auge wie auch die Ausbildung gewisser Tugenden. »Die Natur erschuf die Jungfrau für die Familie und das Haus, alle Anlagen des Geistes und Herzens weisen sie darauf hin; sie darf ihrer Bestimmung nicht untreu werden, will sie nicht ihren Lebenszweck verfehlen... Wes Standes sie sein mag, der wirtschaftlichen Aufgabe muß sie sich schon frühzeitig befleißigen und die Haushaltung gründlich erlernen, denn erst dann ist ihre Erziehung wahrhaft vollendet.« [29] Denn schließlich, was hätte der Ehemann davon, »wenn seine Gattin liebenswürdig, gescheit und talentvoll ist, aber ihr alle häuslichen Tugenden abgehen und sie in ihrer eigentlichen Sphäre völlige Ignorantin ist?« [30]

Als Kardinaltugend der Hausfrau galt die Sparsamkeit. Die Verfasserin empfahl: Frauen sollten bei ihren Ausgaben darauf achten, keinen überflüssigen Luxus oder unnütze Dinge zu kaufen. Allerdings gab es Grenzen: »Dagegen wird von Bemittelten so oft ungerechterweise Sparsamkeit an armen Verkäufern geübt, deren Preis oder Lohn in schmählicher Weise herabzudrücken sich manche feilschende Hausfrau nicht schämt, ja sich wohl etwas darauf zugute thut. Und doch ist der arbeitenden Klasse der abgebrochene Pfennig ebenso viel wert, als dem Reichen die Mark, die wohl für Putz und Vergnügen gedankenlos dahingegeben wird.« [31]

Die stattliche Anzahl der Ratgeber wurde ergänzt durch vielerlei Zeitschriften, die gleichfalls mit nützlichen Tips aufwarteten und Neuigkeiten aus aller Welt berichteten. Am bekanntesten ist wohl die *Gartenlaube*, Pflichtlektüre für bürgerliche Frauen. Das Lesen wurde ein beliebter Zeitvertreib. Da die Ehefrauen der gutsituierten Bürger keiner anstrengenden Arbeit nachgingen, blieb Zeit für Gedrucktes. Gerade die Frauen bildeten die Leserschaft der sich rapide vermehrenden Zeitschriften und Almanache. Immer mehr Bücher erschienen, und auch diese wurden vorwiegend von Frauen verschlungen: Bestseller der ersten Hälfte des 19. Jahrhunderts waren die Ritterromane des Engländers Sir Walter Scott. Eine »Leserevolution« griff um sich. Es entstanden Lesezirkel und Leihbibliotheken, der Fortsetzungsroman wurde erfunden. Die Leidenschaft für die Groschenheftchen teilte die Dame des Hauses mit ihren Dienstmädchen, die trotz des mageren Lohns dem Kauf weiterer Heftchen nicht widerstehen konnten.

In den vermögenden Kreisen war die Hauptaufgabe der Hausfrau die demonstrative Zurschaustellung der gepflegten Langeweile: »In diesem Sinne entwickelte sie ein rastloses Treiben in allerlei Sinnlosigkeiten. Sie malte und zeichnete, las herzzerreißende Romane, sie sorgte sich um ihre Schönheit und verwandte ansehnliche Summen an Zeit und Geld auf deren Pflege und Ausstraffierung: sie machte Besorgungen und Visiten, kurz: sie vertrieb sich recht und schlecht die Zeit.« [32]

Hauptinteresse der Damen jedoch war die Mode. Das Jahrhundert begann mit der Lockerung der ständischen Kleiderordnung. Die Kleider fielen weich unterhalb des Mieders, der Rock war bodenlang. Erst allmählich wurden die Röcke etwas kürzer und umspielten die Fesseln. Modefarben setzten sich durch. Im Jahre 1817 war zum Beispiel »Kornblau« der letzte Schrei.

Das Decolleté wurde offenherziger und bot manchen tiefen Einblick – übrigens nicht immer zum Wohlgefallen der Männer. Ein sittenstrenger Hamburger sah sich herausgefordert: »Wenn Frauenzimmer sich fast bis zum Nabel entblößen, werden oder können sie es übelnehmen, wenn man nach ihren nackten Brüsten greift, indem sie selbst einen zur Geilheit reizen, oder gar auffordern?« [33]

Im Biedermeier veränderten sich die Kleider, sie wurden

bürgerlicher. Die Schnürung rutschte tiefer, dahin, wo sie natürlicherweise hingehörte. Die Taille wurde wieder betont, das Korsett kam zu neuen Ehren und blieb im gesamten 19. Jahrhundert ein unentbehrliches Wäschestück. Um 1830 stand die Wespentaille im Blickpunkt, und die Frauen unterwarfen sich der Folter des engen Einschnürens.

In der Folgezeit wurde die Krinoline modern, und sie blieb in Abwandlungen im gesamten 19. Jahrhundert auf der Liste der Damenschneider. Dieser weite, glockenartig fallende Rock wurde auf mehreren Unterröcken getragen, später einfach ausgestopft. Die siebziger Jahre erlebten den Triumphzug des Cul de Paris, eine Stoffülle auf den rückwärtsgewandten Partien der Damen, oft gekrönt von einer Schleife über dem Po.

Enge Taillen, ausladende Röcke: Die Krinoline beherrschte die Damenmode etwa von 1840 bis 1870.

Die Scheidung – das Ende der Probleme?

Der Preis für den Luxus, den Müßiggang und die gesellschaftliche Stellung, den bürgerliche oder adlige Frauen zu zahlen hatten, war hoch. Sie waren früh schon an einen Mann verheiratet worden, den sie kaum kannten, geschweige denn liebten. Doch nicht immer stellte sich im Laufe der Zeit ein Gefühl des Respektes und der Zuneigung ein, weshalb viele Ehepaare nicht glücklich miteinander waren. Schriftstellerinnen und Frauenrechtlerinnen kritisierten die Ehe als Zweckgemeinschaft: »Aber was hat man aus der Ehe gemacht? Ein Ding, bei dessen Nennung wohlerzogene Mädchen die Augen niederschlagen, über das Männer witzeln und Frauen sich heimlich lächelnd ansehen. Die Ehen, die ich täglich vor meinen Augen sehe, sind schlimmer als Prostitution ... Ist es nicht gleich, ob ein leichtfertiges, sittlich verwahrlostes Mädchen sich für eitlen Putz dem Manne hingibt oder ob Eltern ihr Kind für Millionen opfern? Der Kaufpreis ändert die Sache nicht; und ich gestehe dir, ich würde das Weib, das augenblickliche Leidenschaft und heißer Sinnentaumel hinreißt, groß finden gegen diejenige, die das Bild eines geliebten Mannes im Herzen sich dem Ungeliebten ergibt, für den Preis seines Ranges und Namens.«[34]

Offiziell konnte man sich seit der Einführung des Allgmeinen Landrechts scheiden lassen. Doch viele Richter tendierten in ihren Urteilen dazu, Ehen zu erhalten. Daher war der Ausgang eines Gerichtsverfahrens offen. Die Ungewißheit über die richterliche Entscheidung ließ manchen vor diesem Schritt zurückschrecken. Nicht nur das Ergebnis des Scheidungsprozesses war fraglich, auch die gesellschaftlichen Folgen waren nicht abzusehen.

So waren die Möglichkeiten einer Wiederverheiratung eingeschränkt. Die standesamtliche Ehe existierte noch nicht, und die katholische Kirche weigerte sich beharrlich, einer zweiten Trauung zuzustimmen. Auch die Protestanten taten sich schwer. Nur wer einen liberalen Pfarrer fand, konnte eine weitere Ehe eingehen.

Geschiedene Frauen hatten eine ungewisse Zukunft, riskierten mit der Scheidung Stellung in der Gesellschaft und Vermögen. Unterhaltszahlungen für sie und die Kinder hingen vom Wohlwollen der Richter und des geschiedenen Ehemannes ab. Auch war ein Scheidungsverfahren damals eher ein Scheidungskrieg, der sich über Jahre hinziehen konnte.

Für Frauen der unteren Schichten war die Ehescheidung eher eine Hilfe. Vor allem in der ersten Hälfte des 19. Jahrhunderts, weil in dieser Zeit die Richter oft zugunsten der Frauen urteilten. Damit hatten sie die Chance, mit einem zweiten Ehemann vielleicht glücklicher zu werden, und das war vielen wichtiger als der Makel, eine »böslich verlassene« oder geschiedene Frau zu sein.

Von der formalen Zulassung der Scheidung 1794 bis zu ihrer einheitlichen Regelung im Bürgerlichen Gesetzbuch im Jahre 1900 wurde das Scheidungsrecht ständig diskutiert und verändert. In diesen hundert Jahren lag der Ausgang von Scheidungsprozessen weitgehend im Ermessen der einzelnen Richter, die auf unsicherer und teils auch widersprüchlicher Rechtslage entschieden.

Bekannt wurde in Köln der Fall einer Metzgersgattin, die im Oktober 1890 die Scheidung beantragte. Bereits zuvor hatte sie zweimal versucht, sich scheiden zu lassen. Beide Male jedoch trat sie von ihren Anträgen zurück, da sie den Besserungsversprechen ihres Mannes Glauben schenkte. Aber einmal war auch ihre Geduld am Ende, sie wollte sich endgültig trennen. Bei der Schlachtersfrau handelte es sich nicht um eine gelangweilte Frau, die sich zur Abwechslung mal eben scheiden ließ. Vielmehr hatte sie in dem gemeinsamen Betrieb mitgearbeitet, und nicht zuletzt ihrer Energie war es zu verdanken, daß das Geschäft florierte. Ihr Mann allerdings konnte den Reizen der holden Weiblichkeit nur schwer widerstehen und hatte immer wieder Verhältnisse mit anderen Frauen. Sogar im eigenen Haushalt war er hinter den Dienstboten her. Auf Vorhaltungen seiner Ehefrau reagierte er nur mit groben Beleidigungen. Einmal griff er im Beisein seiner Frau einer Dienstmagd unter den Rock.

Nicht genug damit, er kam auch häufiger betrunken nach Hause, beschimpfte und mißhandelte seine Gattin derart, daß diese in ihrer Angst die Nachbarin zu Hilfe holen mußte. Die Ehe wurde in der ersten Instanz geschieden. Das Gericht erkannte die Gründe der Frau an, ein weiteres Zusammenleben sei unmöglich. Mit dieser Niederlage fand sich der Metzgermeister aber nicht ab, und er ging in die Berufung.

Das Oberlandesgericht Köln, das den Fall nun zu behandeln hatte, entschied jetzt aber zugunsten des Ehemannes. Eine Frau müsse in der Ehe belastbar sein. Außerdem lebe und arbeite das Paar weiterhin zusammen, obendrein finde die eheliche Beiwohnung noch statt. Den Einwand der Frau, daß sie nicht freiwillig mit ihrem Mann verkehrt habe, ließ das Gericht nicht gelten. Die Ehefrau war in den Augen des Gerichts keine zarte Person, die sich gegen die Zudringlichkeiten ihres Mannes nicht zur Wehr setzen könne, sondern eine gestandene Frau. Im Urteil wurde ausgeführt, daß sie »längere Zeit hindurch mit ihrem Ehemann den Beischlaf fortgesetzt gepflegt hat«. Daher »darf angenommen werden, daß sie dies nicht etwa gezwungen oder beeinflußt durch Drohungen des Beklagten tat, sondern des Beischlafs wegen... Hernach erscheint der Beischlaf als die Wirkung freier Willensentschließung der Ehegatten und beweist zugleich auch deren Wiederaussöhnung.«[35] Erst nach dreijähriger Prozeßzeit gelang es der Kölner Metzgersfrau, von der obersten Instanz, dem Reichsgericht, die endgültige Scheidung zu erreichen.

Frauen der unteren Schichten waren im Zweifelsfall eher geneigt, einen Scheidungsprozeß durchzustehen als eine bürgerliche Frau. Ein Scheidungsprozeß hatte meist einen saftigen Skandel zur Folge, und – ob schuldig geschieden oder nicht – er ging immer zu Lasten der Frauen. Das damalige Rollenverständnis begünstigte eindeutig die Männer. Ließ sich eine Frau scheiden, war ihre gesellschaftliche Stellung ruiniert.

Effi Briest, deren Liebhaber ihr Mann im Duell getötet hatte, zahlt teuer für ihre Verfehlung. Nachdem Baron Innstetten die Affäre ins Rollen gebracht hat, ist Effi nicht nur in den Augen der Gesellschaft unmöglich geworden. Die bürgerlichen Konventionen waren so stark, daß sie auch das Verhalten der Eltern dem einzigen Kind gegenüber diktieren. In einem Brief teilen sie Effi mit, daß Innstetten sich scheiden lassen wolle und das Sorgerecht für die kleine Tochter verlange. Darüber hinaus mißbilligen sie das Verhalten der Tochter entsetzt und erlauben ihr nicht mehr, nach Hause zurückzukehren.

Daß auch die Eltern sie im Stich lassen, trifft Effi am härtesten. Zwar unterstützt die Familie die Tochter finanziell, doch gesellschaftlich ächtet man sie: »Du wirst einsam leben, und wenn Du das nicht willst, wahrscheinlich aus Deiner Sphäre herabsteigen müssen. Die Welt, in der Du gelebt hast, wird Dir verschlossen sein. Und was das Traurigste für uns und für Dich ist (auch für Dich, wie wir Dich zu kennen vermeinen) – auch das elterliche Haus wird Dir verschlossen sein; wir können Dir keinen stillen Platz in Hohen-Cremmen anbieten, keine Zuflucht in unserem Hause, denn es hieße das, dies Haus von aller Welt abschließen, und das zu tun, sind wir entschieden nicht geneigt. Nicht weil wir zu sehr an der Welt hingen und ein Abschiednehmen von dem, was sich »Gesellschaft« nennt, uns als etwas unbedingt Unerträgliches erschiene; nein, nicht deshalb, sondern einfach, weil wir Farbe bekennen und vor aller Welt, ich kann Dir dies Wort nicht ersparen, unsere Verurteilung Deines Tuns, des Tuns unseres einzigen und von uns so sehr geliebten Kindes, aussprechen wollen ...«

Effi muß ihren Fehltritt teuer bezahlen. Sie wir schuldig geschieden und verliert das Sorgerecht für ihre Tochter. Nach der Scheidung von Baron Innstetten bezieht Effi eine kleine Wohnung in Berlin, wo sie sehr zurückgezogen lebt. Am Anfang vermißt sie die Gesellschaft wenig. »Bis Weihnachten ging es vorzüglich; aber der Heiligabend verlief schon recht traurig, und als das neue Jahr herankam, begann Effi ganz schwermütig zu werden. Es war nicht kalt, nur grau und regnerisch, und wenn die Tage kurz waren, so waren die Abende desto länger.«

Nach einiger Zeit beginnt sie, zu ihrer Zerstreuung Malunterricht zu nehmen. Immer noch vermißt sie den Umgang mit Menschen, am meisten aber fehlt ihr die Tochter. Diese lebt bei dem Vater, Effi darf die kleine Annie nicht sehen. Über eine gemeinsame Bekannte aus glücklicheren Tagen bittet Effi ihren geschiedenen Mann um das Recht, das Kind wenigstens manchmal sehen zu dürfen, was Innstetten widerstrebend erlaubt. Allerdings ist das Kind der Mutter entfremdet, die beiden haben sich nichts zu sagen.

Das stille Leben hat Effis Gesundheit stark angegriffen, und ihr Arzt schreibt an die Eltern, daß sie die verstoßene Tochter nach Hause holen mögen. Selbst dann noch, nach Jahr und Tag, denkt die Mutter an die Folgen, die Effis Heimkehr für ihren gesellschaftlichen Umgang haben könnte. Schließlich holen die Eltern Effi doch noch nach Hause. Da ist es allerdings schon zu spät, bald darauf stirbt die Tochter.

Eheliche Untreue wurde mit zweierlei Maß gemessen: »Wenn ein Mann untreu ist, so ist es unrecht, wenn es aber eine Frau thut, so ist es unnatürlich und gottlos,« schrieb der Frühaufklärer Johann Gottlieb Hippel – sonst durchaus kein rückständiger Mann – in seinem Werk *Über die Ehe* aus dem Jahre 1774. Dieser Meinung war man im gesamten 19. Jahrhundert.

So manche Ehefrau ertrug die ständig wechselnden Verhältnisse des Herrn Gemahl mit Engelsgeduld. Andere jedoch ließen sich vom zu erwartenden Skandal von einem Antrag auf Scheidung nicht abhalten.

Mitte des letzten Jahrhunderts erregte ein Scheidungsprozeß in Adelskreisen die Gemüter. Sophie Gräfin Hatzfeld hatte Klage gegen ihren Mann, Graf Edmund Hatzfeldt, eingereicht. Die Presse versuchte, den Fall weidlich auszuschlachten, vergeblich. Details des Prozesses blieben vor den Augen der Öffentlichkeit verborgen, erst Jahre später kamen sie ans Licht.

Graf Hatzfeldt fand keine ausreichende Befriedigung in seiner Ehe und verschaffte sie sich, wo immer er sie bekommen konnte. Kein weibliches Wesen war vor seinen Annäherungsversuchen sicher. Nicht nur das gräfliche Personal litt unter den Nachstellungen des Dienstherrn, er verführte auch die Freundinnen der Ehefrau und die Gattinnen seiner

Freunde. Pachtverträge konnten die Töchter der Pächter im Bett des Grafen verlängern. Aber das war noch nicht alles. In sämtlichen Freudenhäusern der Düsseldorfer Umgebung war er häufiger Gast, wo ihm oft genug nicht nur ein, sondern gleich zwei Freudenmädchen zu Diensten sein mußten.

Um auch zu Hause nicht verzichten zu müssen, quartierte der Hausherr die eine oder andere seiner Favoritinnen im gräflichen Schlosse ein. Bei all diesem Treiben wurde auch die werte Gattin nicht verschont, sie mußte ihre eheliche Pflicht erfüllen, ob sie nun wollte oder nicht. Der Gipfel der Kränkungen war erreicht, als die Gräfin im Wochenbett lag, während sich der Ehemann mit einer seiner Freundinnen im Nebenzimmer bei offener Tür verlustierte. Damit war die Schmerzgrenze endgültig überschritten, die Gräfin ließ sich scheiden.

Sicherlich ist der Fall des Grafen Hatzfeldt ein extremes Beispiel. Es illustriert aber zumindest die Selbstverständlichkeit des Ehebruchs durch die Männer. Nun soll nicht behauptet werden, die Frauen seien ein Ausbund an Tugend gewesen. Sicherlich gab es auch hier – wie in *Effi Briest* dargestellt – Fälle von ehelicher Untreue. Genau besehen war es auch kein Wunder: Junge Frauen wurden an wesentlich ältere Männer verschachert, die vielleicht nicht immer willens und in der Lage waren, ihren ehelichen Pflichten nachzukommen. In den Akten des Scheidungsprozesses des Fabrikanten Inhoffen stand zu lesen, ihn störe an seiner Frau, daß sie dem Kindermädchen erzählt habe, »die Hauptsache in der Ehe sei die Geschlechtsbefriedigung, und wenn das nicht mehr, wie bei einem älteren Mann – dabei spielte sie auf den Kläger an –, wäre, dann sei es mit der ehelichen Liebe nichts mehr.« [36]

Kindersegen

Die meisten Ehen wurden geschlossen, um Kinder zu zeugen und nicht um mit einem geliebten Mann zusammenzuleben. Für viele Frauen war die Mutterschaft die Erfüllung ihres Lebens. »Wenn auch die erste Aufgabe der Ehe die vollkom-

Mädchen, immer nur Mädchen ...

mene Lebensgemeinschaft von Mann und Frau und das damit verknüpfte erziehliche Werk ist, so bleibt die höchste Lebensaufgabe des Weibes dennoch die Mutterschaft... Die vollkommenste Frauenblüte ist und bleibt die Mutter.« [37] An dieser Einstellung wollte nicht einmal die bürgerliche Frauenbewegung, die sich im Laufe des 19. Jahrhunderts formierte, etwas ändern.

In den meisten Familien gab es wesentlich mehr Kinder als heute – acht bis zehn waren keine Seltenheit –, dafür war allerdings auch die Kindersterblichkeit höher. Geburtenkontrolle war weitgehend unbekannt. Jede Geburt war für die Mutter ein Risiko, denn die Medizin steckte noch in den Kinderschuhen, und auch die hygienischen Verhältnisse ließen häufig zu wünschen übrig.

Wunschtraum einer jeden Mutter war die Geburt eines Sohnes, des ersehnten Stammhalters der Familie. Bei den oberen Zehntausend galt die Geburt eines Sohnes als freudiges Ereignis, denn damit war die Nachfolge für Titel, Vermögen oder Geschäft gesichert. Die Geburt einer Tochter wurden in diesen Kreisen weniger feierlich begangen, und manche Mutter war entsetzt, wieder »nur« ein Mädchen geboren zu haben.

In Fragen der Kindererziehung konnte sich die junge Mutter in zahlreichen Büchern Rat holen. Meist aber übernahmen in vornehmen Familien Kindermädchen die tägliche Arbeit mit den Sprößlingen, damit die Frau Mama auch ihren gesellschaftlichen Verpflichtungen nachkommen konnte.

In Arbeiterfamilien wurden Kinder eher als unvermeidliche Plage gesehen. Es war wieder ein Esser mehr am Tisch, egal ob Junge oder Mädchen. Arbeiterfrauen waren meistens von der eigenen Erwerbstätigkeit und den zahlreichen Schwangerschaften körperlich völlig aufgezehrt. Kindererziehung lag im Argen, dazu war keine Zeit vorhanden, denn die meisten Mütter nahmen so bald als möglich wieder die Arbeit in den Fabriken auf und überließen die Kinder sich selbst oder der Aufsicht der älteren Geschwister.

Wie gut hatten es da die Kinder begüterter Eltern. Sie wa-

Kinder bei der Puppenherstellung im thüringischen Sonneberg um die Jahrhundertwende.

ren umsorgt von Kindermädchen und Tanten, wurden an Fest- und Feiertagen reich beschenkt mit schönem Spielzeug. Dieses wurde in Heimarbeit hergestellt – zu erbärmlich niedrigen Löhnen, so daß die ganze Familie mithelfen mußte, um den Lebensunterhalt zu sichern, auch die Kinder. Arme Kinder stellten für die reichen das Spielzeug her, von dem sie selbst nur träumen konnten.

Kindheit war kein Kinderspiel. Die Kinder der Armen mußten schon sehr früh hart arbeiten, um zum Lebensunterhalt der Familie beizutragen. Die Kinder der Reichen wurden eingepaßt in eine starre Rolle, die sie auf ihre Aufgabe in der Gesellschaft vorbereitete. Für die Mädchen bedeutete dies, ständig gegängelt zu werden, unter permanenter Aufsicht zu stehen und keinen Schritt selbständig machen zu dürfen.

Im Laufe des 19. Jahrhunderts wurden diese starren Vorstellungen immer fragwürdiger. Je weiter sich die Industrialisierung ausbreitete und die Bevölkerung wuchs, der Zug in die Städte anhielt, desto problematischer wurde die einseitige Festlegung der Frauen und Mädchen auf Ehe und Familie. Immer häufiger stellte sich die Frage, ob es nicht auch Alternativen zu Ehe und Familie gäbe. Damit ist keineswegs gesagt, daß die Mehrheit der Frauen nicht mehr heiraten wollte. Aber die Verhältnisse änderten sich. Die Familien konnten nicht immer die Versorgung der ledigen Töchter garantieren oder aber eine Frau sah sich mit ihren Kindern plötzlich auf sich allein gestellt, mußte Geld verdienen und einen Beruf ergreifen.

Einige Vorkämpferinnen ließen sich nicht mehr ohne weiteres »an den Mann« bringen und nutzten die Chancen, die sich in den Büros und Kontoren der Firmen boten. Für die höheren Töchter war dies allerdings für lange Zeit keine »standesgemäße« Lösung: Sie ergriffen eher den Beruf der Lehrerin. Aber hier stießen sie auf den erheblichen Widerstand der Männer, die die jungen Damen mit Hinweis auf ihre schlechte Ausbildung wieder zurück in den Schoß der Familie verbannen wollten. Genau hier setzte die Frauenbewegung ein.

Der Kampf um die Universität

Eine gescheite Frau hat Millionen geborener Feinde – alle dummen Männer.

Marie von Ebner-Eschenbach

Die Ungleichheit beginnt in der Schule

Von der Einrichtung der Volksschulen bis zu den ersten Frauen an den Universitäten war es ein jahrzehntelanger, harter Kampf. Die Frauen sahen sich einem zähen und anhaltenden Widerstand der Männer gegenüber. Im Allgemeinen Landrecht von 1794 verankerte der preußische Staat zum ersten Mal den Gedanken einer umfassenden Volksbildung. »Schulen und Universitäten sind Veranstaltungen des Staates, welche den Unterricht der Jugend in nützlichen Kenntnissen und Wissenschaften zur Absicht haben«. Dieser Anspruch betraf Jungen und Mädchen gleichermaßen, allerdings nur theoretisch. Tatsächlich standen die Universitäten nur den Männern offen.

Doch zu Anfang des Jahrhunderts ging es um viel grundsätzlichere Probleme. Zwar gab es bereits Schulen, doch waren diese ungenügend ausgestattet, personell wie materiell. Erst mit den berühmten Stein-Hardenbergschen Reformen in den ersten Jahrzehnten des 19. Jahrhunderts wurde der Volksbildungsgedanke in Preußen umgesetzt. Ab sofort unterstanden die Schulen direkt den Stadtverwaltungen, die für Finanzierung und Unterhalt aufkommen mußten. Die städtischen Schuldeputationen, also die für Schulen zuständigen Organe, sollten ein besonderes Augenmerk auf die Mädchenschulen richten.

So legte § 15 der Verordnung von 1811 fest: »Bei der Aufsicht über die Töchterschulen werden die Schuldeputationen die verständigsten und achtbarsten Frauen aus den verschiedenen Ständen zu Rate ziehen, ihnen wesentlichen Anteil an

Schulbesuchen, Prüfung und Beurteilung der Arbeiten, der Erziehung und Unterweisung geben und die Hausmütter des Orts auf alle Weise für die Verbesserung der weiblichen Erziehung zu interessieren suchen.«[1] Zu diesen Schulbesuchen konnten verschiedene Frauen eingeladen werden. Offensichtlich fanden sich keine verständigen Frauen, denen Männer diese verantwortungsvolle Aufgabe hätten übertragen können: Dieser Paragraph ist nie in die Praxis umgesetzt worden.

Der Widerstand der Männer, Frauen auch nur bescheidene Aufgaben auf ihrem ureigensten Feld, der Kindererziehung, zu übertragen, hielt sich hartnäckig. In der Familie waren natürlich die Mütter für die Erziehung des Nachwuchses zuständig – aber in der Schule? Das ging denn doch zu weit.

Die allgemeine Schulpflicht galt für Jungen und Mädchen, allerdings endete die schulische Ausbildung der Mädchen meistens nach der Volksschule. Dem männlichen Sprößling standen weiterführende Schulen offen. Voraussetzung war, daß die Eltern sich die Ausbildung leisten konnten.

Für viele Kinder war der regelmäßige Schulbesuch durchaus nicht selbstverständlich. Vor allem auf dem Land, wo die Kinder auf dem Feld helfen mußten, fiel der Unterricht während der Erntezeit ganz aus. Auch in der Stadt waren die Jungen und Mädchen oft nicht in der Schule: Die Kinder ärmerer Leute hatten einfach keine Zeit für den Unterricht. Sie mußten zum Lebensunterhalt der Familie beitragen und in den Fabriken arbeiten, den ganzen Tag, oft bis zu zwölf Stunden. Zwar versuchte man, eine Minimalausbildung durch die »Industrieschulen« zu erreichen, aber es war fast unmöglich, den müden und abgearbeiteten Kindern noch etwas beizubringen.

Der regelmäßige Schulbesuch für alle konnte sich erst mit der Einschränkung der Kinderarbeit 1839 und ihrem endgültigen Verbot 1853 durchsetzen – zumindest für Kinder unter zwölf Jahren. Das zweite Hindernis war das Schulgeld, das von den Eltern zu bezahlen war. Gerade den kinderreichen Familien der unteren Schichten fiel es schwer, die Beiträge für den Unterhalt der Schule und das Gehalt des Lehrers aufzubringen. Auch wenn die Beiträge in Naturalien abgeholten werden konnten, war es trotzdem ein erheblicher Aufwand. Viele Eltern zogen es daher vor, die Kinder im Haus oder auf dem elterlichen Hof arbeiten zu lassen. Dadurch besserten die Kleinen das schmale Budget der Familie auf und kosteten nicht auch noch Geld. Unentgeltlich wurde der Unterricht in Preußen erst 1888/89.

Schulgesetze, die den Volksschulunterricht verbindlich und einheitlich regelten, ließen jedoch auch nach Einführung der Schulpflicht noch auf sich warten. Sie wurden in den meisten Ländern des Deutschen Bundes erst in der zweiten Hälfte des 19. Jahrhunderts verabschiedet. Gelehrt wurde außer den drei Hauptfächern Religion, Deutsch und Rechnen noch Zeichnen, Geschichte, Naturkunde, Gesang, Anfänge der Raumlehre, Geographie, Turnen und – »weibliche Handarbeiten« für die Mädchen. Mit einer solch kläglichen Ausbildung hatten Mädchen so gut wie keine Möglichkeit, später einen Beruf zu ergreifen.

Kritik an der Mädchenbildung kam vor allem aus den Kreisen des Bürgertums. Denn die Töchter sollten nach der Heirat einem Haushalt vorstehen und Repräsentationspflichten übernehmen. Für solche Aufgaben reichte die Elementarbildung nicht aus. Schließlich hatten die Ehefrauen nicht nur einen großen Haushalt zu überwachen, Dienstpersonal anzuleiten, Kinder zu erziehen und den Ehemann zu versorgen, sie mußten auch auf abendlichen Veranstaltungen »ihren Mann stehen« und auf gesellschaftlichem Parkett eine gute Figur machen. Fremdsprachen, am besten Französisch, feine Umgangsformen und ein bißchen Literatur, eben das, was für eine gepflegte Konversation vonnöten war, sollte die Dame des Hauses schon beherrschen.

Dabei war allerdings nicht an eine umfassende humanistische Bildung gedacht, wie sie etwa das preußische Gymnasium für Jungen vorsah. Der männliche Nachwuchs mußte für große gesellschaftliche Aufgaben vorbereitet werden – sei es als Beamter, als Offizier oder als Geschäftsmann.

Daß auch die Mädchen eine solide Ausbildung erhalten sollten, war zunächst ein völlig neuer Gedanke. Für die große Mehrheit der Eltern war folgende Aussage charakteristisch:

Üben, üben, üben – Klavierspielen als unabdingbarer Bestandteil der Erziehung höherer Töchter.

»Ich kenne selbst einen Mann, der in Bezug auf die Erziehung seiner Söhne keine Opfer scheut... seine Töchter aber genießen fast keinen Unterricht, außer im Lesen, Schreiben, Rechnen und einigen Handarbeiten... Wozu, sagt er, soll ich meinen Töchtern gebildete Meister halten, wozu sie in Sprachen, Musik und Wissenschaften für theures Geld unterrichten lassen; sie würden ja nur durch diese Kenntnisse dahin gelangen, daß ihnen, wenn sie erwachsen sind, kein Mann, den man ihnen anträgt, recht sein würde; jedenfalls aber würden sie, so gelehrt, einmal verheiratet, ihre Hauswirtschaft vernachlässigen.«[2]

Die Auffassung ist typisch für die ersten Jahrzehnte des 19. Jahrhunderts. Eine höhere Mädchenbildung kam den Reformern des Schulwesens überhaupt nicht in den Sinn. So schrieb der Pädagoge Joseph Hillebrand 1818: »Das Mädchen indes soll der Regel nach seine ganze Jugendzeit bis dahin, wo ein Mann es zu seiner Lebensgefährtin wählt, im Schoße der Familie verweilen. Es braucht die Klugheit der Welt nicht, weil seine Bestimmung die Welt nicht ist, sondern das Haus und die Liebe des Mannes.«[3]

Auch andere bekannte Publizisten und Denker waren der Meinung, daß Bildung für Frauen geradezu schädlich sei. Eine Ausnahme bildete, im 18. Jahrhundert bereits, der Göttinger Aufklärer August Ludwig Schlözer. Damit er die Richtigkeit seiner wissenschaftlichen Thesen beweisen konnte, begann Vater Schlözer 1774, seine einzige Tochter Dorothea gründlich auszubilden. Schon mit vier Jahren nahm sie das Sprachenstudium auf, lernte lesen und schreiben, Mathematik, Geschichte und Mineralogie. Dabei war die häusliche Erziehung nicht allein auf theoretische Unterrichtsgegenstände beschränkt, sondern sie blieb immer mit dem praktischen Leben verbunden. Selbst eine Italienreise unternahm der Herr Professor mit seiner Tochter – zum Entsetzen der Göttinger Bürger. Anläßlich des Jubiläums der Universität Göttingen schlug der Dekan vor, daß sich Dorothea, mittlerweile eine junge Dame, dem Examen stellen sollte. Sie bestand die Prüfung glänzend und war damit die erste Doktorin Deutschlands. An der anschließenden Promotionsfeier konnte sie allerdings nicht teilnehmen: Frauen waren nicht zugelassen!

Dieses Erziehungsexperiment war aber einmalig und fand keine Nachahmer. Der breiten Masse der jungen Mädchen blieb der Zugang zu einer gründlichen Schulbildung oder sogar einer richtigen wissenschaftlichen Ausbildung versperrt.

Einer der ersten, der sich intensiv für die Bildung der Frauen einsetzte, war Theodor Gottlieb von Hippel, ein deutscher Demokrat, Rechtsanwalt, Bürgermeister, Polizeidirektor und Geheimer Kriegsrat. Anonym erschien 1793 sein Buch *Über die bürgerliche Verbesserung der Weiber*, in dem er sich nachdrücklich für die Frauenbildung stark machte. Mit dieser Position war er seiner Zeit weit voraus, so daß die Zeitgenossen zunächst annahmen, es handle sich um eine ironisch gemeinte Schrift und nicht um eine ernste Darstellung.

Nach Hippels Vorstellung sollten Jungen und Mädchen bis zum zwölften Lebensjahr nach gleichen Richtlinien unterrichtet werden, hausfraulicher Unterricht konnte nebenbei stattfinden. Die vernachlässigte Erziehung der Frauen sei verantwortlich dafür, daß die Frauen nicht die volle Gleichberechtigung wahrnehmen könnten. »Als ob Freiheit mit allen ihren Ungemächlichkeiten nicht der gemächlichsten Sklaverei vorzuziehen wäre... Warum soll das Weib nicht Ich aussprechen können?«[4]

Mit einer solchen Auffassung stand Hippel allerdings völlig alleine. Nach herrschender Meinung war eine Ausbildung für Mädchen übertriebener Luxus, der den jungen Damen nur Flausen in den Kopf setzte und ihre Heiratschancen verminderte. Schon die Haushaltsführung erforderte umfangreiche Kenntnisse, die nicht mehr allein von der Mutter erlernt werden konnten. So wurde von Fachleuten beklagt, die »meisten Frauen aller Stände trieben eine unentwegte Empirie der Wirtschaft, schleppten hygienische und wirtschaftliche Fehler von Generation zu Generation, weil sie niemals auf den Grund und die Gesetze ihres Tuns aufmerksam gemacht werden.«[5]

Um diesem Mißstand abzuhelfen, wurden schon in den sechziger Jahren Kochschulen eingerichtet. Für diese praktische Form der Erziehung war man sich manchmal aber zu fein: »Die höhere Familie fordert auch noch nicht genug Vertiefung für das hauswirtschaftliche Fach und findet es schon viel, wenn ein knapper Koch- oder Schneiderkurs der aufblühenden Tochter die freie Zeit zu anderer Dilettantenarbeit oder geselligen Vergnügen kürzt.«[5] Die Mädchen der Unterschicht hingegen lernten die Haushaltsführung noch im elterlichen Haushalt von der Mutter und erhielten als Dienstmädchen in den städtischen Haushalten den letzten Schliff. Aber auch dort wurden immer mehr Klagen über die mangelnden Kenntnisse der Dienstboten laut. Deshalb richteten private Wohlfahrtsvereine und Frauenorganisationen Unterrichtskurse für die ärmeren Mädchen ein, in denen zumindest die Grundbegriffe der Haushaltsführung vermittelt wurden.

Die Mädchenbildung: Streit um die Reform

Zum Ausgleich der allgemeinen Mängel der Volksschulbildung entwickelte sich vor allem im letzten Drittel des 19. Jahrhunderts ein Schultyp, der heute ausgestorben ist: die Fortbildungsschule. Dieser schloß sich an die Elementarschulen an und sollte »eine Hebung der Volksbildung, der Volksgesittung und der praktisch-beruflichen Tüchtigkeit des Volkes« erreichen.

Die Fortbildungsschule war vor allem auf Mädchen zugeschnitten, ging meistens auf private Initiativen zurück und stand unter Aufsicht der Stadtverwaltungen. Man war der Meinung, »daß die hauswirtschaftliche Untüchtigkeit unzähliger Frauen des Arbeiterstandes sich zu einer ernsten Gefahr für unser Familien- und Volksleben, für Familien und Volkswohlstand entwickelt hatte, so daß auch eine hauswirtschaftliche Unterweisung der weiblichen Jugend des Volkes als dringend geboten erscheinen müsse.«[7]

Die erste Fortbildungsschule wurde vom Frauen-Bildungsverein in Leipzig im Jahre 1865 eröffnet. Außer den Fächern Deutsch, Rechnen und Geographie, die auch an der Volksschule unterrichtet wurden, wurde hier in Englisch, Französisch, Buchführung, Schneidern, Weißnähen und Gesundheitslehre ausgebildet. In den folgenden Jahren entstanden in allen größeren Städten ähnliche Institute, private wie öffentliche.

Der Besuch einer Fortbildungsschule war freiwillig, lediglich in Baden und in Württemberg wurde er verbindlich. In den anderen Ländern stand es den Stadtverwaltungen frei, obligatorische Schulen einzurichten, was allerdings häufig an Geldmangel gescheitert ist.

Mädchen aus wohlhabenden Elternhäusern vollendeten ihre Ausbildung seit Beginn des Jahrhunderts in privaten Instituten, den »Höheren Töchterschulen«. Die ersten dieser Schulen entstanden in Hannover 1802, in Goslar und Frankfurt/Main 1804. Sie waren der Aufsicht der Stadtverwaltungen unterstellt und erhielten bescheidene Zuwendungen aus dem Stadtsäckel. Die öffentlichen Gelder reichten nicht aus, und die Eltern mußten kräftig zuzahlen. Über die Höhe des Schulgeldes bestimmten sie auch den Kreis der Schülerinnen. Allerdings gab es keine allgemeine Richtlinien über Zulassung, Lehrerschaft, Versetzung in die nächsthöhere Klasse und Unterrichtsinhalte. Es war aber so, daß die Eltern den Lehrplan gemäß ihren eigenen Ansprüchen zusammenstellten. Die gesamte Schullandschaft für die weibliche Bevölkerung war völlig unterschiedlich, und die Qualität der Ausbildung hing nicht selten vom Wohnort ab – und natürlich den Finanzen des Herrn Papa.

Oft genug gab die Lehrerschaft Anlaß zur Klage. So stand im Handbuch der Frauenbewegung von 1902 zu lesen: »Schulen für die Töchter höherer Stände sind an Zahl genügend vorhanden, leider aber oft von ganz unkontrollierten Lehrerinnen mit oberflächlicher Bildung geleitet.« [8]

In den Jahren 1866–1873 verschärfte ein akuter Lehrermangel das Problem, so daß »sich an höheren Mädchenschulen Bewerber der zweifelhaftesten Art (meldeten). Man errötete beim Lesen der Zeugnisse, daß solche Leute sich für gut genug hielten, um Mädchen zu unterrichten. Dabei fanden diese schiffbrüchigen Existenzen bisweilen noch die Empfehlung von Männern, deren damit ausgesprochene Mißachtung der höheren Mädchenschule noch schmerzhafter war.« [9]

Die Qualität des Lehrpersonals war lediglich ein Kritikpunkt. Gänzlich unterschiedlich war die Organisation des Unterrichts, denn in den kleinen Schulen konnten keine Jahrgangsklassen eingerichtet werden, dafür war die Zahl der Schülerinnen einfach zu gering.

Töchterschulen waren nicht der staatlichen Schulbehörde unterstellt, unterlagen damit nicht den gesetzlichen Regelungen, erhielten allerdings auch keine finanzielle Unterstützung durch die Behörden. Dadurch lavierten sie ständig am Rande des finanziellen Ruins und konnten natürlich kein hohes Unterrichtsniveau bieten. Meistens befanden sich diese kleinen Mädchenschulen in angemieteten Räumen und nicht in einem eigenen Schulgebäude. Die schlechte finanzielle Ausstattung ließ auch keine ordentliche Bezahlung der Lehrer zu, so daß ständige Lehrerwechsel an der Tagesordnung waren.

Für das männliche Lehrpersonal war es wesentlich attraktiver, an einer Jungenschule zu unterrichten, weshalb sich die Lehrerverbände auch nur allmählich für eine Aufwertung der Mädchenschulen einsetzten. Sie forderten eine wissenschaftliche Ausbildung der Lehrer, und die Mädchenschulen sollten als höhere Lehranstalt innerhalb der Schulverwaltung anerkannt werden. Diese Forderungen beruhten auf dem Eigeninteresse der Lehrer, um die Inhalte oder die besonderen Probleme der Erziehung des weiblichen Nachwuchses ging es ihnen bestenfalls am Rande. Nur in den Großstädten wie z. B. Berlin wurden die Kleinstschulen zu größeren Einheiten zusammengefaßt, so daß die Ausbildung eine bessere Qualität erreichte.

Alle Schultypen und Privatinitiativen konnten dem grundsätzlichen Mißstand nicht abhelfen. Die Ausbildung der Mädchen hatte vor allem einen Fehler: Sie war auf die Aufgaben von zukünftigen Ehefrauen zugeschnitten. Nun war es im 19. Jahrhundert längst keine ausgemachte Sache mehr, daß Mädchen des Mittelstandes eine »gute Partie« machten oder auf Dauer von der Familie mitversorgt wurden. Denn immer weniger Familien verfügten über den finanziellen Hintergrund, unverheiratete Anverwandte zu unterhalten. Daher waren mehr und mehr Frauen darauf angewiesen, sich ihren Lebensunterhalt selbst zu verdienen.

Die veränderten wirtschaftlichen Verhältnisse wirkten sich auf die Forderungen nach Bildung aus, auch viele Frauen erkannten die Bedeutung der Bildung für ein freieres Leben. Die Wortführerinnen der Frauenbewegung thematisierten das Problem der Mädchenbildung. Die Lage der Frauen sei nur zu verbessern, wenn diese durch eine gründliche Erziehung und wissenschaftliche Bildung in die Lage versetzt würden, sich selbst zu ernähren und so von den Männern unabhängiger zu machen. Nun ging es im 19. Jahrhundert nicht darum, Frauen von der Ehe abzuhalten. Die Schriftstellerin Fanny Lewald: »Es will mir einseitig erscheinen, die Mädchen lediglich fürs Heiraten zu erziehen. Daß es ihr naturgemäßer Beruf ist, wer könnte es leugnen? Es gibt keinen würdigern, keinen schönern, aber ist es ausgemacht, daß jedes Mädchen sich verheiraten müsse?« [10] Damit ist eines der wichtigsten Probleme der Frauenerziehung genannt. Wenn die Mädchen keine Ausbildung hatten und nicht heirateten, war es schwierig für sie, eine Arbeit zu finden und sich ihren Lebensunterhalt selbst zu verdienen.

Malwida von Meysenbug, gleichfalls Schriftstellerin, hatte am eigenen Leibe erfahren, wie hart es ist, wenn man Geld verdienen muß und nichts Rechtes gelernt hat. Ihre Lebensgeschichte wird im Zusammenhang mit den wechselvollen politischen Entwicklungen wieder auftauchen. Als Kind aus guter Familie hatte sie in frühester Jugend nur Hausunterricht gehabt oder war von der Mutter erzogen worden. Daher forderte sie in späteren Jahren: »Jedes menschliche Wesen hat Anspruch auf eine Erziehung, die es fähig macht, auf sich selbst zu ruhen; dieses Recht müßte die Gesellschaft ihm sichern, indem es die Eltern im Falle der Not zwänge, es ihm zu gewähren, oder, bei absolutem Mangel an Mitteln von deren Seite, selber helfend einträte.« [11]

Louise Otto-Peters, Herausgeberin der *Frauen-Zeitung*, zielte schon 1843 mit ihren Forderungen nach einer verbesserten Mädchenbildung in eine staatspolitische Richtung: »Die Teilnahme der Frauen an den Interessen des Staates ist nicht ein Recht, sondern eine Pflicht.« Damit die Frauen dazu aber auch in der Lage seien, ergänzte sie: »Selbständig müssen die deutschen Frauen werden, nur dann werden sie auch fähig sein, ihrer Pflicht, teilzunehmen an den Interessen des

Staates, immer und auf die rechte Weise nachzukommen. Diese Selbständigkeit kann nur durch individuelle Bildung befördert werden; denn nur ein selbständiges Herz führt zu selbständigem Handeln.«[12]

Mit den herkömmlichen Mädchenschulen war aber das Ziel von Selbständigkeit nicht zu erreichen. Malwida von Meysenbug kritisierte scharf die Erziehung der »höheren Töchter«: »Welche Wohltat würde es z. B. für die Gesellschaft sein, wenn man es nicht mehr für nötig hielte, jedes junge Mädchen vom Bürgerstande an bis hinauf in die Aristokratie, ob sie Talent habe oder nicht, Klavier lernen zu lassen, um so während mehrerer Stunden des Tages die Ohren und Nerven ihrer Umgebung zu martern, während vielleicht eine andere Fähigkeit, die sie zu einem höchst nützlichen Mitglied der Gesellschaft gemacht hätte, unausgebildet bleibt und es ganz andere Mittel gibt, um wirklich musikalische Mädchen, mit wahrem Verständnis für die Musik zu bilden.«[13] Jahrzehntelang war für die höheren Töchterschulen verbindlich gewesen, was eine Konferenz der Mädchenschullehrer in Weimar 1872 festgelegt hatte. Dort wurde eine Denkschrift verfaßt, die betonte, daß den jungen Damen eine »Teilnahme an der allgemeinen Geistesbildung« ermöglicht werden sollte und dies in einer »Organisation, welche auf die Natur und die Lebensbestimmung des Weibes Rücksicht nimmt«.[14] Wie weit die Teilnahme zu gehen habe, bestimmte dieser Schrift zufolge der Mann. Er war das Maß aller Bildung. Eine Frau sollte gerade so viel wissen, daß sie den Mann nicht langweilte, wenn er abends nach Hause komme. Aber eben auch nicht so viel, daß sie ihm über den Kopf zu wachsen drohe.

Wichtigste Forderung der Denkschrift war die Eingliederung der Mädchenschulen in die bestehende Organisation des Schulwesens. Aus den zahlreichen Privatschulen, gegen die die Denkschrift sich richtete und die ihre Selbständigkeit bedroht sahen, kam denn auch die schärfste Kritik. Doch das preußische Kultusministerium machte sich die Auffassung der Weimarer Konferenz zu eigen.

Damit war aber das größte Manko, die ausschließlich »ästhetische« Ausrichtung der Erziehung, noch nicht beseitigt. Kein Wunder also, daß sich die Frauenbewegung vor allem diesem Thema widmete.

Der Kampf beginnt

Zur Wortführerin in der Frage der Mädchenerziehung wurde Helene Lange. 1848 geboren, wuchs sie nach dem Tod der Eltern als Adoptivtochter in einem schwäbischen Pfarrhaus auf. Als Jugendliche wollte sie eine Lehrerinnenausbildung absolvieren. Doch ihr Vormund gestattete es nicht. Deshalb konnte sie sich bis zu ihrer Volljährigkeit nur im Selbststudium bilden. 1871 legte sie in Berlin ihre Lehrerinnenprüfung ab und wurde fünf Jahre später Lehrerin an einer privaten Mädchenschule sowie Leiterin das angeschlossenen Lehrerinnenseminars. Doch Bedeutung erlangte sie durch ihre engagierte politische und bildungspolitische Arbeit.

Helene Lange und einige ihrer Gesinnungsgenossinnen hatten nach einer Diskussion beschlossen, es nicht mehr bei den Klagen über das Mädchenschulwesen zu belassen, sondern etwas zu tun: Sie reichten 1887 eine Petition beim preußischen Kultusministerium und dem Abgeordnetenhaus ein, die eine Änderung der Lehrerinnen- und Mädchenbildung verlangte. Um die grundsätzlichen Probleme darzulegen, wurde begleitend zu der Petition eine Schrift verfaßt, die die wichtigsten Thesen zusammenfaßte und unter dem Titel »Gelbe Broschüre« in die Schulgeschichte eingegangen ist. Sie forderten:

»1. daß dem weiblichen Geschlecht eine größere Beteiligung an dem wissenschaftlichen Unterricht auf Mittel- und Oberstufe der öffentlichen höheren Mädchenschulen gegeben und namentlich Religion und Deutsch in Frauenhand gelegt werde.
2. daß von Staatswegen Anstalten zur Ausbildung wissenschaftlicher Lehrerinnen für die Oberklassen die höheren Mädchenschulen mögen errichtet werden.«[15]

Zu dieser Zeit beließ es Helene Lange nicht allein bei dem Schreiben von Eingaben und Petitionen. Die Gelbe Broschüre hatte die Aufmerksamkeit der Konprinzessin, der aus England stammenden Victoria, erregt. Sie unterstützte Helene Lange tatkräftig und finanzierte ihr eine Bildungsreise nach England, damit diese die dortigen Einrichtungen studieren könnte. Überhaupt wirkte die als »Kaiserin Friedrich« bekannte Prinzessin für die Bildung von Frauen. Als Helene Lange 1889 in Berlin die ersten Realkurse für Frauen mit einer feierlichen Rede eröffnete, war Ihre Majestät Kaiserin Friedrich höchstselbst anwesend.

Diese Realkurse dürfen als frühe Vorläufer der Mädchengymnasien angesehen werden. Allerdings konnten aus Geldmangel nur wenige Schülerinnen aufgenommen werden. Mit den Forderungen in der Gelben Broschüre und den eigentlichen Zielen dieser Realkurse wollten die Frauen das Recht erlangen, an staatlichen Schulen zu unterrichten. An diesen waren Lehrer tätig, die an den Universitäten ausgebildet waren und die sich in ihrer Freizeit den jungen Frauen an den Realkursen widmeten. Da den Frauen der Zugang zu den Universitäten aber versperrt war, konnten sie selbst an den Höheren Schulen nicht tätig werden.

Genau dies war der Punkt, an dem Petition und Gelbe Broschüre ansetzten: »Solange die Frau nicht um ihrer selbst willen, als Mensch und zum Menschen schlechtweg gebildet wird... solange konsequenterweise die geistig unselbständigste Frau die beste ist, da sie am ersten Garantie dafür bietet, den Interessen ihres zukünftigen Mannes, deren Richtung sie ja unmöglich voraussehen kann, »Wärme des Gefühls« entgegenzubringen, solange wird es mit der deutschen Frauenbildung nichts werden.« [16]

Ein anderer Ansatzpunkt war die dominierende Rolle der Männer in der Erziehung. Wenigstens in einigen Fächern sollte der Unterricht weiblichem Lehrpersonal überlassen werden. Männer könnten eine rein formale Wissensvermittlung, wie etwa in den naturwissenschaftlichen Fächern, leisten. Die sittliche Ausbildung der Mädchen hingegen sollte in den Händen der Frauen liegen. Dabei dachten Helene Lange und ihre Mitstreiterinnen vor allem an den Deutsch- und den Religionsunterricht – und an die Schulleitung.

Helene Lange, engagierte Vorkämpferin, richtete die ersten Mädchengymnasien ein.

Mit der Gelben Broschüre und ihren Thesen löste Frau Lange heftige Reaktionen aus. Nach dem Erscheinen 1887 wurde sie in allen großen Zeitungen des Kaiserreichs besprochen, und da die Mißstände der Mädchenausbildung bekannt waren, fanden die Ausführungen und Forderungen der Petentinnen in der Öffentlichkeit eine überwiegend positive Resonanz.

In den Kreisen der Lehrerschaft aber war man nahezu einhellig entsetzt. Noch ein Jahr nach dem Erscheinen der Broschüre schrieb ein Anonymus in der *Frankfurter Zeitung*, daß die Petition und die Begleitschrift für die Lehrerinnenfrage böse Folgen haben dürfte. Wörtlich: »Man wird sie wahrscheinlich jahrelang als das wichtigste Dokument für die maßlosen Ansprüche der Frauen und Lehrerinnen anführen, um auch billige und gerechtfertigte Forderungen mit scheinbar gutem Grunde leicht abweisen zu können. Und das ist der wichtigste Grund, welcher uns bestimmt hat, auf die Petition der Berliner Damen die Aufmerksamkeit aller Verständigen in beiden Geschlechtern zu lenken: sie muß von den Frauen zurückgewiesen, aufs unzweideutigste verworfen, sie muß aus der Welt geschafft werden, wenn die Frauenfrage nicht dem Fluche der Lächerlichkeit verfallen... soll.« [17] Die Veröffentlichkeit der »Gelben Broschüre« hatte für Helene Lange Konsequenzen, denn auch in den Schulbehörden war die Empörung groß. Da hatten doch einige Frauen es gewagt, die Herren der Kultusverwaltung zu kritisieren! Und so mußte man sofort nachsehen, in welchem Geiste Frau Lange die ihr anvertrauten Schülerinnen unterrichtete.

Nach zehn Jahren Praxis erhielt sie zum ersten Mal Besuch von einem Oberregierungsrat aus dem preußischen Kultusministerium. Dieser prüfte die Schülerinnen im Fach brandenburgisch-preußische Geschichte. Zu seiner großen Freude konnten die Mädchen die meisten Fragen nicht beantworten. Doch Helene Lange wies ihn darauf hin, daß diese Schülerinnen ihr Institut erst sei zwei Monaten besuchten und allesamt vorher auf »höheren Töchterschulen« gewesen seien. Somit sei diesen das Manko anzulasten. Bei späterer Gelegenheit verriet der Oberregierungsrat, daß er keine Nacht mehr hätte ruhig schlafen können, wenn er der Verfasser einer so aufrührerischen Schrift wie der »Gelben Broschüre« gewesen wäre. Helene Lange versicherte ihm glaubwürdig, daß sie sich nach wie vor einer gesunden Nachtruhe erfreue.

Viel Erfolg waren Petition wie Broschüre zunächst nicht beschieden. Vielmehr brachte die Neuregelung des höheren Mädchenschulwesens in Preußens 1894 nur einen neunjährigen Schultyp, auf den freiwillige Kurse aufbauen konnten. Dies stellte einen Rückschritt dar, denn in einigen Städten bestanden bereits Schulen mit zehn Jahrgängen, für die auch Nachfrage vorhanden war. Jedoch ließen die ministeriellen Entscheidungen nicht zu, was von der Frauenbewegung gefordert wurde: die Gleichwertigkeit von Mädchen- und Jungenbildung.

Ein erster Schritt: die Mädchengymnasien

Ziel aller Bemühungen war die Öffnung der Universitäten auch für Frauen. Bis es soweit war, sollte noch viel Zeit vergehen. Die ersten zaghaften Angriffe auf die Männerbastion Universität galten der medizinischen Fakultät. Die Professoren und Kultusbeamten wehrten das Ansinnen ab und konnten sich auch elegant aus der Affäre ziehen. Frauen erfüllten nicht die Voraussetzungen. Denn zum Besuch einer Universität war der Abschluß an einem humanistischen Gymnasium nötig. Der war jedoch allein den Jungen vorbehalten. Um diese grundsätzlichen Mißstände in der höheren Bildung zu beseitigen und eine Gleichberechtigung von Frauen und Männern zu erreichen, versuchte die Frauenbewegung nicht nur die Höheren Mädchenschulen auszubauen, sondern strebte auch direkt die Gymnasialbildung für Frauen an. Dazu gab es zwei Wege: die Einrichtung eigener Mädchengymnasien oder die Öffnung der bereits bestehenden Realgymnasien und humanistischen Gymnasien für Mädchen.

Für die Einrichtung eigener Mädchengymnasien engagierte sich neben Helene Lange besonders Hedwig Kettler. Nach dem Besuch einer höheren Mädchenschule und der Ausbildung ihrer künstlerischen Fähigkeiten betätigte sie sich nicht nur als Malerin, sondern beschäftigte sich auch mit den Problemen der Mädchenbildung. Im Gegensatz zu Helene Lange wollte Hedwig Kettler aber keine spezifisch weibliche Form der Bildung. Engagiert für wirkliche Gleichberechtigung, wollte sie für Frauen die gleichen Bildungschancen wie für Männer erreichen. Der erste Schritt auf dem Weg dahin war die Gründung des »Frauenvereins Reform«, in dem sie sich mit Gleichgesinnten zusammengefunden hatte. Zur Durchsetzung ihrer Vorstellungen schrieb auch sie Petitionen und Bittschriften an die Parlamente und Kultusministerien. Im Unterschied zu Helene Lange wollten die Mitglieder des Frauenvereins Reform nicht nur die Schulen, sondern langfristig auch die Universitäten erobern. Deshalb widmete sich Hedwig Kettler zunächst dem Ausbau der höheren Bildung. In unzähligen Reden und Vorträgen versuchte sie, die Vorurteile gegen die Bildung von Frauen abzubauen. Dabei zielte sie nicht allein auf gelehrte Bildung und Universität. Auch die Realbildung, das war die Schulausbildung, die, eher naturwissenschaftlich orientiert, den Besuch von Ingenieursschulen ermöglichte, sollte an die der Jungen angeglichen werden: »Für die Frau, welche nicht der gelehrten Bildung bedarf, sondern nur einer möglichst guten Vorbereitung zur Erfüllung ihres nicht gelehrten, ihres natürlichen Berufs, fordern wir dieselben Bildungsanstalten, die dem Manne, welcher gleichfalls nicht der gelehrten Bildung bedarf, sondern ebenfalls nur einer möglichst guten Vorbereitung zur Erfüllung seines nicht gelehrten Berufs, zur Verfügung stehen.« [18]

Hedwig Kettler kannte die triste Wirklichkeit. Mehr als ein Mädchen hat zu Hause gesessen, beschäftigt mit Handarbeiten oder anderen nützlichen Tätigkeiten, und doch geplagt von gähnender Langeweile. Fanny Lewald, die Schriftstellerin, erinnert sich an das niederschlagende Gefühl, »den Tag über nichts Rechtes getan zu haben, und einen glühenden Neid auf meine Brüder, welche ruhig in ihr Gymnasium gingen, ruhig ihre Lektionen machten und an denen lange nicht soviel herumerzogen werden konnte als an mir. Ihr ganzes Dasein erschien mir vornehmer als das meine, und mit der Sehnsucht nach der Schule regte sich in mir das Verlangen, womöglich Lehrerin zu werden und so zu einem Lebensberuf zu kommen, bei dem mich nicht immer der Gedanke plagte, daß ich meine Zeit unnütz hinbringen müsse.« [19]

Der Frauenverein Reform beließ es nicht bei Eingaben und Bittschriften, sondern handelte. Und die Gründung eines eigenen Mädchengymnasiums wurde beschlossen. 1893 war es soweit: In Karlsruhe öffnete das erste Institut dieser Art die Pforten. Ein bescheidener Anfang, halbherzig unterstützt von der Stadtverwaltung, die wenigstens die Räume kostenlos stellte, aber es war ein Anfang.

Zehn Schülerinnen hatte die erste Klasse, und jedes Jahr sollte eine weitere hinzukommen, so daß die ersten Abiturientinnen 1899 zu erwarten waren. Allerdings hatte man bescheiden anfangen müssen, die Lehrerschaft arbeitete nebenamtlich am Karlsruher Mädchengymnasium, die Lehrmittel waren knapp, aber die Frauen waren mit viel Enthusiasmus bei der Sache. Bald entstanden finanzielle Probleme. Ein Hilfsverein bildete sich, der Frauenverein Reform investierte seine Beiträge in das Projekt, und es wurden Veranstaltungen organisiert, deren Erlöse der Schule zuflossen. Dennoch mehrten sich die Probleme, und die Schule war als private nicht mehr zu halten. 1900 übernahm die Stadt Karlsruhe das erste Mädchengymnasium, das noch heute besteht. Heute erinnert nichts mehr an die bewegte Zeit der Schulgründung. Die Schule trägt den Namen eines Mannes: Lessing-Gymnasium!

Hedwig Kettler hatte sich schon lange vor der Übergabe an die Stadt von dem Projekt abgewandt. Doch sie zog sich nach diesem Mißerfolg nicht ins Privatleben zurück, sondern gründete in Hannover eine neue Schule. Dort lehnte der Magistrat die Gründung eines Mädchengymnasiums ab, kurz darauf genehmigte die preußische Regierung die Einrichtung »gymnasialer Kurse«. Das war zwar nicht ganz das, was sich Hedwig Kettler und ihre Mitstreiterinnen versprochen hatten, aber es war ein erster Schritt. »Mädchengymnasium zu Hannover. Eröffnung Ostern 1899. Dauer des Kursus: fünf Jahre. Schulgeld: 160 Mark jährlich. Anmeldungen von Schülerinnen sind zu richten an den Verein ›Frauenbildungsreform‹ (Hannover, Lavesstr. 67 III) woselbst auch Prospekte erhältlich sind«. Diese Annonce war bald in der örtlichen Zeitung zu lesen. Interessentinnen mußten sich aber einer Eignungsprüfung unterziehen, wo die Sprachlehrerin der Klasse berichtete: »Mit großem Wohlwollen und einer gewissen Neugier sahen wir Prüfenden den jungen Mädchen entgegen, die es wagen wollten, damals noch ganz neue Bahnen einzuschlagen. Die Prüfung war wohl nicht sehr scharf; denn wir mußten damit rechnen, daß die Vorbildung der Aufzunehmenden sehr verschieden war.« [20] Wieviele Schülerinnen sich um die Aufnahme in die Schule beworben hatten, ist nicht überliefert. Aber es war eine bunt zusammengesetzte Gruppe, die die erste Klasse bildete. Nicht nur die Vorbildung, auch das Alter der Schülerinnen war sehr verschieden, da einige junge Frauen, die schon mitten im Leben standen, die Gelegenheit zur Ausbildung ergriffen. In einer der ersten Klassen schwankte das Alter der Schülerinnen zwischen 14 und 33 Jahren.

Trotz unterschiedlichster Voraussetzungen, gemeinsam war allen dies eine: Sie wollten das Abitur, und daher gingen sie mit Feuereifer zur Sache. Doch zunächst mußte aus einer Gruppe von elf Schülerinnen eine richtige Klasse werden: »Nun war es in den ersten Schultagen belustigend zu sehen, wie unsere neuen Gymnasiastinnen auftraten, und wie sie sich einander anpaßten. Einige erschienen mit langen Kleidern und hohen Frisuren, ander mit fliegenden Haaren und weißen Kittelschürzen. Nach etwa acht Tagen waren einige Kleider länger, andere kürzer geworden und die Kittelschürzen endgültig verschwunden. Das gemeinsame Lernen und Streben vereinte sie bald, und sie hielten fest zusammen. Es wurde im Unterricht außerordentlich viel verlangt; die Schülerinnen mußten ja auch dermaleinst ihr Abiturientenexamen an fremden Knabenschulen ablegen.«[21] Und schließlich bei der Prüfung besser sein als die Jungen. Auch in Hannover reichte das Geld nicht für die Festanstellung ausgebildeter Lehrkräfte. Professoren der höheren Knabenschule unterrichteten am Nachmittag die Mädchen, quasi als Freizeitbeschäftigung. Einer der Lehrer bekannte rückblickend, es sei für ihn und die Kollegen »eine Erfrischung gewesen... nach mehrstündigem Unterricht an der höheren Knabenschule es mit dem frischen Interesse und Wetteifer der jungen Mädchen zu tun zu haben.«[22]

Schon bald kam es auch in Hannover zu inhaltlichen Differenzen und finanziellen Problemen. Hedwig Kettler zog sich daraufhin auch aus dieser Initiative zurück, und auch hier schaltete sich die Schulverwaltung ein. 1902 übernahm das Provinzialschulkollegium die Aufsicht über die Mädchenschule und wandelte es in ein Realgymnasium um. 1906 konnten die ersten Schülerinnen ihr Abitur ablegen, außerhalb von Hannover, in Goslar. 1908 schließlich erreichte das Realgymnasium seine volle Größe als sechsklassige Studienanstalt und endlich auch die Möglichkeit, hauptamtliche Lehrkräfte einzustellen. Die endgültige Anerkennung war die Erlaubnis, in Anwesenheit eines »Königlichen Kommissars« selbst die Reifeprüfung abzunehmen.

Bereits zwölf Jahre vorher, 1896 hatten in Berlin die ersten sechs Frauen ihr Abitur abgelegt, und alle bestanden die Prüfung mit gutem Erfolg. Und auch hier waren Enthusiasmus und Begeisterung groß: »Es ist vielleicht für die Schülerinnen der jetzigen Generation wie für die Außenstehenden kaum mehr so ganz nachzufühlen, was die Prüfung der ersten sechs

Abiturientinnen für die… Frauensache allgemein bedeutete. Wie vieler Augen waren auf sie gerichtet! …Fast jede Abiturientin der ersten Jahrgänge ist für irgendein akademisches Examen, in irgendeinem Hörsaal oder Seminar oder Laboratorium die erste Frau gewesen und hatte für ihre Nachfolgerinnen Raum zu schaffen.«[23]

Lehrerinnen: Streit um Ausbildung und Beschäftigung

Was taten nun aber die Frauen, die ohne Abitur und Universitätszulassung eine wissenschaftliche Ausbildung anstrebten? Die meisten von ihnen, die sich in der Frauenbewegung engagierten, hatten ihre Kenntnisse durch eigenes Studium erworben. Privater Unterricht setzte aber zumindest einen gewissen Wohlstand voraus – und auch das Wohlwollen des Ehemannes.

Die ersten Schritte zu einer höherwertigen Berufsausbildung und in die Universität machten Frauen über die Ausbildung zur Volksschullehrerin, einem der wenigen Berufe, die im letzten Jahrhundert als standesgemäß für bürgerliche Frauen galten und nicht die Universität voraussetzten. Schließlich handelte es sich beim Beruf der Lehrerin um eine Fortsetzung der natürlichen Berufung der Frau. Um Kinder zu unterrichten, brauchten sie nur ein bißchen pädagogische Ausbildung.

Bereits zu Beginn des Jahrhunderts geriet die Ausbildung der Lehrerschaft in den Mittelpunkt des staatlichen Interesses. Die Volksschulen und die weiterführenden Bildungsinstitute konnten immer nur so gut sein wie das dort unterrichtende Personal. Daher wurden in Preußen schon früh Seminare eingerichtet, die Lehrer ausbildeten. Lehrer – keine Lehrerinnen. Einmal mehr waren Frauen vom Zugang zu einer Berufsausbildung ausgeschlossen. Lediglich einige Privatinstitute vermittelten – gegen Gebühr selbstverständlich – die Lehrbefähigung. Prüfung der Kandidatinnen und Ausstellung der Bescheinigung oblagen dann dem Pfarrer der Gemeinde!

Einen ersten Versuch, diesen Zustand zu verändern, unternahm Königin Louise, die sich für die Ausbildung junger Mädchen interessierte. Sie richtete 1811 die nach ihr benannte Stiftung ein, »in der junge Mädchen, welche für das häusliche oder öffentliche Erziehungswesen sich zu bilden wünschten, die Geschäfte der Hausfrau und Lehrerin ausübend zu lernen Gelegenheit fanden, indem sie unter entsprechender Anleitung und in zweckmäßiger Umgebung Erzieherinnen jüngerer Mädchen wurden«.[24] Die Ausbildung dauerte drei Jahre, am Ende bekamen die jüngeren Frauen den Nachweis über ihre Befähigung zum Unterricht.

Weitere Gründungen dieser Art waren die Augustaschule (1832) und ein Seminar in Kaiserswerth (1844). Letzteres bildete vor allem die Lehrerinnen für die Höheren Töchterschulen aus. Natürlich konnten all diese Initiativen und Institute nicht die Qualität der Ausbildung erreichen, wie sie ein pädagogisches Hochschulstudium darstellte. Daher bildeten die mehr schlecht als recht vorbereiteten Erzieherinnen an den Schulen eine Art »Lehrer zweiter Klasse«. Um aber ein gewisses Niveau der Lehrerinnen sicherzustellen und die Federführung nicht allein den Privatschulen zu überlassen, verabschiedete das Provinzial-Schulkollegium der Provinz Brandenburg eine Prüfungsordnung für Lehrerinnen. Pflichtteil der Prüfung waren die Fächer Religion, Deutsch, Geschichte, Geographie, Rechnen und Erziehungslehre, Wahlfächer Französisch, Zeichnen, Gesang und Schreiben.

Während es zu Beginn des Jahrhunderts sowohl an den Volksschulen als auch an den Höheren Töchterschulen nahezu ausschließlich männliches Lehrpersonal gab, stieg in der zweiten Hälfte des 19. Jahrhunderts die Zahl der Lehrerinnen erheblich an. Dies lag nun aber nicht daran, daß den Frauen plötzlich mehr Kompetenz in der Erziehung und dem Unterricht eingeräumt wurde – mitnichten. Lediglich der allgemeine Lehrermangel verschaffte den Frauen die Chance, an einer Schule angestellt zu werden. Nach ersten Anfängen und Bewährungsproben nahm die preußische Kultusverwaltung Frauen weiterhin gerne unter Vertrag, vor allem deshalb, weil sie sich mit einem niedrigeren Gehalt zufriedengaben.

Dabei dachte man jedoch nicht daran, die Lehrerinnen ihren männlichen Kollegen gleichzustellen: »Die weibliche Lehr- und Erziehungstätigkeit wird natürlich nur ein ergänzendes Glied auf dem Gesamtgebiet der Unterweisung bleiben und auch hier das Bibelwort von der Gehilfin des Mannes bewähren.«[25]

Selbst liberal Denkende konnten sich Frauen an der Schule nur als eine Art Assistentin der Lehrer vorstellen. Im Zentrum der Lehrerinnenausbildung stand das Fach Religion. Nach der christlichen Lehre ist die Frau dem Mann untergeordnet. An einem Lehrerinnenseminar beschrieb man es noch 1866 als großen Erfolg, daß den Absolventinnen des Instituts »Gottes Gnade und ihres Berufes Grund und Ziel nach Gottes Wort nahe gebracht und die Zucht christlicher Lebensordnung im Geist ernster Liebe an ihnen geübt worden ist«.[26]

Für diese hilfreiche Form der Unterweisung mußte dann auch noch bezahlt werden, während die staatlichen Institute für die Ausbildung der Lehrer kostenlos waren. Hartnäckig hielt sich die Auffassung, die Lehrerin sei nur ein Anhängsel des Lehrers. Die Gleichberechtigungsbestrebungen wurden in vielen Ländern dadurch behindert, daß die Lehrer – vor allem die der höheren Schulen – den Beamtenstatus anstrebten. Frauen waren im Staatsdienst bestenfalls angestellt, Beamtinnen gab es nicht. Da sie als Alleinverdiener galten, die keine Familie ernähren mußten, behielt der Staat die besser dotierten Stellen den Familienvätern vor. Im Falle einer Heirat mußten die meisten Beamtinnen ihre Stelle aufgeben und damit auch die erworbenen Rechte. Diese rechtliche Schlechterstellung der Frauen galt bis zur Weimarer Reichsverfassung von 1919.

Auch die qualitativ schlechtere Ausbildung verhinderte die Gleichstellung der Lehrerinnen mit ihren männlichen Kollegen. In Bayern zum Beispiel war – zumindest theoretisch – die Gleichartigkeit der Ausbildung seit 1836 gewährleistet, die praktische Umsetzung jedoch ließ auf sich warten. Staatliche Lehrerinnenseminare, die dann endlich ohne die Zahlung von Schulgeld besucht werden konnten, wurden erst ab 1850 gegründet. Erst mit der Angleichung der Ausbildung verbesserte sich die rechtliche Stellung der Lehrerinnen, wenn auch ihre Gehälter weiterhin niedriger als die der Männer blieben.

Diese Ungleichheiten zu beseitigen wurde ein weiteres Ziel der Frauenbewegung. Aber auch die Lehrerinnen selbst begannen sich zu organisieren, so in dem 1890 von Helene Lange und anderen gegründeten »Allgemeinen deutschen Lehrerinnenverein«. In den Auseinandersetzungen um die höhere Mädchenbildung war die Frage der wissenschaftlichen Prüfung für Lehrerinnen ein bedeutender Streitpunkt. Diese Prüfung wurde in Preußen 1894 eingeführt.

Nach fünfjähriger Unterrichtspraxis und einem zwei bis drei Jahre dauerndem Studium an einer Universität oder dem Besuch besonderer wissenschaftlicher Kurse konnten sich die angehenden Lehrerinnen für diese Prüfung anmelden und nach Bestehen in den oberen Klassen der Höheren Mädchenschulen unterrichten. Damit war ein Teilerfolg auf dem Weg zur Gleichberechtigung errungen.

Die Vorbereitung für die Anforderungen der Universität leisteten weiterhin die überwiegend privaten Lehrerinnenseminare. Kenntnisse der alten Sprachen, wie sie von den Universitäten verlangt wurden, mußten sich die angehenden Lehrerinnen allerdings meistens selbst beibringen, abends in der knapp bemessenen Freizeit. Um so mehr sind die Frauen zu bewundern, die alle Hindernisse überwanden und die Energie aufbrachten, die Prüfung abzulegen.

Und danach? Was konnten die frischgebackenen, wissenschaftlich qualifizierten Lehrerinnen werden? Die preußischen Bestimmungen von 1894 richteten ihnen den sonderbaren Posten einer »Gehilfin des Schuldirektors« ein, die den Schulleiter bei der »Lösung der erziehlichen Aufgabe der Anstalt unterstützen« sollte.[27] Und dafür die ganze Arbeit. Immerhin gab es ein kleines Zuständnis: Wenigstens einige Oberlehrerinnenstellen sollten eingerichtet und mit wissenschaftlich ausgebildeten Lehrerinnen besetzt werden – allerdings blieb das Gehalt unter dem der männlichen Kollegen in vergleichbaren Positionen.

Zankapfel der Bildungspolitik: die Universität

Mit der qualifizierten Lehrerinnenausbildung war in die gelehrte Männerwelt nun aber eine erste Bresche geschlagen, und weitere sollten folgen. Der Frauenverein Reform hatte sich bereits auf dem Gebiet der höheren Mädchenbildung hervorgetan. Nun galt es, den Frauen den Weg zu akademischen Weihen zu erobern. Hedwig Kettler, die Vorsitzende des Vereins, forderte in einer Petition an den Reichstag die Zulassung der Frauen zu medizinischem Studium und Beruf, »weil auch bei uns in Deutschland sich mehr und mehr die Überzeugung Bahn bricht, daß die Frau berechtigt ist, für sich einen Arzt des eigenen Geschlechts zu verlangen«.[28]

Dieser Meinung waren die Männer ganz und gar nicht, und sie verteidigten die Wissenschaft mit Zähnen und Klauen – mit den fadenscheinigsten Argumenten. Stellvertretend für viele ein Dr. Klaus, Mitglied der württembergischen Abgeordnetenkammer: »Allein ich glaube, der Wirkungskreis, der unseren Frauen zugewiesen ist, genügt. Es handelt sich bloß darum, in diesem Kreis den richtigen Punkt zu finden. Gute Köchinnen z. B. sind immer gesucht und gut bezahlt.(!) Was überhaupt die wissenschaftliche Beschäftigung der Frauen anbelangt, so gehe ich von der Ansicht aus: Ich habe noch nie gelesen, daß eine Frau einen die Wissenschaft befruchtenden Gedanken ausgesprochen und der Wissenschaft neue Bahnen gewiesen hätte.«[29]

Es war auch wohl kaum zu erwarten, daß die Universitäten und die Herren Professoren beim ersten Versuch der Frauen, die »alma mater« zu erobern, gleich die Schlüssel übergeben würden. Konnten die Gelehrten doch darauf verweisen, daß die jungen Frauen aufgrund ihrer Vorbildung gar nicht in der Lage waren, die Anforderungen der Universitäten zu erfüllen. 1891 wurde das Thema Frauenstudium in einer Sitzung des Reichstages auf die Tagesordnung gesetzt. Da die Zuständigkeit in dieser Frage jedoch bei den Kultusverwaltungen der Länder lag, wurde eine Debatte gar nicht erst eröffnet.

Es sollte noch 18 Jahre dauern, bis die Frauen die Gleichberechtigung an den Universitäten erreichen konnten. 1899 tat man den ersten Schritt: Alle deutschen Universitäten erlaubten den Frauen, als Gasthörerinnen an den Lehrveranstaltungen teilzunehmen. Das bedeutete, sie konnten bei den Vorlesungen und Seminaren dabei sein, waren aber keine ordentlichen Studentinnen und durften daher auch keine Prüfungen ablegen. In den Jahren davor herrschte die reine Willkür: Die studierwilligen Damen brauchten die Zustimmung des Kultusministers, die des Rektors der Universität und des Professors, bei dem sie hören wollten. Alle Herren konnten das Gesuch ohne Angabe von Gründen ablehnen. Dabei spielte die Qualifikation der Gasthörerin keine Rolle.

Erst 1909/10 konnten sich die Frauen zum ordentlichen Studium an den Hochschulen einschreiben – mit den gleichen Rechten wie ihre männlichen Kommilitonen. Studieren durften sie nun also, aber bis zur Freigabe der Dozentenlaufbahn vergingen weitere zehn Jahre. Zwischen diesen Eckdaten der Öffnung der Universitäten liegen viele Kämpfe und Auseinandersetzungen.

Individuelle Erfolge bei der Eroberung der Hochschulfakultäten hatte es schon weit früher gegeben: Einige weibliche Gelehrte, die im Ausland studiert hatten, konnten in Deutschland ihre Ausbildung mit Genehmigung der Professoren vervollständigen. Berühmtestes Beispiel und Vorbild ist die Russin Sonja Kowalewski. Sie wurde 1850 geboren und stammte aus einer gebildeten Familie, die schon früher mathematische Talente hervorgebracht hatte. Mit vierzehn Jahren begann sie mit ihrer Ausbildung in den Fächern Mathematik und Physik. Die Eltern förderten die Begabung ihrer Tochter und zogen mit ihren Kindern nach St. Petersburg, um dort die Ausbildung zu vollenden.

In den sechziger Jahren lehnte sich die russische Jugend gegen die Autoritäten auf. Auch Sonja kam in Kontakt mit nihilistischen Kreisen und engagierte sich für die Sache der Frauenbildung. An der Universität von St. Petersburg konnte sie nicht studieren, die Zulassung von Frauen wurde als Reaktion auf die politischen Unruhen wieder rückgängig gemacht. Also blieb ihr nur ein Studium im Ausland.

»Gnädiges Fräulein finden das Studium also nicht leicht?«
»Nein, wo man fortwährend durch Heitratsanträge im Studieren gestört wird.«

Um dies für die jungen Damen der russischen Gesellschaft zu ermöglichen, gingen diese Scheinehen ein, um so Ausreisepapiere zu erhalten. Auch Sonja heiratete und nahm im April 1869 in Wien ihr Studium auf. Bald zog es sie nach Heidelberg, und es gelang ihr, eine Ausnahmegenehmigung für die Teilnahme an Mathematik- und Physikvorlesungen zu erhalten. Später wollte sie bei dem notorischen Frauenfeind Robert Bunsen studieren. Dieser hatte stets proklamiert, daß nie ein weibliches Wesen sein Laboratorium betreten werde. Sonja überzeugte ihn vom Gegenteil. Nach drei Semestern am Nekkar beschloß sie, ihre Ausbildung in Berlin fortzusetzen. Ihr dortiger Professor ermöglichte es ihr, in Abwesenheit an der Universität Göttingen die Doktorarbeit einzureichen und den Titel zu erlangen.

Den Abschluß hatte Sonja nun in der Tasche, aber es gab in den europäischen Ländern noch keine Arbeitsmöglichkeiten für einen weiblichen Doktor der Mathematik. Nach Umwegen über St. Petersburg und Paris erhielt sie schließlich eine, zunächst befristete, Professur an der Universität Stockholm. Der Schriftsteller August Strindberg wurde ihr erbittertster Gegner. Er schrieb: »Ein weiblicher Mathematikprofessor ist eine gefährliche und unerfreuliche Erscheinung, man kann ruhig sagen, eine Ungeheuerlichkeit. Ihre Einladung in ein Land, in dem es so viele ihr weit überlegene männliche Mathematiker gibt, kann man nur mit der Galanterie der Schweden dem weiblichen Geschlecht gegenüber erklären.«[30] 1889 konnte ein befreundeter Mathematiker eine Professur auf Lebenszeit für sie durchsetzen. Sonja Kowalewski starb 1891 nach einer Herzattacke.

In der Regel wurden die Zulassungen von Gasthörerinnen zurückhaltend behandelt: »Die Anmeldung von Damen zur Teilnahme an den Vorlesungen in der Regel abweisen zu wollen«, verfügte etwa die Universität Heidelberg 1871. Um den Frauen den Zugang zu den Hochschulen und akademischen Würden zu verweigern, war den Professoren und Ministerialen kein Vorbehalt zu durchsichtig und kein Argument zu fadenscheinig. So hatte ein Münchner Anatomieprofessor eine Schrift verfaßt zum Thema Frauen und Medizinstudium. Darin vertrat er die Ansicht, daß Frauen nicht über die Fähigkeit zur Ausübung der Medizin verfügten. Entscheidendes Argument für seine These: Das geringere Gewicht des weiblichen Gehirns lasse dies nicht zu! Daß die genannte Schrift einen Sturm der Entrüstung nicht nur unter den Feministinnen hervorrief, muß kaum noch erwähnt werden.

Aber es sollte noch schlimmer kommen. In einem anderen Aufsatz sprach besagter Professor der gesammelten Kollegenwelt aus dem Herzen. Darin stellte er fünf Thesen auf, die endgültig belegen sollten, daß Frauen nun einmal nicht für das Medizinstudium geschaffen seien. So errege es den Ekel der Damen, wenn sie bei einer klinischen Leichenöffnung zugegen sein müßten, was dem Gemüt der Weiblichkeit nicht guttun würde. Auch stelle es eine Verletzung der Schamhaftigkeit dar, müßte die Frau Doktor einen Mann mit Syphilis behandeln. Außerdem seien Frauen fortwährend schwanger, was eine erhebliche Behinderung des Studiums bedeute, denn gerade während der Schwangerschaft seien Konzentration und Denkfähigkeit geschwächt. Schließlich spräche die Roheit der Studenten dagegen, wie auch die angeborene Autoritätslosigkeit der Frau, die ihr nicht erlaube, ein Krankenhaus zu leiten.[31]

Das Gerede von der weiblichen Unfähigkeit hielt sich hartnäckig. Gerade die Ordinarien der Anatomie verwandten viel Forscherfleiß und Energie darauf, die Unterlegenheit der Frauen wissenschaftlich zu belegen und so ihren Anspruch auf Zulassung zum Medizinstudium abzuschmettern. Noch 1888 vertrat ein Berliner Anatom auf einer Fachtagung die Meinung, daß das Medizinstudium für Frauen unbedingt abzulehnen sei, »auf Grund der anatomischen und physiologischen Unterschiede zwischen Mann und Weib im Interesse der Wissenschaft, der Frauen selbst und der gesamten Menschheit«.[32]

Auch die Mitglieder anderer Fachbereiche führten alle möglichen und unmöglichen Argumente an, weswegen Frauen nicht studieren konnten, sogar die zyklischen Störungen mußten herhalten, die die Frau ihrer Natur unterwarfen und dadurch zum Studium ungeeignet machten. Auch der große Physiker Max Planck, Leiter des Instituts für Theoretische Physik in Berlin, wollte den Frauen keinen Zugang zur Wissenschaft gewähren. Zwar gäbe es durchaus Frauen, die Talent, Begabung und Neigung zum wissenschaftlichen Studium mitbrächten, allerdings könne man gar nicht stark genug betonen, »daß die Natur selbst der Frau ihren Beruf als Mutter und als Hausfrau vorgeschrieben hat, und daß Naturgesetze unter keinen Umständen ohne schwere Schädigungen, welche im vorliegenden Falle besonders an dem nachwachsenden Geschlecht zeigen würden, ignoriert werden könnten«.[33]

Nicht allein die Naturwissenschaftler verwahrten sich gegen die weibliche Konkurrenz, auch die Geisteswissenschaftler meldeten Bedenken an. Ein Historiker meinte: »Gibt man den Frauen, welche am Zuständlichen meistens die Zufälle interessieren, das Wort, so erklärt man die Revolution in Permanenz.«[34]

Trotz aller Vorbehalte und Widerstände der Männer war der Vormarsch der Frauen an den Universitäten nicht mehr aufzuhalten. Die ersten Auftritte weiblicher Studierender wurden noch als eine kleine Sensation betrachtet, obwohl die allerersten Frauen im Hörsaal ja meistens bereits gestandene Forscherinnen und keine ganz jungen Mädchen mehr waren. Das Aufsehen, das die Frauen erregten, wurde denn auch gleich zum Anlaß genommen, selbst Gasthörerinnen den Zugang zur Universität zu untersagen, wie etwa in München: »In neuester Zeit hat dem Vernehmen nach das Erscheinen einer Zuhörerin in einer Vorlesung der medizinischen Fakultät eine bedauerliche, erhebliche Störung zur Folge gehabt und es steht zu befürchten, daß ähnliche unliebsame Auftritte in gleicher Veranlassung sich wiederholen möchten.«[35]

Oder in Heidelberg: Die Universität sah in dem »Besuch akademischer Vorlesungen durch Damen« eine »mißliche und störende Erscheinung«. Die Liste ließe sich noch weiter fortführen. Dennoch konnten sich die Männer auf Dauer nicht durchsetzen.

Unter den Medizinern und den Juristen fanden sich durchaus auch wohlmeinende Vertreter, die gegen Studentinnen in ihrem Fach nichts einzuwenden hatten. Allerdings stellten sich die Herren nicht so sehr Ärztinnen, Richterinnen und Anwältinnen vor, sondern vielmehr gut ausgebildete Gehilfinnen, die den männlichen Standesvertretern hilfreich zur Seite stehen konnten. So hatte sich die Frauenbewegung die Sache jedoch nicht vorgestellt, und es gab resolute Frauenspersonen, die nicht gewillt waren zu warten, bis die deutsche Kultusverwaltung ihren Widerstand aufgab und Frauen zum Studium zuließ. Im Ausland war es den Frauen schon viel früher möglich, ein Universitätsstudium zu absolvieren. In den Vereinigten Staaten etwa war es Frauen seit

1835 erlaubt, die europäischen Länder folgten in den siebziger Jahren des 19. Jahrhunderts.

Gegen alle Widerstände: Henriette Hirschfeld-Tiburtius

Eine der Frauen, die nicht warten wollte und konnte, war die erste Zahnärztin Deutschlands, Henriette Hirschfeld-Tiburtius. Sie wurde 1834 als Tochter des Pastors Pagelsen auf Sylt geboren. Der Vater erzog sie gemeinsam mit den Geschwistern. Wie zu dieser Zeit allgemein üblich, heiratete sie früh. Ihr Mann starb und ließ die junge Frau ohne Vermögen zurück. In dieser mißlichen Lage blieb ihr nichts anderes übrig, als sich ihren Lebensunterhalt selbst zu verdienen. Sie machte sich nach Berlin auf und nahm zunächst eine Stelle als Hausdame an. Doch bald darauf begann sie, sich nach einer interessanteren Tätigkeit umzusehen. Zu ihrem Leidwesen mußte sie feststellen, daß der einzige Beruf, der für Frauen als »einigermaßen anständig« galt, derjenige der Lehrerin war. Doch Lehrerin wollte sie überhaupt nicht werden.

Auf der Suche nach einem Beruf, der ihr Freude machen könnte, stieß sie zufällig auf einen Zeitungsartikel über die Engländerin Elisabeth Blackwell. Diese war mit ihren Eltern nach Amerika ausgewandert und hatte in den Vereinigten Staaten 1849 das Medizinstudium mit dem Doktortitel abgeschlossen. Das war es, wonach sie so lange gesucht hatte. Auch sie wollte Ärztin werden. Daß es letztendlich die Zahnmedizin wurde, war reiner Zufall. Von heftigem Zahnweh geplagt, hatte sie eine Reihe von schmerzhaften Behandlungen erdulden müssen – alles ohne Erfolg. Das wollte sie besser machen und Zahnärztin werden.

Damit war Henriette ihrer Zeit weit voraus. Eine Frau, die studieren wollte, war zu diesem frühen Zeitpunkt eine ungewöhnliche Erscheinung. Heiraten – ja; Mutter sein, auch in Ordnung; als Lehrerin arbeiten – akzeptiert. Aber studieren? Und dann noch gar Zahnmedizin?

Dieses Fach genoß damals keinen guten Ruf. Man betrachtete allgemein die Zahnärzte als eine Art besseren Handwerker, die Zahnmedizin als eine Spielart der Chirurgie, der eigentlichen Königin der medizinischen Wissenschaft. Die bereits praktizierenden Zahnärzte rangen hart um ihre wissenschaftliche Anerkennung. Nun auch noch eine Frau in dem Gewerbe? Ein grauenhafter Gedanke.

Alle diese Hürden kümmerten Frau Hirschfeld herzlich wenig, und sie machte sich auf zum »langen Marsch durch die Institutionen«. Um die Erlaubnis zum Studium zu erlangen, wurde sie beim preußischen Kultusminister vorstellig. Dabei nervte sie die Beamten des Ministeriums mit Anträgen, Gesuchen und Gesprächswünschen. Aus der Anfrage wurde eine Akte, Frau Hirschfeld zu einem Begriff. Zwei lange Jahre antichambrierte sie, endlich gab es einen Silberstreifen am Horizont: Der Kultusminister rang sich die Zusage ab, daß Henriette Hirschfeld in Berlin Zahnmedizin praktizieren dürfe, wenn sie »von einem in gutem Ruf stehenden College ein Zeugnis über ein rite absolviertes Studium würde vorweisen können«. »Rite« – ausreichend – das traute sie sich wohl zu.

Mit dieser Zusicherung begann die Suche nach einer Universität, die sie als Studentin aufnehmen würde. Sicherlich hatte sich der Minister vorgestellt, die lästige Bittstellerin elegant und endgültig losgeworden zu sein. Aber da hatte er sich in Henriette Hirschfeld gründlich getäuscht. Sie nahm die schriftliche Zusage und ging zu einem amerikanischen Zahnarzt, der in Berlin praktizierte und einen ausgezeichneten Ruf genoß. Dieser empfahl ihr das Dental College in Philadelphia. Aber die Vereinigten Staaten waren weit weg und die Überfahrt teuer. Henriette gab jedoch nicht auf, borgte sich das Geld für die Passage von ihren Freunden, schiffte sich ein, und ihr großes Abenteuer konnte beginnen.

Im Gepäck hatte sie auch ein Empfehlungsschreiben an einen deutschen Apotheker in Philadelphia. Er riet ihr, auf dem Absatz kehrtzumachen und mit dem nächsten Schiff nach Deutschland zurückzukehren. Ein lebenskluger Rat. Henriette Hirschfeld mußte in den nächsten Wochen erfahren, wie recht ihr Landsmann gehabt hatte.

Sie lief sich die Hacken ab. Bei jedem Professor sprach sie

vor, den sie im Vorlesungsverzeichnis finden konnte. Keiner wollte sie als Studentin akzeptieren. Erst nach einiger Zeit erfuhr sie den Grund für die Zurückhaltung der gelehrten Herren im Lande der unbegrenzten Möglichkeiten. Vor ihr hatte erst eine einzige Frau am Dental College studiert – und war mit Pauken und Trompeten durch die Prüfungen gefallen. Es war also nicht weiter verwunderlich, daß sich die Zahnmediziner keiner erneuten Blamage aussetzen wollten. Sie gaben Henriette den dringenden Rat, in die Heimat zurückzukehren, zu heiraten und Kinder zu bekommen.

Nur bei einem Gelehrten fand Frau Hirschfeld ein offenes Ohr. Wahrscheinlich weil seine Gattin aktiv in der Frauenbewegung war, fand der Herr Professor ihre Idee so abwegig nicht. Das Ehepaar nahm die zukünftige Studentin in sein Haus auf. Am ehrwürdigen Dental College stellte er seine versammelten Kollegen vor die Alternative: Entweder Mrs. Hirschfeld studiert oder ich trete zurück. Die konsternierten Herren einigten sich auf einen Kompromiß: Mrs. Hirschfeld wird probeweise aufgenommen.

Sie stand unter enormem Erfolgsdruck. Versagte sie wie ihre Vorgängerin, würde dies einen schweren Rückschlag für die Frauenbewegung in den Vereinigten Staaten bedeuten. Und sie wußte auch, daß sie als Vorkämpferin für das Frauenstudium in Deutschland gelten würde.

Also lernte sie vom ersten Tag an wie eine Besessene, zeigte, daß sie es genauso gut konnte wie ihre männlichen Kollegen. Am Ende hatte sie bewiesen, daß Frauen von Natur aus nicht nur zum »plättenden, fegenden, kochenden, bürstenden, flikkenden und sorgenden Domestiken ihres Hausgebieters und ihrer Kinder« geboren seien.[36] Unglücklicherweise hatte Pastor Pagelsen seine Tochter nicht Latein gelehrt. Und das nur, weil Lateinkenntnisse eine Frau in der damaligen Zeit nicht begehrenswert, sondern suspekt machten. Nun mußte sie das alles nachholen und sich auch das Fachvokabular mühevoll aneignen.

Alle Vorbehalte gegen die Studentin erwiesen sich schließlich als gegenstandslos: Sie bestand ihr Examen zum Doktor der Zahnmedizin mit gutem Erfolg. Nunmehr von ihr überzeugt, boten ihr die Amerikaner an, sich in Philadelphia niederzulassen. Das war nun nicht im Sinn der frischgebackenen Doktorin. Sie wollte in die Heimat zurückkehren, »um auf dem neuen Arbeitsfelde einen Platz für ihre Mitschwestern zu erobern«.[37]

In Berlin angekommen, präsentierte sie dem verblüfften Kultusminister ihr Diplom. Das Studium hatte sie bestanden, an einer anerkannten Universität. Nun beharrte sie darauf, daß der Minister sein Versprechen auch einlöse und sie sich als Zahnärztin niederlassen dürfe. Da half dem Minister und seinen Beamten alles nichts: Sie hatten ihre als Ablenkungsmanöver gedachte Zusage schriftlich niedergelegt und konnten sich nun nicht mehr herauswinden.

Henriette Hirschfeld hatte es geschafft. 1869 eröffnete sie in der Berliner Behrenstraße 9 ihr »Zahnatelier«. Ein historischer Moment, denn sie war die erste Zahnärztin in Deutschland. Behandeln durfte sie freilich nur Kinder und weibliche Patienten. Und daß Männer bei einer Doktorin den Mund aufmachen sollten, das war denn doch zuviel verlangt. Schließlich mußten die Grenzen der Schamhaftigkeit gewahrt bleiben.

Die Praxis war einfach eingerichtet. Das letzte Jahrhundert kannte noch nicht unsere beeindruckenden wie einschüchternden Behandlungsräume. Bei Frau Dr. Hirschfeld gab es – genau wie bei ihren Kollegen – nur einen Behandlungsstuhl, eine Lampe mit einem Vergrößerungsglas, Spucktisch, Instrumentenschrank und einen Instrumentenkocher zum Sterilisieren der Geräte. Man arbeitete mit einem Handbohrer, der automatische Bohrer mit Fußtreter kam erst Jahre später auf den Markt. Um schmerzhafte Behandlungen wie Zahnziehen für die Patienten erträglicher zu machen, verabreichte sie Lachgas oder Morphium. Mehr gab es damals nicht.

Die Berliner Damenwelt stand nicht gerade Schlange vor der Praxis von Henriette. Vorsichtshalber wartete man ab und testete ihre Künste erst einmal an den eigenen Dienstboten und den Kindern. Erst wenn diese die Prozeduren überstanden hatten, nahm auch die Dame des Hauses auf dem Stuhl Platz, um ihre kostbaren Zähne behandeln zu lassen.

Zu Frau Doktor ins »Zahnatelier«: Dr. Henriette Hirschfeld-Tiburtius.

Leicht war es für Henriette Hirschfeld nicht, die Vorurteile der Berliner abzubauen. Bald überwand die eine oder andere der vornehmen Damen ihre Angst und begab sich, wenn auch zaghaft, in das »Zahnatelier«, um »ihre mangelhaften Eßwerkzeuge unter die Kur der geschickten und kräftigen Hände von Henriette Hirschfeld zu stellen«.[38]

Zur gleichen Zeit, als die erste Zahnärztin um Anerkennung rang, fuhren die deutschen Professoren schweres Geschütz auf, um den Frauen den Zutritt zur Universität zu verweigern. Diese Auseinandersetzungen machten auch Dr. Hirschfeld zu schaffen. Zwar durfte sich nicht jeder Zahnarzt nennen, aber praktizieren durfte man schon. Die preußischen Vorschriften sahen für die Führung der Berufsbezeichnung »Zahnarzt« bestimmte Voraussetzungen vor, aber zahnärztliche Behandlungen vornehmen durfte jeder, dessen innigster Wunsch schon immer die Ausübung der Zahnheilkunde gewesen war. Diese Gelegenheit ließen sich viele zwielichtige Gestalten nicht entgehen. Die selbsternannten Dentisten hatten sich oft schon in anderen Berufen umgetan, waren vorher Goldschmied, Barbier, Apotheker oder Schlächter gewesen. Der Markt für Quacksalber war groß.

In seriösen zahnärztlichen Kreisen hatte sich die Erkenntnis durchgesetzt, daß Zähne nicht bloß das Lächeln verschönern, sondern daß sie bei der Erhaltung der Gesundheit eine wichtige Funktion haben. Auch Henriette Hirschfeld war dieser Meinung und folgte dem Grundsatz, daß Zähne erhalten besser sei als Zähne ziehen. So machte sie sich für die Zahnpflege stark – regelmäßiges Zähneputzen »mit Pulver« war in weiten Teilen der Bevölkerung noch völlig unbekannt. Daß eine richtige Ernährung für die Gesundheit, auch für gesunde Zähne, wichtig war, wußte sie. So wollte sie bei ihren Patienten eine Änderung der Eßgewohnheiten zum Schutz der Zähne erreichen.

Vor allem bei den Kindern stellte sie viele Zahnschäden durch falsche Ernährung fest – und folgerte daraus, daß regelmäßige Untersuchungen wichtig seien. Es dauerte allerdings noch einige Jahre, bis auch die Behörden sich diese Erkenntnis zu eigen machten und die vorbeugenden Maßnahmen anordneten. 1883 wurde die Zahnpflege und Zahnkontrolle in der Schule und beim Militär obligatorisch.

Die Zahnmedizin erlebte in diesem Jahrzehnt einen ungeheuren Aufschwung. Immer mehr Universitäten richteten zahnmedizinische Institute ein. Dennoch wurden Frauen in der Medizin weiterhin argwöhnisch beobachtet – auch Dr. Hirschfeld. Presse und Fachwelt lauerten auf einen schwerwiegenden Fehler, um endlich den Beweis führen zu können, daß Frauen nicht für die Ausübung der Medizin taugten.

Dabei ging es den Männern um das Ansehen der Zahnmedizin. Lange Zeit hatte diese Disziplin unter einem schlechten Ruf zu leiden gehabt. Endlich schien sie eine gewisse Seriosität zu erlangen, und das wollten sich die Herren nicht ruinieren lassen. Der Vereinsbund Deutscher Zahnärzte hielt die Zulassung von Frauen zum zahnmedizinischen Studium für nicht zweckmäßig, weil durch sie »die in vollem Gange befindlichen Reformbestrebungen im zahnärztlichen Stande empfindlich gestört werden könnten«.[39]

Trotz aller offiziellen Erfolge der zahnärztlichen Zunft war die Ausbildung zum Zahnarzt in Deutschland noch keineswegs anerkannt. Doch jetzt bemühten sich die mehr oder weniger seriösen Zahnärzte, wenigstens die Quacksalber und Kurpfuscher auszugrenzen. Und auch der amerikanische Doktortitel, den ja Henriette Hirschfeld führte, war nicht gerade angesehen. Es wurde sogar die Meinung geäußert, daß die amerikanischen Colleges als Zufluchtsstätte für die Deutschen dienten, indem sie die Anforderungen herabsetzten. Das Wort von den »graduierten Amerikanern« ging um.

Dies hatte natürlich auch Folgen für die formale Anerkennung. So reichte der in den USA erworbene Titel nicht mehr aus, um sich im Deutschen Reich Zahnarzt nennen zu dürfen. Für Dr. Hirschfeld hatte dies allerdings keine praktischen Konsequenzen: Weder war ihr Titel voll anerkannt noch war er ihr aberkannt worden. Also setzte sie ihre Arbeit fort und kümmerte sich nicht weiter um die Standesfehden. Schließlich zeigte ihr die eigene Praxis, was sie konnte und daß sie von ihren Patienten gebraucht wurde. Das genügte ihr.

Trotz aller Arbeit hatte sie geheiratet, zwei Kinder großgezogen und sich auf sozialem Gebiet engagiert. Auf den Gedanken, ihrer Familie wegen etwa Praxis oder soziale Arbeit aufzugeben, war sie nie gekommen. Sie war fest davon überzeugt, daß Kinder eine selbständig denkende und handelnde Mutter benötigten. Doch sie konnte sich den Luxus erlauben, die Hausarbeit von einem Hausmädchen erledigen zu lassen.

Nach den Sprechstunden widmete sich Henriette Hirschfeld-Tiburtius ihren verschiedenen Verpflichtungen. So war sie im Vorstand des »Heimathauses für stellungsuchende Mädchen« und im Vorstand der »Heimstätte in Berlin«, einer Einrichtung, die arbeitslosen jungen Müttern Unterkunft und Hilfe gewährte. Alleinstehende, stellungsuchende Frauen lagen ihr besonders am Herzen. Sie zeigte ihnen Möglichkeiten, einen Beruf zu erlernen und finanziell unabhängig zu werden.

Es war kein politisches, sondern ein ausgesprochen soziales Problem, was Henriette unter der »Frauenfrage« verstand: die »Versorgung der Unversorgten«. Doch sie stellte auch gewisse Anforderungen an die Frauen. Wenn diese nichts mit sich anzufangen wüßten und nur passiv auf die Lösung ihrer Probleme warteten, sei ihnen nicht zu helfen. Müßiggang und Unwissen trage die Schuld an der untergeordneten Rolle der Frauen.

Dr. Henriette Hirschfeld-Tiburtius wurde zum Vorbild für andere Frauen. Sie hatte einen Weg gewiesen, auf dem ihr andere folgen konnten. Wenn heute Ärztinnen in Krankenhäusern, eigenen Praxen und sogar in Feldlazaretten selbstverständlich geworden sind, ist dies nicht zuletzt ihr Verdienst.

Es ist Arbeit, Arbeit, Arbeit: Frauen in der Kunst

Eine Frau, die Kunst professionell betreiben wollte, mußte »diesen Entschluß fast immer mit Verkümmerung, Krankhaftigkeit oder Hypertrophie des Geschlechtsgefühls, mit Perversion oder Impotenz bezahlen«.[1] Dieser provozierende Satz aus einem Essay zum Thema »Die Frau und die Kunst« des namhaften Kunstschriftstellers Karl Scheffler von 1908 faßte die Vorurteile gegen kunstschaffende Frauen zusammen. Welche Kunstgattung man auch immer betrachten mag, ob Musik, Malerei, Literatur oder bildende Kunst, Namen von großen Künstlerinnen sucht man vergeblich. Sie sind in Vergessenheit geraten und nur einem kleinen Kreis von Spezialisten bekannt.

Die Kunstgeschichte wurde über lange Zeit von Männern geschrieben, und nur deren Maßstäbe bestimmten den Wert eines künstlerischen Werkes. Erst ganz langsam entdeckte man in den Archiven, Bibliotheken und Magazinen Werke von Frauen, die nach heutigen Kriterien denen der Männer in nichts nachstehen.

»Diese Tochter ist verrückt!«

Die große Mehrheit der Frauen hatte überhaupt keine Chance, künstlerische Neigungen und Fähigkeiten auszubilden. Töchter wurden in der Familie oder in den Pensionaten und »Höheren Töchterschulen« auf die Rolle als Mutter und Ehefrau vorbereitet, besondere Talente wurden nur selten gefördert. Selten einmal wurde eine Begabung erkannt und unterstützt. Bekannt ist der Fall der Clara Schumann. Ihr Vater bildete sie schon als kleines Mädchen aus, um eine große

Künstlerin aus ihr zu machen. Die Investition in die Ausbildung der Tochter sollte ihr ermöglichen, den eigenen Lebensunterhalt zu verdienen.

In der Regel lernte die »höhere Tochter« des Bürgertums ein bißchen Klavierspielen und ein bißchen Singen, gerade genug für den Hausgebrauch. Ein Mädchen brauchte nach allgemeiner Auffassung nicht viel zu wissen, ein wenig Literatur, ein bißchen Malerei, das genügte meist für eine angenehme und unterhaltsame Salonkonversation. Allzuviel mußte, ja sollte es auch nicht sein, denn die Lebensziele der Frauen im 19. Jahrhundert waren Ehe, Familie und Respekt vor dem Gatten. Eine zu gute Ausbildung hätte nur bedeutet, daß die Tochter »unweiblich« geworden wäre. Damit verminderten sich ihre Chancen, einen Mann zu finden.

Kam es nun einmal doch vor, daß ein Mädchen in einer künstlerischen Disziplin besonders gefördert wurde, so beendete der geringste Anlaß diese Ausbildung. Das konnten Verpflichtungen innerhalb der Familie sein wie die Versorgung eines kranken Angehörigen oder die Übernahme der Haushaltsführung. In solchen Fällen waren es selbstverständlich immer die Töchter, die verzichten und in den Haushalt zurückzukehren hatten.

Auch eine Heirat konnte das Ende einer gerade begonnenen künstlerischen Laufbahn bedeuten. Die dänische Malerin Henriette Hahn hatte 1901 Justus Brinckmann, den Direktor des Hamburger Museums für Kunst und Gewerbe, geheiratet. Nach der Eheschließung verbot der frischgebakkene Ehemann seiner Frau jede eigene künstlerische Tätigkeit. Fortan sollte nur das gemeinsame Heim ihr Wirkungskreis sein. Doch die Malerin fügte sich nicht diesem ausdrücklichen Wunsch ihres Mannes. Vielmehr arbeitete sie heimlich weiter, um ihre künstlerische Entwicklung nicht zu unterbrechen. Erst nach dem Tod ihres Mannes konnte sie die Arbeit an der Staffelei wieder ungehindert und ohne Verbote aufnehmen.

Bedenken und Hindernisse galten jedoch nur für den Fall, daß eine Frau die Kunst zu ihrem Beruf machen wollte. So »nebenbei« und »nur zum Vergnügen« wurde ein wenig künstlerische Betätigung durchaus geduldet. Ein bißchen Ablenkung bei Malerei und Handarbeiten war Tochter oder Ehefrau durchaus gegönnt und vertrieb Zeit und Langeweile. Solange Familie oder Ehemann an erster Stelle standen, sah man derartige Beschäftigungen ganz gerne. Erst wenn die Rangfolge in Frage gestellt wurde, hagelte es massiven Protest.

Bei einer nur nebenbei und mit mangelhafter Ausbildung betriebenen künstlerischen Tätigkeit blieben natürlich auch die Resultate mangelhaft. Man kann sich nicht nebenbei mit Malerei beschäftigen, nebenbei Klavier spielen oder nebenbei ein bißchen singen.

Und genau die mangelhafte Qualität fiel dann wieder auf die Frauen zurück. Bei dilettantischer Ausübung welcher Künste auch immer sind keine hochklassigen Ergebnisse zu erwarten. Waren die Frauen aber erfolgreich und bedrohte dieser Erfolg das häusliche Glück, dann stellten die meisten ihre künstlerischen Ambitionen zurück. Nur die wenigsten wagten es, sich dem elterlichen Verbot zu widersetzen und allen Widerständen zum Trotz eine Ausbildung zu absolvieren oder ihre künstlerischen Ambitionen gegen den ausdrücklichen Wunsch des Gatten weiterzuverfolgen.

Die meisten Eltern reagierten mit gemischten Gefühlen auf die Wünsche der Töchter. Johanna Schopenhauer, eine gefeierte Literatin der Goethezeit, hatte in ihrer Jugend bei dem berühmten Daniel Chodowiecki Malerei studieren wollen. »Die Art, wie diese meine Bitte aufgenommen wurde, war die erste recht bittere Erfahrung meines Lebens. Mein bei aller ihm eigenen Heftigkeit dennoch gegen die Unerfahrenheit und den Unverstand seiner Kinder sonst so nachsichtiger Vater – ich erkannte ihn nicht wieder. Und noch jetzt, nach mehr als sechzig Jahren, verweile ich nur ungern bei der Erinnerung, wie unbarmherzig er meinen kindisch-abgeschmackten Einfall, wie er ihn nannte, verlachte... Niemand vermag die Tiefe und Dauer der Narben zu ermessen, die er in jungen Herzen zurückläßt, das sollten Eltern wohl bedenken.« [2]

Meistens blieb es bei halbherzigen Ausbildungsangeboten, in der Hoffnung, daß sich die ästhetischen Neigungen nach einer Heirat und der Geburt von Kindern von selbst erledigen würden. Jeder Ausbruchsversuch war von vornherein zwecklos, dafür sorgte allein schon die Kleidung. Die umfänglichen Röcke machten jeden Schritt unmöglich, und wie sollte man etwa beim Anfertigen von Skulpturen vorgehen, ohne sich das Kleid zu ruinieren?

Eine schöne Szene schildert Rainer Maria Rilke in seinem Buch *Die Aufzeichnungen des Malte Laurids Brigge*. Malte beobachtet junge Mädchen im Museum, die zu Studienzwekken Bilder alter Meister kopierten: »Nur daß gezeichnet wird, das ist die Hauptsache; denn dazu sind sie fortgegangen eines Tages, ziemlich gewaltsam. Sie sind aus guter Familie. Aber wenn sie jetzt beim Zeichnen die Arme heben, so ergibt sich, daß ihr Kleid hinten nicht zugeknöpft ist oder doch nicht ganz. Es sind da ein paar Knöpfe, die man nicht erreichen kann. Denn als dieses Kleid gemacht wurde, war noch nicht davon die Rede gewesen, daß sie plötzlich allein weggehen würden.«

Die ungenügende Ausbildung war wohl das entscheidendste Hindernis für die beschränkten künstlerischen Entfaltungsmöglichkeiten der Frauen. Im Haushalt brauchten sie zunächst nicht mehr zu wissen als das, was unmittelbar für die Erfüllung der häuslichen Pflichten nötig war. Doch die allgemeine Geringschätzung der Mädchen wirkte sich nicht nur auf die Ausbildungsmöglichkeiten aus. Auch im Hause selbst waren sie benachteiligt. Man schenkte ihnen weniger Aufmerksamkeit und Sorgfalt. Mädchen hatten im allgemeinen keinen eigenen Raum, in dem sie tun und lassen konnten, was sie wollten.

Ein eigenes Zimmer, das war der große Traum. Welch ein Privileg, ein winziges Zimmerchen für sich allein zu haben. Die Malerin und Schriftstellerin Hermione von Preuschen (1854–1918) erinnerte sich noch im Alter dankbar: »Wir waren wieder umgezogen, und ich bekam neben der Küche ein schmales Kämmerchen eingeräumt, eine ›eigene‹ Stube! Das machte mich unendlich stolz, so puritanisch und schlicht das Gelaß auch war. Ich zog mir Bohnen und Winden vor dem Fenster, hatte in einem alten Schreibpult eine heimliche

Ein bißchen Malen darf's schon sein: Beim Studium alter Meister.

Konfektsammlung und stellte mir ans Fenster einen Teller mit Obst und ein aufgeschlagenes Lieblingsbuch, Schwabs Balladenschatz... Sobald ich wieder zu Hause war, schloß ich mich ein in meinem Reich unter dem Vorwand dringender Schularbeiten. Dann erst fühlte ich mich völlig frei.«[3] Die Wohnungen waren meistens groß genug, aber auf die Repräsentationszwecke der Familie zugeschnitten. Ein kleines Atelier für die Tochter, in dem sie ihre bildhauerischen Fähigkeiten oder ihr Talent in der Malerei hätte erproben können, war da meistens nicht vorgesehen.

Es galt im letzten Jahrhundert für junge Mädchen als Privileg, eine Bildungsreise nach Italien unternehmen zu dürfen. Nur einige Töchter wohlhabender, bildungsbeflissener und liberaler Eltern fuhren nach Rom oder Florenz. Trotz aller Liberalität waren solche Reisen von Eltern oder begleitenden Gouvernanten weniger als »Abenteuer« gedacht, denn als Gelegenheiten, einen passenden Ehemann zu finden. Keineswegs jedoch war es Sinn einer solchen Bildungsreise, den künstlerischen Interessen nachzukommen und antike Kunstschätze zu studieren. Es genügte eine Besichtigung, um später Stoff für die Konversation zu haben.

Da es undenkbar war, eine junge Dame ohne Aufsicht auch nur in einem Museum herumlaufen zu lassen, waren Reibereien mit den strengen Begleiterinnen ständig an der Tagesordnung. Die russische Malerin und Bildhauerin Maria Bashkirzewa (1859–1884) konnte aus ihrer eigenen Jugend berichten, wie lästig es war, mit wenig kunstsinnigen Anverwandten oder Gouvernanten die Kunstschätze der berühmten Museen zu bewundern. »Glaubt ihr vielleicht, man habe Nutzen von dem, was man sieht, wenn man immerfort in Begleitung ist und wenn man, um in den Louvre zu gehen, auf den Wagen, auf seine Gesellschafterin oder seine Familie warten muß?... Und in Italien, und in Rom? Fahrt ihr doch im Landauer und seht euch die Ruinen an! ›Wohin gehst du, Marie?‹ ›Zum Kollosseum‹ ›Aber das hast du doch schon gesehen! Gehen wir doch lieber ins Theater oder auf die Promenade, da sieht man doch wenigstens Menschen.‹ So etwas genügt, und dann lasse ich die Flügel hängen. Das ist einer der

Hauptgründe, warum es keine Künstlerinnen unter den Weibern gibt«, notiert sie in ihrem Tagebuch vom 2. Januar 1879.[4] Maria Bashkirzewa ist es aber trotz allem gelungen, sich von den Konventionen zu befreien und in Paris an einer angesehenen Kunstakademie studieren zu dürfen.

»Wir Damen durften nicht Akt zeichnen«

Für die ablehnende Haltung vieler Eltern im Hinblick auf die Ausbildungswünsche der Töchter lassen sich neben allgemeinen Vorbehalten auch ganz praktische Gründe anführen. Häufig waren bildende Künstler oder Maler für mehrere Jahre bei einem Meister in Ausbildung, und dieser lebte oft genug im Ausland oder auch nur in einer anderen Stadt. Eine junge Dame allein in einer anderen Stadt leben zu lassen, war im letzten Jahrhundert einfach undenkbar. Gar mehrjährige Abwesenheit von zu Hause oder womöglich ein Weiterziehen zu einem anderen Künstler, um die Ausbildung zu vervollständigen, ohne Aufsicht, schutzlos, das war selbst für aufgeschlossene Eltern ein unerhörter Gedanke. Wenn überhaupt, dann wurden die jungen Mädchen bei befreundeten Familien untergebracht. Auf jeden Fall mußte die Ehrbarkeit gewahrt bleiben.

Die Rücksichtnahme auf weibliches Schamgefühl und moralische Bedenken waren die wichtigsten Argumente, um Frauen vom Besuch der staatlichen Kunstakademien auszuschließen. Doch auf Dauer ließen sich die Frauen nicht mehr mit bloßen Vorwänden abspeisen. Sie eroberten allmählich mit Beharrlichkeit und Fleiß die Ateliers. Vor allem seit den 70er Jahren war die Anzahl der Schülerinnen in den Werkstätten der Künstler angestiegen, und bald stellte sich heraus, daß Frauen ihren männlichen Kollegen ebenbürtig waren. Die Männer dagegen sahen Frauen lieber als Modell denn als Kollegin.

Wie immer, wenn Frauen sich anschickten, männliche Domänen zu erobern, wehrten sich die Männer. Sie behaupteten, daß professionelle Beschäftigung mit der Kunst die Möglichkeiten der Frauen übersteige, ihrem Wesen nicht gemäß sei und zudem noch die Figur verderbe. Diese »Argumente« wurden im Bereich der Kunst ebenso verwandt wie in der Frage des Universitätsstudiums für Frauen. Im Krankenhaus konnte man sich eine Krankenschwester sehr wohl vorstellen, aber eine Ärztin? In den Ateliers gab es selbstverständlich weibliche Modelle, aber Künstlerinnen?

Unentbehrlicher Teil der Ausbildung war das Malen weiblicher Akte. Männer sah man dabei nicht gefährdet, aber Frauen wollte man vor nackten Körpern beschützen. Das war ganz im Sinne tugendhafter Bürger. Selbst die satirische Zeitschrift *Simplicissimus* griff das Thema »Frauen in den Ateliers« auf. Zu einer Karikatur, die zwei Künstlerinnen im Gespräch zeigte, wurde folgender Text entworfen: »Ich finde es ganz recht«, sagt die eine, »daß die Berliner Polizei uns das Studium der Akte verboten hat. Man soll der Liebe ihren mystischen Reiz nicht rauben.« [5]

Das Aktstudium an den öffentlichen Kunstschulen war bis in die 1850er Jahre grundsätzlich untersagt. In London durften die Studentinnen der Kunstschulen an Aktklassen nur dann teilnehmen, wenn das Modell wenigstens teilweise bedeckt war. Die Malerin Philippine Wolff-Arndt (1849–nach 1933) war eine der ersten Schülerinnen an der Städelschen Kunstschule in Frankfurt. In ihren Erinnerungen erzählt sie aus dieser Zeit: »Wir Damen durften nicht Akt zeichnen. Es war uns ausdrücklich verboten. Als wir es wenigstens für den weiblichen Akt durchsetzten, bat uns unser die Korrektur übender Meister, doch strengstes Geheimnis zu wahren. Die Administration dürfe so etwas nicht ahnen. Vor einem Jahr sei in einem privaten Damenatelier einmal ein weiblicher Akt gezeichnet worden – darauf habe ein sehr gehässiger Artikel in der Frankfurter Zeitung... gestanden.« [6]

Erst ganz allmählich gestand man auch den Frauen zu, am nackten Körper zu studieren, wobei die weiblichen Modelle nackt waren, die männlichen Modelle eine Hose trugen. Noch 1916, schon zur Zeit des Ersten Weltkriegs, gab es einen kleinen Skandal in einer privaten Malerinnenschule in Karlsruhe. Die Schule wurde von der damals achtundsieb-

Gestellte Aufnahme einer Bildhauerin.

zigjährigen Großherzogin Louise von Baden finanziell unterstützt. Die Gönnerin machte eines Tages einen unangemeldeten Besuch und entdeckte Hochnotpeinliches. Als Reaktion darauf verordnete die Herzogin dem männlichen Modell ein Dutzend Badehosen.

Nur in Ausnahmefällen standen Frauen die staatlichen Kunstschulen offen. Daher blieb den Kunstinteressierten nur die Möglichkeit, teure Privatschulen zu besuchen. Die großen Akademien in Berlin, München, Dresden, Düsseldorf, Weimar und Königsberg blieben den Frauen im 19. Jahrhundert gänzlich verschlossen. Separate Zeichenklassen für weibliche

Mitglieder existierten an den Akademien in Frankfurt und Kassel, die damit gute Erfahrungen machten. Um dem allgemeinen Mangel abzuhelfen, entstanden durch Privatinitiative die Zeichen- und Malschule des Vereins der Künstlerinnen und Kunstfreundinnen in Berlin (1867), die Damenakademie des Münchner Künstlerinnenvereins (um 1882) und die Malerinnenschule in Karlsruhe (1885). Wie auch im Bereich der Allgemeinbildung und der Öffnung der Universitäten waren die Frauen auf ihre eigenen, selbstgeschaffenen Institutionen angewiesen.

Der Berliner Verein kooperierte mit dem Lette-Verein, der sich auf zahlreichen Gebieten für die Belange der Frauen einsetzte. Ebenso wie die Berliner Schule waren auch die anderen Gründungen auf Mitgliedsbeiträge, Spenden, Schulgelder und selbstorganisierte Ausstellungen angewiesen, um Räume anzumieten und Lehrer besolden zu können. Trotz aller Energie konnten die Privatinstitute mit der Qualität der öffentlichen Akademien nicht konkurrieren. Daher sahen viele Frauen die kleinen Schulen lediglich als Sprungbrett für eine Ausbildung an einer staatlichen Akademie.

Aber längst nicht alle Frauen strebten eine Karriere in der Kunst an. Viele malten, zeichneten, stickten und werkelten für sich allein zum Zeitvertreib. Diese kreative Tätigkeit nebenbei, nur zum Vergnügen führte natürlich nicht zu großen Kunstwerken, wurde aber dennoch mit viel Energie und Enthusiasmus betrieben. »Dilettantismus« nannte man dieses Phänomen, und die Frauen wurden für die mangelhafte künstlerische Qualität ihrer Produktionen von den Männern verspottet. Dilettantismus galt als »das meist von Frauen beackerte ›warme und nährende Mistbeet für … Plattheiten und Geschmacklosigkeiten‹«.[7] Die Damen gäben einem »künstlerischen Drang« oder der »Putzsucht« nach und hätten »Spaß am Dekorieren«.

Damit verwies man die Frauen auf den Bereich der weiblichen Handarbeiten, mit denen die bürgerliche Frau die Zeit verbrachte. Schließlich setzte sich der Gedanke durch, daß Frauen Handarbeiten nicht allein zum Zeitvertreib anfertigen, sondern daß sie auch dem Erwerb dienen konnten. Auf die Idee, daß man auch die Möglichkeiten der nichtprofessionellen Kunstproduktion nutzen konnte, kam der Direktor der Hamburger Kunsthalle, Alfred Lichtwark. Er erkannte die Bedeutung, die das Kunstgewerbe für die Wirtschaft haben konnte. Deutsche Produkte waren international nur bedingt konkurrenzfähig, und Lichtwark versprach sich von seinen Bemühungen eine Verbesserung dieser Situation.

Er gründete die »Gesellschaft der Hamburger Kunstfreunde« und organisierte eine Ausstellung über die kunstgewerbliche Produktion im Hamburger Raum. Es ging Lichtwark darum, Anregungen zu geben und zu ermutigen. Allerdings nur für Frauen im Kunsthandwerk, nicht in der Kunst selbst, die blieb den Männern vorbehalten.

»Sie schreiben wie ein Mann, Madame!«

Eine Kunstgattung, in der Frauen leichter tätig werden konnten, war die Literatur. In der Literaturgeschichte finden sich immer wieder Beispiele schreibender Frauen, deren Ruhm allerdings nicht mit dem der Männer zu vergleichen ist. Damit soll nicht gesagt werden, daß Frauen als Schriftstellerinnen einen leichteren Stand hatten. Auch auf diesem Gebiet begegneten sie den allgemein üblichen Vorurteilen.

Der vielgelesene Autor Adolph Freiherr von Knigge hatte 1790 geschrieben: »Ich tadle nicht, daß ein Frauenzimmer ihre Schreibart und ihre mündliche Unterredung durch einiges Studium und durch keusch gewählte Lektüre zu verfeinern suche, daß sie sich bemühe, nicht ganz ohne wissenschaftliche Kenntnisse zu sein; aber sie soll kein Handwerk aus der Literatur machen; sie soll nicht umherschweifen in allen Teilen der Gelehrsamkeit.« Die Folgen wären fürchterliche: »Dann sieht sie die wichtigsten Sorgen der Hauswirtschaft, die Erziehung ihrer Kinder und die Achtung unstudierter Mitbürger wie Kleinigkeiten an, glaubt sich berechtigt, das Joch der männlichen abzuschütteln; verachtet alle anderen Weiber, erweckt sich und ihrem Gatten Feinde, träumt ohne Unterlaß sich in idealistische Welten hinein; ihre

Phantasie lebt in unzüchtiger Gemeinschaft mit der gesunden Vernunft; es geht alles verkehrt im Hause.«

Zum Schutz der heilen Männerwelt sollten sich die Frauen auf Haushaltsführung und Familie beschränken, was sie in ihrer großen Mehrheit auch taten. Aber eben nicht alle: »Wir haben unter unseren heutigen Frauen so viele Schriftstellerinnen, weil wir so viele unglückliche Frauen haben, in der Literatur suchen sie die Befriedigung, welche die Häuslichkeit ihnen nicht gewährt, sie flüchten in die Poesie, weil das Leben sie zurückstößt.« [8]

Dies ist eines der Vorurteile, die im gesamten 19. Jahrhundert gebetsmühlenartig wiederholt wurden. Frauen schreiben Gedichte, weil sie sich im Leben unglücklich fühlen. Mit einer derartigen Haltung war ihnen professioneller und künstlerischer Anspruch abgesprochen. Solange sich die Autorinnen darauf beschränkten, aus dem Gefühl heraus und nur nebenbei ihre Literatur zu produzieren, war die literarische Beschäftigung gesellschaftsfähig und wurde von Familie wie Ehemann akzeptiert. Erst bei professioneller Produktion verwahrten sich die Männer gegen weibliche Konkurrenz und kritisierten die Werke von Frauen in unsachlicher und unpassender Weise.

Dabei brachte das 19. Jahrhundert ungeahnte Chancen für die schreibenden Frauen. Der Buchmarkt entwickelte sich explosionsartig, und die Zahl der Titel, die auf dem Markt erschienen, wurde von Jahr zu Jahr größer. Die Deutschen wurden zu einem Volk der Leser. Der ständig wachsende Buchmarkt brauchte laufend neues Material und bot eine Chance für die Frauen. Denn es waren gerade die Frauen, die den größten Teil des Lesepublikums bildeten.

Speziell für die weibliche Leserschaft wurden eigene Literaturgattungen entwickelt. Dazu gehören zum einen die unentbehrlichen Ratgeber für alle Lebenslagen. Almanache, Anstandsbücher und Lebenshilfen wurden etwa seit 1840 veröffentlicht und blieben bis zum Ersten Weltkrieg eine wichtige Lektüre sowohl für die Hausfrau als auch für die jungen Mädchen. Daneben existierten die »Zitatenschätze«, die für jede Situation ein passendes Wort enthielten.

Ständiger Beliebtheit erfreuten sich auch die Gedichtsammlungen, die speziell für Frauen herausgegeben wurden. Damit sollte die deutsche Nationalliteratur unter der weiblichen Leserschaft verbreitet werden. Damit auch nichts Beunruhigendes oder gar Anstößiges enthalten sei, schreckten die Herausgeber auch vor massiven Kürzungen nicht zurück, und manches Gedicht wurde nur in verstümmelter Form gedruckt. Mit ihren Eingriffen in die Literatur dachten die Verleger in erster Linie daran, die Leserinnen und das ihnen zugeschriebene Schamgefühl zu schützen. Solche Streichungen und Veränderungen hatten deutsche Dichter ebenso hinzunehmen wie ausländische Schriftsteller, deren übersetzte Werke oft genug nur in bereinigten Versionen erschienen.

Mit den Werken von Autorinnen hatten die Verleger freilich weniger Schwierigkeiten. Die meisten Schriftstellerinnen bewegten sich in den Bahnen von Sittlichkeit und Moral. Der Literaturmarkt bot ihnen die Möglichkeit, zu schreiben und mit der eigenen Produktion den Lebensunterhalt zu verdienen. In den wenigsten Fällen strebten Frauen von vornherein eine Karriere als Schriftstellerin an. Vielmehr heirateten die Frauen zunächst einmal und dachten erst nach dem Scheitern der Ehe oder dem Tod des Ehemanns an Karriere oder Berufstätigkeit.

Nicht selten war auch, daß eine Frau ihre literarische Arbeit unter dem Namen ihres Mannes erscheinen ließ oder ein Pseudonym benutzte, um nicht den guten Ruf der Familie zu gefährden. Es hat lange gedauert, bis Literaturwissenschaftler einräumten, daß ein großer Teil der Übersetzung von Shakespeares Werken aus der Hand von August Wilhelm Schlegel tatsächlich der Feder seiner Frau Caroline entstammt.

Solange sich die Autorinnen auf reine Frauenliteratur beschränkten und herzzerreißende Geschichten zu Papier brachten, die die Gemüter der Leserinnen bewegten, waren die Kritiker zu anerkennenden Rezensionen bereit. Heute noch bekannt sind die Namen Eugenie Marlitt oder Hedwig Courths-Mahler, die mit ihren Romanen ein breites Publikum erreichten. Verschreckt reagierte die Literaturkritik dagegen, wenn Frauen sich anderen Themen, wie etwa der Politik zuwandten. So erschien 1847 Louise Astons Roman *Aus dem Leben einer Frau*. Ein Kritiker bemerkte, er könne das Buch als autobiographisches wohl anerkennen, aber er lehnte den politischen Anspruch des Werkes entschieden ab. »Auch ist das Thema der Frauenemancipation, worauf es doch im Grunde hinausliefe, jetzt nicht mehr an der Tagesordnung; die socialen Fragen, die jetzt vorliegen, sind solche, die nur von Männern für Männer verhandelt werden können.«[9] Schriftstellerinnen, die sich vor allem in der bewegten Zeit des Vormärz auch mit politischen und sozialen Themen beschäftigten, mußten sich mit Begriffen wie »politische Blaustrümpfe, oder gesinnungstüchtige Rotstrümpfe, oder unterhaltende Lederstrümpfe« titulieren lassen. Schreiben durften die Frauen schon, aber nur über Dinge, von denen sie auch etwas verstanden – und dazu gehörte die Politik nun überhaupt nicht, wenigstens nicht nach Meinung der Männer. Haushalt und Familie seien die eigentlichen Themen der Frauen, und wenn sie schon schrieben, dann darüber.

Gerade aber in der vorrevolutionären Zeit vertauschten immer mehr Frauen »die Nadel mit der Feder«. Sie beschäftigten sich mit den Themen der Zeit und schrieben Flugschriften und Pamphlete, Zeitungsartikel und Gedichte, Romane und politische Schriften. Gerade in der demokratischen Bewegung wurden auch viele Frauen aktiv, und über die Beschäftigung mit den allgemeinen politischen Problemen war es nur ein kleiner Schritt zu den Problemen, die allein die Frauen selbst betrafen. Die Ideale der Französischen Revolution, Freiheit, Gleichheit, Brüderlichkeit und die eigene Wirklichkeit – es lagen Welten dazwischen, und bald forderten die Frauen ihren »Antheil an der Freiheit dieses Jahrhunderts«, wie Louise Aston formulierte.[10]

In der von Frauen veröffentlichten Literatur wurden die Themen Frauenbildung, politisches Engagement und Ehekritik vorherrschend. Auch in den Romanen tauchten sie auf. Fanny Lewald und Ida Hahn-Hahn schufen Heldinnen, die ebenso wie die Frauen in der Realität das Recht auf Selbstbestimmung für sich in Anspruch nahmen. »Gott... wie komisch sind die Männer! Ganz ernsthaft bilden sie sich ein, der liebe Gott habe unser Geschlecht geschaffen, um das ihre zu bedienen!« sagt Ida Hahn-Hahns Romanfigur Gräfin Faustine zu ihrem Schwager.

In den Mittelpunkt der Kritik geriet die Ehe, die nicht das Glück der Eheleute, sondern die materielle Versorgung zum Inhalt hatte. Allerdings existiert kein Roman, in dem die Heldin mit ihren Ausbruchsversuchen aus der bürgerlichen Gesellschaft Erfolg hat und ihre Selbstbestimmung erreicht. Die Lösung der Probleme, denen sich die Frauen gegenübersahen, gelang nicht einmal in der Literatur. Im Grunde genommen blieben alle Frauen in der traditionellen Geschlechterrolle gefangen.

Dieses Dilemmas waren sich schreibende Frauen durchaus bewußt. Louise Dittmar (1807–1884), eine bis heute weitgehend unbekannte Philosophin und Feministin, schrieb: »Die Gegenwart läßt sich nicht allein darum nicht abbilden, weil sie im Werden ist, es läßt sich auch das in ihr Errungene nicht darstellen, weil es noch zu wenig Sympathie erweckt. Es muß zuerst wieder eine Glorie um das neue entstehen, ehe sich die verweichlichte Phantasie fesseln läßt. Wir wollen die reine Wahrheit und haben doch den alten Selbstbetrug nicht abgelegt... Welche Aufgabe ist jetzt dem Dichter gestellt! Unsere durch das Leben bedingte Anschauungsweise ist ihm die schlimmste Censur, denn er kann sie nicht einmal umgehen.« [11]

Die Möglichkeiten, Literatur im Kampf gegen demokratische Umtriebe einzusetzen, erkannten die Kirchen schon sehr früh. Der Gründer der Inneren Mission, Johann Heinrich Wichern, rief zu Gründung kirchlicher Leihbibliotheken auf und richtete einen eigenen Verlag ein, in dem kirchentreue, christliche Werke erscheinen konnten. Gerade auf diesem Gebiet des literarischen Marktes waren die Frauen sehr aktiv, und einige erreichten mit ihren Werken eine breite Leserschaft. Vor allem die Kinder- und Jugendliteratur, die im Verlag »Agentur des Rauhen Hauses« erschien, erlebte immer wieder neue Auflagen. Ottilie Wildermuths (1817–1877) Werke wie die *Bilder und Geschichten aus dem schwäbischen Leben* waren regelrechte Bestseller. Ähnlich gut verkaufte sich *52 Sonntage oder Tagebuch dreier Kinder* aus dem Jahre 1844, die Autorin war Margarete Wulff (1792–1874). Den Werken kam zugute, daß sie von christlichen, aber auch von staatlichen Stellen verteilt wurden.

Gleich zu Beginn der kirchlichen Offensive gegen den Verfall der sittlichen und christlichen Werte hatte man die Frauen im Auge, sowohl als Adressatinnen der Tendenzliteratur wie auch als Produzentin. Das christliche Frauenbild wurde allenthalben propagiert.

Eine besonders erfolgreiche Autorin war im 19. Jahrhundert die bereits oben erwähnte Gräfin Ida Hahn-Hahn. Bekannt wurde sie zunächst durch ihre Reiseberichte. Als Tochter begüterter Eltern hatte sie eine nur unvollständige Schulbildung erhalten, wie sie eben für eine Ehefrau der ostelbischen Adelskreise als angemessen betrachtet wurde. Die Ehe mit ihrem Vetter war nicht glücklich, und bald trennte sich das Paar.

Schon vor der Scheidung hatte Ida Hahn-Hahn den Baron Adolf von Bystram kennengelernt, mit dem sie viele Reisen unternahm. Sie wollte in den Orient, und endlich konnte sie sich den Traum ihres Lebens erfüllen. Von unterwegs schrieb sie zahlreiche Briefe an Freunde und Verwandte, die später als *Orientalische Briefe* in Buchform erschienen und ein großer Erfolg wurden.

Die Gräfin entwickelte ein erstaunliches Talent, ihre Werke zu vermarkten. Dabei war es ihr gleichgültig, ob ihre skandalerregenden Romane in der Literaturkritik gut wegkamen oder ob sie verrissen wurden. Solange man über die Bücher sprach oder schrieb, wurden sie auch verkauft.

Mit ihren Romanen und auch in ihrem Leben war Ida Hahn-Hahn ein wandelnder Skandal. Nicht allein, daß sie als geschiedene Frau mit einem anderen Mann in wilder Ehe lebte. Sie hatte eine geistig behinderte Tochter, die sie in einem Pflegeheim erziehen ließ, und einen Sohn aus der Verbindung mit Bystram hatte sie zur Adoption freigegeben.

Mit 45 Jahren trat sie zum Katholizismus über und widmete sich fortan dem Verfassen christlicher Romane. Die Kirchenoberen zeigten sich zunächst nicht sonderlich begeistert von dem prominenten neuen Mitglied, und es kostete Ida einige Mühe, die Kirchenfürsten von der Lauterkeit und Ernsthaftigkeit ihrer Absichten zu überzeugen.

Mit Zähigkeit und Beharrlichkeit und vor allem dem unermüdlichen Einsatz in Mainz, wo sie bei der Gründung eines Klosters für gefallene Mädchen mitwirkte, überzeugte sie schließlich die Skeptiker. Auch ihre literarische Tätigkeit stimmte Ida Hahn-Hahn auf ihre neue Überzeugung ein. Sie schrieb überaus erfolgreiche christlich inspirierte Romane, die in den Leihbibliotheken der Kirchen neue Leserschichten gewannen. Ebenso wie in der Zeit vor ihrem Übertritt in die katholische Kirche stand meistens eine Frau im Vordergrund der Handlung. Damit wandte sie sich an die Frauen als Leserinnen ihrer Werke. Die Bücher von Ida Hahn-Hahn waren aber keineswegs leichte erbauliche Lektüre, vielmehr dachten ihre Heldinnen über die Probleme und Fragen der Zeit nach. Auch damit wollte die Autorin der Kirche dienen und die Überlegenheit der modernen katholischen Kirche beweisen.

Eine der wenigen Schriftstellerinnen, die auch heute noch in keiner Literaturgeschichte fehlt, ist Annette von Droste-Hülshoff. Sie wurde 1797 auf Schloß Hülshoff bei Münster geboren. Wie in ihrer Familie üblich, erhielt sie eine umfangreiche Ausbildung.

Schon als Sechzehnjährige schrieb sie ein Theaterstück mit dem Titel »Bertha«, in dem die Heldin mit folgenden Zeilen ermahnt wird:

> »Zu männlich ist dein Geist, strebt viel zu hoch
> Hinauf, wo dir kein Weiberauge folgt;
> Das ist's, was ängstlich dir den Busen engt
> Und dir die jugendliche Wange bleicht.
> Wenn Weiber über ihre Sphäre steigen,
> Entfliehn sie ihrem eignen bessern Selbst.
> Sie möchten aufwärts sich zur Sonne schwingen
> Und mit dem Aar durch dunkle Wolken dringen
> Und stehn allein im nebeligten Tal.
> Wenn Weiber wollen sich mit Männern messen,
> So sind sie Zwitter und nicht Weiber mehr.« [12]

Mit diesen Zeilen hatte Annette von Droste-Hülshoff schon das Problem genannt, mit dem sie sich nahezu ihr ganzes Leben herumschlagen sollte: Die Familie sah ihre literarische Tätigkeit gar nicht gern. Vor allem die praktisch denkende Mutter versuchte, die nervöse und kränkelnde Tochter durch Handarbeiten und stille Beschäftigungen von jeder Aufregung fernzuhalten.

Die ersten Produkte ihrer dichterischen Tätigkeit durfte das junge Mädchen im Kreise plaudernder Damen vorlesen, die am Nachmittag der Mutter einen Besuch abstatteten. Allerdings hielt sie selbst nicht allzuviel von solchem Publikum, denn sie vermutete, »daß diese Menschen gar zu wenig davon verstehen, denn es sind meistens Frauenzimmer, von denen ich im ganzen nur wenig Proben eines reinen und soliden Geschmacks gesehen habe, und so fürcht' ich, sie täuschen sich und mich«.[13]

1815 erkrankte sie ernsthaft, litt unter Depressionen, Herz- und Atembeschwerden, hatte Probleme mit den Augen. Lange Zeit war an eine schriftstellerische Betätigung gar nicht zu denken. Innerhalb der Familie bemühte man sich, Annette nicht zu sehr zu belasten und sie mit Spaziergängen, den obligatorischen Handarbeiten und kleinen Geselligkeiten abzulenken. Aber Annette ließ sich nicht täuschen. Durch die kleinen Manöver ihrer Familie zog sie sich immer mehr in sich selbst zurück und öffnete sich nur noch gegenüber wenigen Freunden.

Von Bekannten wurde sie als mürrische Person geschildert, die meisten hielten sie für unweiblich. Mit 23 Jahren verliebte sie sich in einen Freund der Familie, Heinrich Straube. Der spröden Annette wurde eine tiefe Beziehung gar nicht zugetraut, und man stellte ihr hinterlistig einen weiteren »Verehrer« vor, auf dessen Avancen sie zaghaft einging. Am Ende hinterbrachte man die ganze Geschichte Heinrich Straube, der daraufhin die Beziehung zu Annette abbrach. Die junge Frau erholte sich lange nicht von diesem Schlag, und noch Jahre später mied sie die Stadt Kassel, in der Straube lebte.

Nach dem Schock stürzte sich Annette in die Arbeit und die häuslichen Pflichten. Sie begann, einen Gedichtzyklus zu

Erfolgreich und skandalumwittert: Ida Hahn-Hahn.

Gemälde aus der Ahnengalerie: Annette von Droste-Hülshoff.

schreiben mit dem Titel »Das Geistliche Jahr«. Nach dem Beenden des Werkes überreichte sie ihrer Mutter ein Exemplar, allerdings gab diese keinen Kommentar ab, und so nahm Annette das Büchlein nach einiger Zeit wieder an sich.

1826 starb der Vater, und nach der Sitte der Familie räumte die Mutter mit der unverheirateten Tochter den Stammsitz der Familie, um dem Erben und seiner Familie Platz zu machen, und zog in das unweit von Hülshoff gelegene Rüschhaus um. Hier sollte Annette von Droste-Hülshoff den größten Teil ihres Lebens verbringen.

Wie viele unverheiratete Frauen aus begüterten adligen Familien bekam sie von ihrem Bruder ein kleines monatliches Einkommen, von dem sie private Ausgaben bestreiten konnte. Eine Arbeit, mit der sie ihren Lebensunterhalt verdienen konnte, kam für die konservative Familie selbstverständlich nicht in Frage, und Annettes schwache Gesundheit hätte das wahrscheinlich auch gar nicht gestattet. Vielmehr fielen Annette alle Pflichten einer ledigen Tante zu. Das konnten Besuche sein bei der weitläufigen Verwandtschaft, die Pflege kranker Familienmitglieder, die Aufsicht über die Kinderschar und andere häusliche Beschäftigungen. Die monatliche Rente wollte also durchaus verdient sein.

Wie so oft sah man auch in der Familie Droste-Hülshoff die literarische Arbeit eher als einen Zeitvertreib denn als eine ernstzunehmende Beschäftigung. Ein Anspruch auf Alleinsein war daraus nicht abzuleiten: An erster Stelle standen die Rechte der Familie, und nur, wenn sich die Gelegenheit ergab, konnte Annette Gedichte schreiben. Immerhin gelang es ihr des öfteren, sich zurückzuziehen und von den Verwandten freizumachen. Natürlich machten ihr die nächsten Angehörigen Vorwürfe ob einer solchen Verhaltensweise, aber dennoch: Annette kämpfte um ihre Eigenständigkeit.

Dabei fand ihre literarische Beschäftigung fast unter Ausschluß der Öffentlichkeit statt, denn ihre Werke zirkulierten nur im kleinen Bekannten- und Freundeskreis. Erst 1838, im Alter von 41 Jahren, veröffentlichte sie einen Gedichtband bei einem kleinen Münsteraner Verlag. 500 Stück betrug die Auflage, und die Autorin verzichtete auf jedes Honorar. Trotz ihres Alters holte Annette vor der Drucklegung die Erlaubnis der Mutter ein! Dabei wußte sie genau, daß die Familie »jedes öffentliche Auftreten scheut wie den Tod und nur zu empfindlich ist für die Stimme des Publikums«.[14]

Auch aus Rücksicht auf ihre Angehörigen ließ Annette von Droste-Hülshoff die Gedichte nicht unter ihrem vollen Namen erscheinen, sie kürzte vielmehr den Familiennamen ab. Dabei waren ihre Maßnahmen umsonst, denn in der literarischen Öffentlichkeit wurde das Buch zunächst gar nicht zur Kenntnis genommen. Die Familie äußerte sich dafür um so lebhafter – die Ablehnung war einhellig. Dafür machte sie sich anheischig, der Dichterin Themen und Stoffe zu empfehlen, die der literarischen Bearbeitung harrten. Annette schrieb in einem Brief: »... jeder Narr maßt sich eine Stimme an über das, was ich zunächst schreiben soll, und zwar mit einer Heftigkeit, daß ich denke, sie prügeln mich, wenn ich es anders mache, oder nehmen es wenigstens als persönliche Beleidigung auf.« [15]

Innerhalb der großen Familie stand Annette mit ihren literarischen Ambitionen ziemlich allein. Um wenigstens mit anderen Literaturinteressierten Umgang zu haben, schloß sie sich einem Kreis von Literaturfreunden und Hobbypoeten an, die sich jeden Sonntag in Münster trafen. In diesem Zirkel begegnete sie auch Levin Schücking wieder, mit dem sie später eine intensive Beziehung verbinden sollte. Sie war achtzehn Jahre älter als er und nahm sich seiner an. Die Autorin versuchte, ihre Beziehungen einzusetzen, um dem jungen Mann eine auskömmliche Stelle zu vermitteln, die ihm Freiheit lassen sollte für die Entwicklung seiner eigenen Begabung.

Den Winter 1841/42 verbrachte Annette bei ihrer Schwester, die nach Meersburg am Bodensee geheiratet hatte. Es war ihr gelungen, ein Arrangement zu treffen, daß Levin Schücking bei ihrem Schwager arbeiten konnte.

Diese Zeit war für die Dichterin die vielleicht glücklichste ihres Lebens. Mit Schwester und Schwager verstand sie sich vortrefflich, und Levin paßte sich gut in das Familienleben ein. Die allgemeine Harmonie wirkte sich nicht nur positiv auf Annettes Gesundheit aus, sie war auch auf literarischem Gebiet äußerst produktiv. So beendete sie in dieser Zeit ihre berühmteste Erzählung *Die Judenbuche*.

Im Frühjahr verließ Levin Schücking das Gut, um eine andere Stelle anzutreten, und die beiden entfremdeten sich. Vor allem nach Levins Heirat mit einer anderen Frau gestaltete sich das Verhältnis zwischen ihnen zunehmend kühler und geschäftsmäßiger. Schücking bestärkte Annette, bei Cotta eine Werkausgabe zu publizieren. Bei den Verhandlungen meldete sich auch ihr erster Verleger, und es stellte sich heraus, daß von dem ersten Werk der Dichterin nur ganze 74 Exemplare verkauft worden waren. Aufgerieben zwischen literarischer Arbeit und familiären Rücksichten flüchtete sich Annette wieder an den Bodensee, wo sie ein eigenes Haus erworben hatte. Hier starb sie ganz plötzlich, am 26. Mai 1848, an Herzversagen.

Erst viele Jahre später erlangten die Werke der Droste den Ruhm, den sie verdienen, ganz so wie es sich die Dichterin gewünscht hatte: »...Ich mag und will jetzt nicht berühmt werden, aber nach hundert Jahren möchte ich gelesen werden, und vielleicht gelingt's mir, da es im Grunde so leicht ist wie Kolumbus' Kunststück mit dem Ei und nur das entschlossene Opfer der Gegenwart verlangt.«[16]

Das Reich der Töne

Angesichts der so häufig gepflegten Ausbildung der »höheren Töchter« am Klavier könnte man meinen, die Musik sei recht eigentlich die Kunst der Frauen. Als Interpretinnen traten sie auch häufig auf, sie waren Solistinnen auf verschiedenen Instrumenten und natürlich Sängerinnen. Komponistinnen dagegen sucht man in den großen Standardwerken meist vergeblich.

Eine der wiederentdeckten Künstlerinnen ist Fanny Hensel-Mendelssohn. Sie wurde 1805 in Hamburg geboren. Der Vater war Bankier, die Familie wohlhabend. Bald zogen sie nach Berlin um, wo ein schönes Palais mit einem großen Garten gekauft wurde. In diesem Haus sollte Fanny Hensel ihr ganzes Leben verbringen.

Die vier Kinder der Mendelssohns wurden sorgfältig erzogen, Fanny lernte Englisch, Französisch, Griechisch und Latein. Die kunstsinnige Mutter sorgte für die musikalische Ausbildung. Schon früh spielte Fanny alle Präludien von Bachs »Wohltemperiertem Klavier« auswendig. Die Geschwister wurden aber nicht nur an Instrumenten ausgebildet, sie erhielten auch Unterricht in Musiktheorie und Komposition an der Berliner Singakademie. Gerade vierzehn Jahre alt, komponierte Fanny ihr erstes Lied.

Allerdings mußte sie auf Geheiß des Vaters ihre musikalische Ausbildung beenden. Felix, der begabte Bruder, durfte seine Studien jedoch weitertreiben, reisen, neue Menschen kennenlernen, während Fanny in Berlin Haushaltsführung und Handarbeiten zu »studieren« hatte. »Die Musik wird für ihn vielleicht Beruf, während sie für Dich stets nur Zierde, niemals Grundbaß Deines Seins und Tuns werden kann und soll. Beharre in dieser Gesinnung und in diesem Betragen, sie sind weiblich, und nur das Weibliche ziert die Frauen.« [17]

Damit war für den Vater das Thema erledigt. Er wünschte keine komponierende Tochter, sie fügte sich. Die jüdische Familientradition verlangte eine völlige Unterordnung unter die Entscheidung der Eltern. Ein Aufbegehren gegen den ausdrücklichen Wunsch hätte unter Umständen zum Bruch mit der gesamten Verwandtschaft geführt. Fanny gab den Unterricht auf und widmete sich den häuslichen Aufgaben und dem Klavierspiel. Fanny Mendelssohn war eine hochintelligente und wissensdurstige Person und nach damaligen Idealen beileibe keine Schönheit. Sie war klein und hatte eine leicht verwachsene Schulter, die sie von ihrem Vater geerbt hatte. Hände und Füße waren zu groß für die kleine Gestalt. Ihre Freunde schwärmten allerdings von ihren schönen Augen, groß und dunkel. Gefürchtet waren Fannys treffende Antworten, die niemanden verschonten.

Im Jahre 1821 lernte sie den Maler Wilhelm Hensel kennen, ihren späteren Ehemann. Wilhelm kam aus einfachen Verhältnissen und sollte etwas Solides studieren, um seine Familie unterstützen zu können. Aber der Bergbau erschien ihm wenig verlockend, er wollte Künstler werden. Er war talentiert und schaffte es, an der Königlichen Akademie der Künste aufgenommen zu werden. Später befreundete er sich mit dem Architekten und Maler Karl Friedrich Schinkel, der ihn weiter förderte.

Nachdem er Fanny kennengelernt hatte, wollte er auf einen fünfjährigen Italienaufenthalt verzichten, für den er ein königliches Stipendium erhalten hatte. Ein derartiger Bewerber war nun aber nicht nach dem Geschmack der Mendelssohns. Die reiche Bankierstochter und ein unbemittelter Maler, so hatte sich der Vater seinen künftigen Schwiegersohn wahrlich nicht vorgestellt. Um die Zustimmung zu dieser Verbindung zu erhalten, mußte Wilhelm nach Italien fahren. Ohne einen längeren Aufenthalt und ein gründliches Studium der Klassiker wäre seine Ausbildung nicht vollständig gewesen, und er hätte keine Chancen auf eine Karriere gehabt. Er mußte Deutschland verlassen, um als Künstler erfolgreich sein und eine Familie ernähren zu können. Das Paar mußte also warten.

Fünf lange Jahre waren sie getrennt. Fannys Eltern hatten zur Bedingung gemacht, daß er nicht einmal an sie schreiben durfte. 1828 kam Wilhelm aus Italien zurück, im Gepäck zwei Gemälde, die er für gutes Geld verkaufen konnte. Wichtiger noch: Er wurde zum Hofmaler ernannt und Mitglied der Königlichen Akademie – und damit gesellschaftsfähig. Im Januar 1829 war endlich die langersehnte Verlobung, im Herbst des gleichen Jahres folgte die Hochzeit.

In der ganzen Zeit, in der sie auf ihren Wilhelm wartete, war Fanny nicht untätig. Sie besuchte die Vorlesungen des berühmten Reisenden und Naturforschers Alexander von Humboldt: »Das Gedränge ist fürchterlich, das Publikum imposant und das Kollegium interessant. Die Herren mögen spotten, soviel sie wollen, es ist herrlich, daß in unseren Tagen uns die Mittel geboten werden, auch einmal ein gescheites Wort zu hören, wir genießen dies Glück und müssen uns über das Spötteln zu trösten versuchen.« [18] Die Vorlesungen waren schon fast die einzigen interessanten Unternehmungen. Fanny langweilte sich in der preußischen Hauptstadt, denn außer den Besuchen in der Universität war sie gebunden an die üblichen weiblichen Beschäftigungen »mit wirklich kindischem Sinn«, gerade als gäbe es »keine andere Bestimmung als die stickerliche«.[19]

Ihre schulische Ausbildung war beendet, die musikalische durfte sie auf ihres Vaters Wunsch hin nicht vollenden. Nur die Vorbereitung zur Hausfrau und Mutter blieb übrig. Zur gleichen Zeit durfte Bruder Felix kreuz und quer durch Deutschland und Europa reisen und interessante Leute kennenlernen. In den europäischen Hauptstädten gab er Konzerte und stellte seine Kompositionen vor. Bald hatte er viele berühmte Freunde. So wohnte er in London im Hause des erfolgreichen Schriftstellers Sir Walter Scott.

Trotz aller weiblichen Beschäftigungen kam Fanny einigen Bekannten der Familie so unweiblich vor, daß sie sich über die Verlobung der Bankierstochter wunderten: »Beinahe hätte ich vergessen, Ihnen zu danken, daß Sie erst aus meiner Verlobungskarte geschlossen, ich sei ein Weib wie andere, ich meinesteils war darüber längst im Klaren, ist doch ein Bräutigam auch nur ein Mann wie andere. Daß man übrigens seine elende Weibsnatur jeden Tag, auf jedem Schritt seines Lebens von den Herrn der Schöpfung vorgerückt bekommt, ist ein Punkt, der einen in Wuth und somit um die Weiblichkeit bringen könnte, wenn nicht dadurch das Übel ärger würde«, schrieb Fanny an einen Freund der Familie.[20]

Nach außen hin hatte sie sich dem Wunsch des Vaters gefügt und die musikalische Ausbildung abgebrochen, Handarbeiten angefertigt, Haushaltsführung gelernt und geduldig auf den Bräutigam gewartet. Insgeheim aber arbeitete sie weiter an ihrer Musik, komponierte Lieder, Duette, Terzette und Quartette mit und ohne Klavierbegleitung. Als Textvorlage benutzte sie bekannte Gedichte berühmter Schriftsteller. Kleinere Arbeiten für das Klavier konnte sie zu Hause wohl vorspielen, denn im geselligen Kreis der Familie Mendelssohn fanden regelmäßig Sonntagsmusiken statt, zu denen sich die künstlerische Elite Berlins einfand. Wieviel Fanny in diesen Jahren komponierte, kam allerdings erst sehr viel später ans Licht, denn der Vater hatte es verboten und durfte von der heimlichen Komponiererei nichts erfahren.

Doch Hauskonzerte waren kein Ersatz für öffentliche Auftritte. Fannys Wirkungskreis blieb auf das elterliche Palais beschränkt, an eine ernsthafte Künstlerkarriere war nicht zu denken. Der Vater wies die Tochter beständig darauf hin, was denn ihr eigentlicher Beruf sei: »Du mußt Dich mehr zusammennehmen, mehr sammeln; Du mußt Dich ernster und emsiger zu Deinem eigentlichen Beruf, zum einzigen Beruf eines Mädchens, zur Hausfrau, bilden. Die wahre Sparsamkeit ist die wahre Liberalität, wer Geld wegwirft, muß ein Geizhals oder ein Betrüger werden. Der Frauen Beruf ist der schwerste; die unausgesetzte Beschäftigung mit dem Kleinsten, das Auffangen eines jeden Regentropfens, damit er nicht in dem Sande verdunste, sondern zum Bache geleitet Wohlstand und Segen verbreite, die stete unausgesetzte Beboachtung des einzelnen, die Wohltat jeden Augenblicks und die Benutzung jeden Augenblicks zur Wohltat, das und alles, was du Dir dazu denken wirst, sind die Pflichten, die schweren Pflichten der Frauen.«[21]

Neben der Mutter hatte nur der Ehemann Wilhelm Hensel Verständnis für die kompositorische Beschäftigung seiner Frau. Er, selbst ein anerkannter Künstler, gönnte seiner Frau die Beschäftigung mit der Musik und ermunterte sie, obwohl er selbst recht wenig davon verstand. In der Wohnung der Hensels gab es ein Atelier für den Maler ebenso wie ein Musikzimmer für Fanny, wohin sie sich zum Arbeiten zurückziehen konnte.

Ihr Bruder Felix, schon als junger Mann ein gefeierter Komponist, hatte wie der Vater auch wenig Verständnis für die musikalischen Bestrebungen seiner Schwester. Er sah es nicht gerne und riet ihr auch nicht zu einer Veröffentlichung ihrer Werke. Felix Mendelssohn-Bartholdy blieb dem konventionellen Denken seiner Zeit verhaftet. Die bürgerliche Frau solle dem Müßiggang huldigen und sich nebenbei mit Malerei, Literatur und Musik beschäftigen. Aber nicht ernsthaft und nicht im Rampenlicht der Öffentlichkeit, um damit Geld zu verdienen.

Keinerlei Bedenken hatte der Bruder dagegen, einige von Fannys Liedern in seinen Sammlungen unter seinem Namen erscheinen zu lassen. Die erste Veröffentlichung unter ihrem eigenen Namen geschah 1837, ein Stück in einer Liedersammlung. Der Ehemann hatte Fanny dazu ermutigt. Felix war nicht glücklich darüber. Gerade an seinem Beifall und Einverständnis lag Fanny aber viel, denn die Geschwister galten seit der Kindheit als unzertrennlich. Trotzdem kam es Felix nie in den Sinn, daß Fanny Freude an einer eigenen Karriere als Komponistin haben könnte.

Es war vielmehr die Mutter, die Felix bat, doch seine Schwester zu ermuntern, ihre Werke zu veröffentlichen. Er aber lehnte es kategorisch ab: »Aber ihr zureden, etwas zu publizieren, kann ich nicht, weil es gegen meine Ansicht und Überzeugung ist. Wir haben darüber viel gesprochen, und ich bin immer noch derselben Meinung, – ich halte das Publizie-

Fanny Hensel-Mendelssohn, heute wiederentdeckte Komponistin.

ren für etwas Ernsthaftes (es sollte das wenigstens sein) und glaube, man soll es nur tun, wenn man als Autor sein Leben lang auftreten und dastehen will. Dazu gehört aber eine Reihe von Werken, eins nach dem andern, – von einem oder zweien allein ist nur Verdruß von der Öffentlichkeit zu erwarten, oder es wird ein sogenanntes Manuskript für Freunde, was ich auch nicht liebe. Und zu einer Autorschaft hat Fanny, wie ich sie kenne, weder Lust noch Beruf – dazu ist sie zu sehr eine Frau, wie es recht ist, sorgt für ihr Haus und denkt weder ans Publikum noch an die musikalische Welt, noch sogar an die Musik, außer, wenn jener Beruf erfüllt ist.«[22]

Er kannte die Schwester schlecht. Auch vor dem geliebten Bruder hatte Fanny ihre umfangreichen kompositorischen Arbeiten verheimlicht. Sie litt darunter, kein Publikum, kein kritisches Ohr für ihre Arbeiten zu haben: »Ich lege zwei Klavierstücke, die ich seit Düsseldorf geschrieben, für Sie bei, mögen Sie beurteilen, ob sie sich eignen, meiner unbekannten jungen Freundin in die Hände zu kommen, ich überlasse es ganz Ihnen, kann aber nicht unterlassen zu sagen, wie angenehm es mir ist, in London für meine kleinen Sachen ein Publikum zu finden, das mir hier ganz fehlt... Meine eigene und Hensels Freude an der Sache läßt mich indes nicht ganz einschlafen, und daß ich bei so gänzlichem Mangel an Anstoß von außen dabei bleibe, deute ich mir selbst wieder als ein Zeichen von Talent.«[23]

Trotz aller familiären Verpflichtungen fand Fanny immer noch genügend Zeit für eine kontinuierliche musikalische Arbeit. Ganz wie es ihr Bruder Felix für einen richtigen Komponisten gefordert hatte, komponierte sie ein Werk nach dem anderen. Doch immer wieder zweifelte sie auch an ihrem Talent. »Lieber Felix«, schrieb sie an den Bruder, »komponiert habe ich diesen Winter rein gar nichts, musiziert freilich desto mehr, aber wie einem zu Mut ist, der ein Lied machen will, weiß ich gar nicht mehr. Ob das wohl wieder kommt, oder ob Abraham alt war? Was ist übrigens daran gelegen? Kräht ja doch kein Hahn danach, und tanzt niemand nach meiner Pfeife.«[24]

Die Konzerte im Hause Mendelssohn hatten einen guten Ruf, das künstlerische Niveau war hoch. Für die Interpreten selbst war es eine Ehre und ein Vergnügen, im Hause Mendelssohn aufzutreten. Die kunstbegeisterte Fanny Hensel entdeckte neue Komponisten für Berlin, stellte sie auf ihren Gartenmusiken vor. Das ganze Programm und die Organisation lag in ihren Händen. Bach, Händel, Gluck, Mozart, Werke von Felix und eigene Kompositionen, es war immer eine gelungene Auswahl, und sie verriet Fannys ausgezeichneten Geschmack.

Nur selten kam Fanny Hensel aus Berlin heraus. Nachdem sie 1834 allein nach Düsseldorf gefahren war, um bei einem Konzert ihres Bruders dabeizusein, notierte sie in ihrem Tagebuch: »Ich fühle wohl, daß es für eine Frau keine Vergnügungsreise ohne Mann und Kind geben kann, und ich werde mich auch nie ohne Not von einem von ihnen oder von beiden trennen.«[25]

Vermutlich war die Reise mit Mann und Kind nach Italien der Höhepunkt ihres Lebens. Spätestens seit Goethes »Italienischer Reise« war die Fahrt über die Alpen verpflichtend. Eine solche Reise wollte gut vorbereitet sein, es gab Einkäufe zu machen, Bekannte zu besuchen, Routen zu besprechen und auszusuchen, und endlich war es dann soweit. »Gebe uns Gott eine gute Reise ohne Unfall und stets gute Nachrichten von Hause, und lasse er uns alles unverändert finden, dann werden wir herrliche Zeiten erleben. Ich gehe diesem großen Ereignis mit ruhiger Freude entgegen, möge sie von guter Vorbedeutung sein! Amen!« notierte Fanny in ihrem Tagebuch unmittelbar vor dem großen Ereignis.[26]

Die Reise führte die Familie zunächst zu Bruder Felix nach Leipzig, und von dort ging es rasch über München und Mailand nach Venedig. Die Reise verlief nicht ohne Komplikationen, und Italien zeigte sich zu Beginn nicht gerade von seiner schönsten Seite: »Bettler keine, Flöhe wenige, Schmutz bis über beide Ohren«, schrieb Fanny an die Familie.[27] Auch der Umgang mit den Kunstschätzen fand nicht immer den Wohlgefallen der Kunstkennerin Fanny Hensel, denn »... es ist eine Schande und ein Erbarmen, in welchem Zustande die größten Schätze der Architektur und Malerei sich fast überall befinden«.[28]

Erst in Venedig machte die Familie einen längeren Aufenthalt, wo allerdings zunächst die Unterbringung zu wünschen übrig ließ. Bald war Fanny von Mückenstichen übersät, und sie wechselten das Gasthaus. Aber der Zauber der Stadt wirkte allmählich auf die Familie Hensel, und sie gewöhnte sich in der Lagunenstadt ein. Der unbestrittene Höhepunkt der Reise aber war Rom. Allerdings war die Reise dahin wieder ein Abenteuer für sich.

Rom. Hier sollte sich Fanny unaussprechlich wohl fühlen, neue Freunde finden und die Gelegenheit, wieder zu komponieren. Von einem Besuch in der Sixtinischen Kapelle berichtete sie nach Hause: »Gestern waren wir bei Papstens in der sixtinischen Kapelle und ich habe ihn und alle Kardinäle aufs genaueste gesehen, vorbeipassieren nämlich, denn für die Zeremonien sind wir armen Weiber übel dran; wir müssen hinter einem Gitter sehr weit absitzen, und wer nun, wie ich, ein kurzes Gesicht hat, bekommt von dem ganzen Spaß nichts zu sehn und muß drei Stunden lang sitzen und den sehr unreinen und mittelmäßigen Gesang der päpstlichen Kapelle und den nicht kurzweiligen Vortrag der Messe durch ein paar zittrige Kardinalsstimmen anhören.« [29]

Zunächst ließ sich der Aufenthalt in Rom nicht ganz so freundlich an, wie Familie Hensel sich das vorgestellt hatte. Auch dauerte es eine Weile, bis der richtige Freundeskreis gefunden war, mit dem man über Malerei plaudern, musizieren und sich die Zeit vertreiben konnte. »Entre nous dit, ein solches Naturalienkabinett von langweiligen Leuten jedes Alters und jeden Geschlechts, wie hier, ist mir noch fast nie untergekommen. Es ist ganz unglaublich, und sie scheinen aus ganz Europa recht eigentlich in der Absicht hier zusammengekommen zu sein, um ein Ensemble zu bilden, das seinesgleichen nicht hat.« [30]

Die Tage in Rom vergingen dennoch wie im Fluge. Es gab viel zu besichtigen, Ausflüge in die Umgebung zu machen, Besuche waren zu absolvieren, Wilhelm suchte alte Bekannte auf aus der Zeit seines ersten Besuchs, der Haushalt wollte organisiert sein, kurz: Für Langeweile gab es keinen Platz. Begeistert besichtigte die Familie die Kunstschätze der Stadt, und Fanny berichtete ihrer Schwester: »Überhaupt kannst Du Dir gar nicht denken, wie ansteckend das Altertumsfieber ist, man kommt am Ende dahin, nichts schön zu finden, was eine ganze Nase und zwei Beine hat; und gar ein Gebäude, an dem alle Säulen aufrecht stehen, das sieht man gar nicht an.« [31]

Die gesellschaftlichen Verpflichtungen gingen weiter, man machte die Cour durch die Salons, nicht immer zu Fannys Vergnügen. Denn es konnte schon vorkommen, daß bei einer der Soiréen schlechte Musik gemacht wurde, und das ertrug sie nur schwer. Sie wurde gebeten, eine Klavierbegleitung zu übernehmen, und schrieb nach dem Abend nach Hause: »... und ich mußte dazu flügeln, ennuyierte mich aber so dabei, daß ich beinahe am Klavier eingeschlafen wäre. – Kreuzdonnerwetter, wir hatten schlabberige Musik genug am Leibe.« [32]

Im Kreise der Familie Hensel fanden sich schnell junge, musikinteressierte Franzosen ein, die für Fanny ein ideales Publikum bildeten. Vor allem der Komponist Charles Gounod ermunterte sie immer wieder zu neuen Arbeiten. Die Gegenwart wohlmeinender Freunde war für Fanny eine reine Wohltat und ermutigte sie, vermehrt zu komponieren: »Ich schreibe auch jetzt viel; nichts spornt mich so als Anerkennung (sic!), wogegen mich der Tadel mutlos macht und niederdrückt.« [33]

An die Schwester schrieb sie: »Ich habe in der letzten Zeit mehreres komponiert und meinen Klavierstückchen, die ich hier gemacht, Namen von hiesigen Lieblingsplätzen gegeben, teils sind sie mir wirklich an den Orten eingefallen, teils habe ich sie im Sinn dabei gehabt, und es wird mir künftighin ein Andenken sein, eine Art von zweitem Tagebuch. Glaube aber nicht, daß ich sie so nenne, das ist nur fürs Haus.« [34] Die Reise nach Italien hatte Fanny viel Auftrieb gegeben und ihre musikalische Arbeit enorm inspiriert.

Nicht lange danach verließen die Hensels Rom und kehrten wieder nach Berlin zurück. Für Fanny war es ein schwerer Abschied. Hier hatte sie unbelastet von den gesellschaftlichen Verpflichtungen im Kreise von Freunden und Bewunderern ein Publikum gefunden, das ihr die Anerkennung und Anregung gab, die ihr zu Hause so sehr fehlten.

Wieder in der preußischen Hauptstadt, begann für Fanny eine harte Zeit. Die Mutter starb, und sie hatte nun die gesamten Pflichten für den großen Haushalt der Familie Mendelssohn zu übernehmen. Die berühmten Sonntagsmusiken erfreuten sich nach wir vor großer Beliebtheit, und auch Fannys Werke wurden in diesem Rahmen aufgeführt. Hier konnten sie wenigstens gespielt werden, wenn auch nur vor einem kleinen Publikum. Immer häufiger griff Fanny dabei auch zum Dirigentenstab.

1845 unternahmen die Hensels noch einmal eine kurze Reise nach Italien. Im Jahr darauf kam ein junger Referendar in das Haus der Mendelssohns, der ein guter Freund der Familie und kunstverständiger Verehrer von Fannys Musik werden sollte. Robert von Keudell entwickelte sich zu einem wichtigen Freund für die Komponistin. »Keudell erhält mich, was das Musikmachen betrifft, sehr in Atem und beständiger Tätigkeit, wie früher Gounod. Er sieht mit äußerstem Interesse, was ich irgend Neues schreibe, und macht mich aufmerksam, wenn irgendwo etwas fehlt, und in der Regel hat er recht!«[35]

Erst jetzt, unter dem dringenden Anraten von Keudell, konnte Fanny den Mut aufbringen, ihre Werke auch drucken zu lassen. Zwei Verlagshäuser hatten ihr Angebote unterbreitet, und bald erschien eine kleine Auswahl ihrer Werke unter ihrem eigenen Namen: »Sechs Lieder für eine Stimme mit Begleitung des Pianoforte op. 1«.

Gespannt wartete Fanny auf die Reaktion des geliebten Bruders. Schließlich schrieb er ihr: »Mein liebster Fenchel, erst heute, kurz vor meiner Abreise komme ich Rabenbruder dazu, Dir für Deinen lieben Brief zu danken und Dir meinen Handwerkssegen zu geben zu Deinem Entschluß, Dich auch unter unsere Zunft zu begeben. Hiermit erteile ich ihn dir, Fenchel, und mögest du Vergnügen und Freude daran haben, daß Du den andern so viel Freude und Genuß bereitest, und mögest Du nur Autor-Plaisirs und gar keine Autor-Misere kennen lernen, und möge das Publikum Dich nur mit Rosen und niemals mit Sand bewerfen, und möge die Druckerschwärze Dir niemals drückend und schwarz erscheinen, – eigentlich glaube ich, an alledem ist gar kein Zweifel denkbar. Warum wünsche ich Dir's also erst? Es ist nur so von Zunft wegen und damit ich auch meinen Segen dazu gegeben haben möge, wie hierdurch geschieht.«[36]

Auf diesen Brief hatte Fanny lange warten müssen, und er zeigte ganz deutlich, daß Felix der Gedanke, in seiner Schwester eine Kollegin zu haben, nicht behagte. Fanny war diese gewisse Herablassung in dem Brief durchaus nicht entgangen. Sie notierte in ihrem Tagebuch: »Endlich hat mir Felix geschrieben und mir auf sehr liebenswürdige Weise seinen Handwerkssegen erteilt; weiß ich auch, daß es ihm eigentlich im Herzen nicht recht ist, so freut mich doch, daß er endlich ein freundliches Wort mir darüber gegönnt!« [37]

Wahrscheinlich hätte ein aufmunterndes Wort ihres Bruders sie schon zu einem früheren Zeitpunkt ermutigen können, ihre Musik zu veröffentlichen und sie einem breiten Publikum zugänglich zu machen. Aber es ist müßig, darüber zu spekulieren. Fanny Hensel hatte sich nie beklagt, daß ihr keine professionelle Karriere als Komponistin vergönnt war. Mit ihrem Lebensweg war sie nicht sonderlich unglücklich noch empfand sie ihn als schweres Los. Sicherlich hätte sie sich ein wenig mehr Anerkennung ihrer Arbeit gewünscht. Fanny selbst hatte keine emanzipatorischen Gedanken und war mit ihrem Leben zufrieden. Unverständlich ist allerdings, daß auch noch lange nach ihrem Tode die Werke der Fanny Hensel im Familienarchiv verschlossen blieben und erst 1965 zutage kamen.

Am 14. Mai 1847 wurde ihr auf der Probe zu einer der sonntäglichen Musikveranstaltungen unwohl, und die Hände gehorchten ihr nicht mehr. Bald darauf verlor sie das Bewußtsein, und auch sofortige ärztliche Hilfe konnte sie nicht mehr retten. Sie starb an einem Gehirnschlag.

Neue Medien, neue Chancen: die Fotografie

In den traditionellen Kunstgattungen begegneten die Frauen häufig Widerständen, die sie von einer Karriere abhielten. Viel mehr Möglichkeiten für Frauen boten dagegen die ganz neu entwickelten Medien, für die vor allem anderen Experimentierfreude gebraucht wurde. Ein solches neues Medium war die Fotografie, die offiziell am 19. August 1839 erfunden wurde. An diesem Tag stellte Louis Daguerre seine bahnbrechende fotografische Technik der Pariser Akademie der Wissenschaften vor. Das war das Ereignis des Jahres und beherrschte in Windeseile die Gespräche in den Salons. Die neuen Apparate konnten kaum so schnell gebaut werden, wie Bestellungen eingingen. Ganz Europa war verrückt nach den Daguerreotypien, wie die Fotos damals hießen.

Das erste Atelier für die neue Technik in Deutschland eröffnete in München seine Pforten, rasch schossen sie wie Pilze aus dem Boden. Zunächst arbeiteten die Frauen in den Labors oder halfen den Fotografen bei der Arbeit. Aber bald machten sie sich selbständig und widmeten sich der Porträtfotografie.

1852 eröffnete Emilie Becher als erste Frau ein Fotoatelier in Deutschland. Zwar hatte eine Wahrsagerin der abergläubischen Fotografin davon abgeraten, aber Frau Becher hörte einmal nicht auf ihre Ratgeberin. Der Erfolg gab ihr recht, denn ihr Fotostudio wurde die Keimzelle einer Fotografendynastie, deren Ausläufer bis England und Südafrika reichten.

Erleichtert wurde der Erfolg der Frauen auf diesem Gebiet – Emilie Becher blieb nicht die einzige – durch die in Mode kommende *carte de visite*. Kaiser Napoleon III. machte die kleinen Porträtbilder in Paris berühmt, und bald wollte jeder, der auf sich hielt, ein Bild von sich und seinen Lieben haben. In England gab ein Auftrag von Königin Viktoria, Visitenkartenbilder der königlichen Familie herzustellen, den Anlaß für die Londoner Society, der neuen Mode zu huldigen. Bald griff die »Cartomanie« auch auf den Kontinent über. Das berühmteste Atelier für diese neue Form der Fotografie in Deutschland war L. Haase & Co. in Berlin. Der Besitz einer Daguerreotypie wurde selbstverständlich, die Zahl der Aufträge stieg an, und einige der Fotografen wurden zu vermögenden Leuten.

Mit der steigenden Zahl der Fotografen stiegen auch die Ansprüche an die Qualität der Porträts. Bald gab es die ersten Wettbewerbe, und es wurden Preise ausgeschrieben. 1876 erhielt die Fotografin Sophia Breuning für ihre Arbeiten eine Silbermedaille.

Eine idealisierte Darstellung der Fotografin Alexandrine Tinne.
Sie wurde von den Tuareg ermordet.

Doch nicht alle Fotografinnen beschränkten sich darauf, posierende Menschen in den Ateliers abzulichten. Sie packten vielmehr die umfangreiche Ausrüstung zusammen und machten Landschaftsaufnahmen, wie Franziska Möllinger, von deren Werk leider nur eine einzige Aufnahme erhalten ist. Aber auch sonst zeigten sich die Frauen experimentierfreudig und traten mit ihren Aufnahmen an das Licht der Öffentlichkeit, so mit Fotocollagen, Fenster- und Spiegelszenen, Architekturfotografie und Stadtansichten.

Die erste »Fotoreporterin« der Welt war die Niederländerin Alexandrine Tinne (1835–1869). Sie begann mit Fotos und Reportagen aus Den Haag, beschränkte sich aber bald nicht mehr auf ihr Heimatland, sondern fotografierte auf abenteuerlichen Reisen, vor allem in Afrika.

Finanziell unabhängig, stattete sie eine Expedition aus, um die sagenumwobenen Quellen des Nil zu entdecken. Lange war sie unterwegs, hatte unvorstellbare Strapazen ertragen – und war letztendlich doch gescheitert. Jetzt wollte sie die Wüste durchqueren. Dazu mußte sie die Freundschaft der Tuaregs gewinnen, eines Reiterstammes. Sie traf sich mit dem Anführer, Ikhenukhen, in El Gheria. Dieser versprach ihr, sie mit seinen besten Männern zu unterstützen.

Was nach dem Abschied von Ikhenukhen passierte, läßt sich kaum mehr rekonstruieren. Ein Teil der Tuaregs war zurückgekehrt und griff Alexandrine Tinne und ihr Gefolge an. Dabei wurde die mutige Holländerin erschossen; andere berichten, sie wurde erschlagen. Ein Diener machte sich später noch auf in die Wüste, um die Leiche von Alexandrine zu finden. Auch er kehrte nie zurück.[38]

Zu den berühmtesten Fotografinnen zählt nach wie vor die Engländerin Julia Margaret Cameron. Sie wurde 1815 in Kalkutta geboren und heiratete mit 22 Jahren den um zwanzig Jahre älteren Charles Hay Cameron. 1838 verließ das Ehepaar Indien und ließ sich in England nieder. Julia galt als ein Original, sie kleidete sich unkonventionell und scherte sich herzlich wenig darum, was man von ihr dachte.

Als sie die erste Kamera in die Hände bekam, war sie bereits 48 Jahre alt. Es war ein Geschenk von ihrer Tochter und ihrem Schwiegersohn, die meinten: »Es könnte Dich amüsieren, Dich mit Photographie zu beschäftigen...«

In der Tat, es war das richtige Geschenk. Mit der ihr eigenen Energie machte sich Julia daran, den Kohlenschuppen zu einer Dunkelkammer und das Hühnerhaus zu einem Fotoatelier umzufunktionieren. Und dann fotografierte sie alles, was ihr vor die Linse kam. Eine Aufnahme zu machen war in der Frühzeit der Fotografie eine aufwendige Angelegenheit, denn man konnte weder die notwendigen Chemikalien und Stoffe in der Drogerie um die Ecke kaufen, noch waren die Apparate sehr handlich. Fotoplatten und Papier mußten noch selbst hergestellt werden. Es war eine aufwendige Prozedur, die viel Zeit und Geduld erforderte. Wenn Julia unterwegs auf Motivsuche war, benötigte sie zwei Träger, die ihre Ausrüstung transportierten.

Über ihre Anfänge als Fotografin schrieb sie: »Ich hatte überhaupt keine künstlerischen Vorkenntnisse. Weder wusste ich, wo ich meine Kamera aufstellen sollte, noch wo mein Modell zu plazieren war. Die ersten Versuche wischte ich mit der Hand wiederum weg von der Glasplatte... Mein Mann verfolgte meine Arbeit an jedem Bild von Anfang bis zum Ende mit Entzücken, und nach jedem gelungenen Versuch liess ich mich von ihm rühmen und lobpreisen. Mit meinen noch nassen Kollodiumplatten besudelte ich so manche Tischtücher im Esszimmer – weil ich ungeduldig war, meine neuesten Schöpfungen meinem Gemahl zu zeigen –, dass man mich aus jedem vernünftigen Haushalt verjagt hätte.« [39]

Julia ging in ihrer neuen Leidenschaft völlig auf. Am liebsten fotografierte sie Mädchen und Frauen. Für die Aufnahmen mußten sich die Mädchen verkleiden, um Figuren aus der Literatur oder der Geschichte darzustellen oder Rollen wie »Freude« oder »Spannung« zu verkörpern.

Obwohl Julia Cameron alle Mittel einsetzte, die Belichtungszeit so kurz wie möglich zu halten, blieb doch eine Minute das absolute Minimum. Eine ganze Minute, in der das Modell nicht eine Miene verziehen durfte. Schon das kleinste Zucken hätte die Aufnahme ruiniert. Um ein einziges Foto zu machen, konnten Stunden vergehen; Zeit, die sowohl für die

Künstlerin als auch für das Modell anstrengend war. Kein Wunder also, daß die Modelle, meistens Dienstmädchen des Hauses Cameron, durchaus nicht begeistert waren, wenn sie zum Modellstehen genötigt wurden. Eines der Mädchen berichtete darüber: »...natürlich hasste ich dieses Modellstehen; aber dann erklärte Frau Cameron mir, dass ihre Bilder andern Menschen Freude bereiteten und dass es ihre Aufgabe sei, diese Bilder trotz aller beidseitigen Inkonvenienzen zu machen...« [40]

Wenn Julia bei der Arbeit war, vergaß sie die Zeit und alles um sich herum. Ein Freund des Hauses erschien einmal angemeldet zum Mittagessen und mußte dennoch hungrig stundenlang warten, bis er zu Tisch gebeten wurde. In seinem Tagebuch notierte er: »Im Haushalt von Mrs. C. steht die Zeit still. Man begegnet im Haus hübschen Mädchen in den verrücktesten Kostümen, und dazwischen gelegentlich Mrs. Cameron mit Kameras, Glasplatten und kolloidgetränkten Händen...« [41]

Dabei gestalteten sich die Anfänge schwierig. Der erste Versuch, zwei Kinder festzuhalten, war schmählich gescheitert. Das Bild, das Julia Cameron als ihren ersten Erfolg bezeichnete, zeigt ein kleines Mädchen, Annie. Es ist noch ein wenig unscharf, doch die Züge des Kindes sind erkennbar und vermitteln eine ruhige Ernsthaftigkeit. Nach der gelungenen Prozedur notierte Julia: »Ich war so begeistert, dass ich im ganzen Hause nach Geschenken für das Mädchen suchte, denn für mein Gefühl war der Erfolg allein sein Verdienst!« [42]

Mit ihrer Leidenschaft machte sich Julia allerdings nicht nur Freunde. Die Kinder, die sie fotografierte, waren nicht durchweg begeistert von dem Gedanken, für die Nachwelt festgehalten zu werden. Eine der Nachbarinnen der Camerons notierte in ihren Jugenderinnerungen: »...ein tyrannisches Frauenzimmer... Wir Kinder mochten sie einerseits gerne, aber wir mieden sie... Ich sehe sie noch heute vor mir, mit ihren von Chemikalien gegerbten Händen und ihren Haaren, die immer irgendwie falsch frisiert waren... und hinter ihrer Gartentüre lag sie am Morgen mit ihrer Kamera auf der Lauer nach vorübergehenden Kindern. Plötzlich ein

Nur nicht bewegen! Eine Porträtaufnahme der Fotografin Julia Margaret Cameron.

Warnruf: ›Sie kommt... sie will eines von uns photographieren!‹ Und wehe dem, das sie erwischte: Anstatt sich am Strand vergnügen zu dürfen, musste es den lieben langen Tag Modell stehen.«[43]

Berühmt wurde die Fotografin für ihre Porträts prominenter Zeitgenossen. Die Camerons wohnten auf der Isle of Wight in der Nachbarschaft des berühmten Dichters Alfred Tennyson. Dieser erhielt so viel Besuch von anderen Berühmtheiten, daß sich die normalen Bürger mokierten: »Alle Besucher, die hier zählen, sind entweder Genies oder Dichter oder Maler oder sonst irgendwie merkwürdig.«[44]

Eine solche Ansammlung prominenter Mitmenschen ließ sich Julia nicht entgehen, und sie machte Porträtaufnahmen des Naturforschers Charles Darwin, des Schriftstellers Thomas Carlyle und Alfred Tennysons. Ihre Bilder treffen das

Wesen des Porträtierten sehr genau. Julia wollte sowohl das äußere als auch das innere Wesen der Menschen auf den Fotos sichtbar machen. Um dies zu erreichen, verlangte sie sich und den Modellen, prominent oder nicht, einiges ab. Über ein Foto des Dichters Thomas Carlyle schrieb ein Kritiker: »Wenn man diese grossen tiefen Augen anschaut, dann fühlt man sich wirklich dem Menschen gegenübergestellt, und man glaubt die Gedanken zu verspüren, die ihm gegenüber der grossen, hölzernen Kamera und der riesigen, messinggefassten Objektive durch den Kopf gingen.«[45]

Diese eindringlichen Bilder sichern Julia Cameron einen Platz in der Liste der großen Fotografen. Viele andere Fotografinnen sind noch gar nicht bekannt, denn nur in den Vereinigten Staaten und in England hat man die Geschichte der Fotografie sorgfältig aufgearbeitet. In Deutschland und anderen Ländern Europas lagern dagegen in den Archiven ungeahnte Schätze, die es noch zu entdecken gilt.

Für die Fotografie gilt wie für kaum eine andere Kunstform, daß sie maßgeblich von Frauen beeinflußt worden ist. Gerade weil es zu Beginn keine anerkannte Ausbildung gab, konnte auch niemandem der Zugang zu dem neuen Medium verschlossen werden. Als Vorbilder für ihre Aufnahmen wählten die Pionierinnen Stil und Motive der Malerei und experimentierten mit den Möglichkeiten, die die Fotografie bot. Dabei ging es nicht nur um die Aufnahmetechnik, sondern auch um Veränderungen durch neue, anders beschichtete Fotopapiere und ähnliche Dinge.

Da die Fotografie allen offenstand, die sich eine Ausrüstung leisten konnten, fanden vor allem die technikbegeisterten Damen der englischen Oberschicht hier eine willkommene Abwechslung, die ihnen die Langeweile vertreiben half. In Deutschland dagegen hatten die ersten Fotokünstlerinnen meistens als Assistentin eines Fotografen angefangen und erst dann den Sprung in die Selbständigkeit gewagt.

Dennoch gilt für Frauen und Fotografie: »Keine andere Disziplin stand ihnen von Anfang an so weit offen – und keine andere Disziplin ist so direkt und konkret von ihnen abhängig geworden.«[46]

»Das Weib im Conflict mit den socialen Verhältnissen«

»Ihr könnt Taten verfolgen, nicht aber Überzeugungen, das Denken muß frei sein.«

George Sand

»Der elektrische Strom verbreitete sich bald in allen Richtungen. Deutschland, das so fest eingeschlafen schien, erbebte wie von einem unterirdischen Feuer. Die Nachrichten von Wien und Berlin folgten sich rasch. Der Fürst der politischen Finsternis, Metternich, war entflohen! Die Grundlagen des Despotismus schienen überall zu wanken. Die Stütze des Absolutismus, die Militärmacht, schien unvermögend vor der Begeisterung der Völker, die für ihre Rechte aufstanden.« [1] Diese Zeilen stammen aus der Feder von Malwida von Meysenbug, die, wie so viele andere Frauen, gespannt die politische Entwicklung in Deutschland in der ersten Hälfte des 19. Jahrhunderts verfolgte. Es war in der Tat eine aufregende Zeit, denn die großen und kleinen Revolutionen des 18. und des frühen 19. Jahrhunderts hatten ihre Spuren hinterlassen. Vor allem die Revolution von 1848 fand die begeisterte und hoffnungsvolle Zustimmung der bürgerlichen Frauen. Sie engagierten sich für große Ideale und setzten alle ihre Hoffnungen in die politische Entwicklung: Die Revolutionäre forderten Pressefreiheit und ein Nationalparlament für alle Deutschen.

Das 19. Jahrhundert hatte für Deutschland mit militärischen Niederlagen begonnen. In Berlin zog Napoleon als Sieger ein, Weimar dagegen entrüstete sich über etwas ganz anderes: Der Dichterfürst Johann Wolfgang von Goethe hatte gerade, nach langen Jahren wilder Ehe, seine Haushälterin Christiane Vulpius geheiratet!

Das preußische Königreich entging nur knapp der totalen

Auflösung. Die Niederlagen gegen die französische Armee hatten auch Folgen im Inneren. Aufgeklärte, liberal denkende Beamte konnten sich durchsetzen, und es kam zu den berühmten Stein-Hardenbergschen Reformen. Dadurch wurden Bauernbefreiung und eine Verwaltungsreform durchgesetzt, die endlich Justiz und Verwaltung voneinander trennten. Die Selbstverwaltung der Städte wurde rechtlich geregelt.

Scharnhorst und Gneisenau reformierten das Militär: Militärstrafen fielen milder aus, und das Adelsprivileg für die Offizierslaufbahn wurde aufgehoben. Auch im Bildungsbereich setzten Neuerungen ein, verbunden mit dem Namen Wilhelm von Humboldt. Er gründete 1810 die Berliner Universität und setzte eine staatliche Gymnasialordnung durch.

Alle diese Reformen kamen von oben, sie wurden von aufgeklärt denkenden Beamten an der Spitze der zuständigen Ministerien geplant und durchgeführt. Das Volk wurde dazu nicht befragt und hatte die Neuerungen auch nicht erkämpft, weder durch Streiks noch durch Krawalle auf den Straßen. Daher gingen die Reformen nicht weit, jedenfalls nicht weit genug, um die absolutistische Staatsführung vor der Revolution von 1848 zu bewahren.

Napoleons Niederlage in den Weiten Rußlands ermutigte zum Widerstand gegen die Fremdherrschaft in Mitteleuropa. Die Besetzung deutscher Gebiete hatte eine Welle der nationalen Begeisterung entstehen lassen. Die Heere der deutschen Länder vereinigten sich unter der preußischen Flagge.

1813 begann die Erhebung, und nach der Völkerschlacht bei Leipzig mußte Napoleon sich zurückziehen. Eine Neuordnung Europas stand auf dem Programm des Wiener Kongresses. Allerdings erfüllte er nicht die Hoffnungen vieler Bürger auf einen deutschen Nationalstaat. Zustande kam nur ein lockeres Staatengefüge, der Deutsche Bund, der innenpolitisch von Österreich und dessen Kanzler Metternich dominiert war. Zwar konnten sich die einzelnen Staaten Verfassungen geben, die auch eine Beteiligung des Volkes vorsahen. Die großen Monarchien wie Preußen oder Österreich aber dachten gar nicht daran.

Die erwachten nationalen Gefühle ließen sich nicht mehr unterdrücken. Vor allem in der Studentenschaft nahm die Unzufriedenheit mit den herrschenden Zuständen immer weiter zu. Sie organisierte sich in Burschenschaften und wählte die Farben Schwarz-Rot-Gold. Es waren die Farben des Freikorps, in dessen Reihen viele Studenten an den Befreiungskriegen teilgenommen hatten.

Die Studentenbewegung gipfelte im Herbst 1817 in einem gemeinsamen Fest auf der Wartburg, bei dem von allen Rednern zur Einheit und Freiheit Deutschlands aufgerufen wurde. Die Freiheitsbestrebungen wurden von den Politikern – an ihrer Spitze der österreichische Kanzler Metternich – massiv unterdrückt. Sein Ziel war die Wiederherstellung der autoritären Zustände vor der Französischen Revolution. Zur Durchsetzung dieses Ziels war ihm jedes Mittel recht. Die Ermordung des konservativen Schriftstellers Kotzebue war ihm willkommener Anlaß, um in der Bundesversammlung die sogenannten Karlsbader Beschlüsse durchzusetzen. Sie sahen das Verbot der Burschenschaften vor, und an den Universitäten wurden Bevollmächtigte eingesetzt, die das Verhalten von Studenten und Professoren zu kontrollieren hatten. Schließlich überwachte die Zensur Presse und öffentliches Leben.

Es war eine harte Zeit für Demokraten und freiheitlich denkende Bürger. Die Beschlüsse der Karlsbader Konferenz führten in Preußen zu der sogenannten »Demagogenverfolgung«. Sie bescherten liberalen Politikern und Schriftstellern Erfahrungen mit den Gefängnissen, wie dem »Turnvater« Jahn, den Schriftstellern Fritz Reuter, Ernst Moritz Arndt und vielen anderen. Trotzdem war es nicht mehr möglich, den freiheitlichen Geist und die Idee der nationalen Einheit zu unterdrücken.

Den Liberalen gab die Julirevolution in Frankreich 1830 wieder Auftrieb. Auch in Deutschland kam es zu Unruhen. Über die Staatsgrenzen hinweg entstand eine Opposition, deren Ton zunehmend radikaler wurde. Während der Freiheitskriege hatte sich eine unabhängige Presse etabliert, so der berühmte *Rheinische Merkur* des Nationaldemokraten Joseph

Görres. Zeitungen und Zeitschriften schufen zum erstenmal eine öffentliche Meinung, die sich auch mit verschärften Zensurmaßnahmen nicht mehr unterdrücken ließ. Bürger schlossen sich in Clubs und Vereinen zusammen, daraus entstanden später die politischen Parteien.

Die Februarrevolution in Frankreich bildete dann den Auslöser für die Revolution von 1848. Die Forderungen der deutschen Revolutionäre lauteten: Pressefreiheit, Ende der Zensur, Volksbewaffnung, Schwurgerichte und ein Nationalparlament. Die Revolution war nicht organisiert und hatte keine Anführer. Trotzdem war sie zu Beginn erstaunlich erfolgreich: Die alten Mächte wichen unter dem Druck der Straße zurück, Friedrich Wilhelm IV., König von Preußen, kapitulierte. Er bewilligte eine verfassunggebende Nationalversammlung, die dann im Mai 1848 in der Frankfurter Paulskirche zusammentrat.

Barrikadenbräute

Schon 1791 hatte die Französin Olympe de Gouges eine »Erklärung der Rechte der Frau und Bürgerin« geschrieben und darin gefordert: »Die Frau wird frei geboren und hat die gleichen Rechte wie der Mann.« Ihr Eintreten für die Rechte der Frauen mußte sie mit ihrem Leben bezahlen: Tod durch die Guillotine!

In den politisch bewegten 1840er Jahren meldeten sich zunehmend auch die Frauen in Deutschland zu Wort. Sie erhoben ihre Stimme in der politischen Öffentlichkeit und machten ihre eigenen Zeitungen. Frauen aller Schichten gingen auf die Straße. Dabei standen sie nicht nur den kämpfenden Männern zur Seite – sie griffen selbst zu den Waffen!

Vielerorts kam es unter massiver Beteiligung von Frauen zu Hungeraufständen. Das starke Bevölkerungswachstum überforderte die Landwirtschaft mit ihren veralteten Produktionsmethoden. Besonders zu Zeiten schlechter Ernten stiegen die Preise, und die Unterschichten in den Städten litten am meisten unter dem Preisanstieg. Sie waren auch die ersten,

»Der Künstler gibt, was er hat« – Federlithographie von Theodor Hosemann.

die auf die Straße gingen, um gegen Mißstände und Spekulation zu protestieren. Die Stimmen der Frauen stachen aus dem allgemeinen Lärm hervor.

In Stuttgart hatte der Aufruhr vor einer Bäckerei begonnen, deren Inhaber seit Tagen kein Brot mehr gebacken hatte. Am Abend des 3. Mai 1847 zogen wütende Bürger und Bürgerinnen vor das Haus, da sie vermuteten, daß der Bäcker wegen Spekulationen über den Brotpreis seinen Laden geschlossen hielt. Pfeifend und schreiend begann die Menge bald, mit Steinen und Stöcken das Haus zu attackieren. »Es ist recht, daß dem Halunken die Fenster eingeworfen werden«, riefen die Frauen. Als die Behörden einschritten und die Bäckerei zu verteidigen suchten, breitete sich der Tumult immer weiter aus. Es kam zu regelrechten Straßenschlachten, in deren Verlauf Barrikaden gebaut und die gerade erst aufgebauten Gaslaternen – Zeichen des Fortschritts – durch gezielte Steinwürfe außer Gefecht gesetzt wurden.

Als dann auch noch der württembergische König durch die Straßen ritt, steigerte sich der Aufruhr dermaßen, daß Militär eingesetzt und im Dunkeln auf die Menge geschossen wurde. Doch selbst unter diesen Umständen gingen die Frauen nicht nach Hause oder brachten sich in Sicherheit. Im Gegenteil, sie feuerten die Männer an und schreckten auch vor Angriffen nicht zurück: Mit Holzlatten bewaffnet rannten sie hinter den Soldaten her und sparten dabei nicht mit Schimpfworten. Aktenkundig wurde etwa der Fall der Beate Calwer. Sie hatte die Soldaten »Feiglinge« und »Hosenscheißer« tituliert. Für diese und weitere Aktionen wurde sie später mit vier Wochen Kreisgefängnis bestraft.

Andere Frauen warfen Steine aus dem Hinterhalt auf die vorbeireitenden Soldaten und verschwanden dann schnell in winzigen Gassen oder versteckten sich in Hauseingängen. Die Soldaten reagierten auf die Aktionen der Frauen völlig hilflos. Frauen auf der Straße und dann noch als Gegner, das war damals etwas Unerhörtes und ließ die Soldaten nur zögernd einschreiten. Gerade solche spontanen Protestaktionen enthielten noch viel von volkstümlichen Bräuchen. Die Aktionen trugen häufig den Charakter einer »Katzenmusik«. So nannte man Aufzüge von maskierten Personen, die auf ein Zeichen hin vor dem Haus einer bestimmten Person, meist eines lokalen Würdenträgers, einen Höllenlärm veranstalteten. So äußerte sich der Volkszorn gegen die Person oder deren Amtsführung. Die konservative Zeitung *Laterne* druckte anläßlich der Krawalle das folgende Spottlied ab:

Es war die Nacht der Serenaden:
Das souveräne Volk von Gottes Gnaden
Zog mit wenig Licht und viel Geschrei
Vor seine hohe Polizei...
Vor dem Palais der hohen Kammer,
Als auf der Stiftskirch' sich der Hammer
Zur elften Stunde grad erhoben,
Begunn ein wildes Thun und Toben.
Aus allen Dächern, Löchern, Fenstern
erschien ein Zug von Nachtgespenstern,
Ein langes Heer geschwänzter Gäste,
Die, nicht zu dem Walpurgisfeste,
Nein, zu Gesang und Serenaden
einander brüderlich geladen...[2]

Es gab nicht nur den Protest auf der Straße, Frauen fanden noch eine ganz besondere Form des Widerstandes: Liebesstreik! Heirats- und Liebesverweigerungen erschütterten die Männerwelt. Sie wehrte sich mit Ironie, wie der Kommentator der *Ulmer Schnellpost*: »Dies könnte allerdings einen großen Teil der Männer für die Republik gewinnen, wenn man nicht wüßte, daß diese so eifrigen Verteidigerinnen der Republik lange schon über die Zeit der Jugend hinaus sind und jetzt nur darum für die Republik schwärmen, weil sie in den letzten zwanzig Jahren unter den Monarchisten keinen fanden, der sich um Herz und Kuß bei ihnen bewarb. Unter den jungen Frauen und Mädchen finden die Republikaner gar keine Verehrerinnen mehr, seit einer in Frankreich den Antrag auf Vielweiberei gestellt hat; sie geben in doppelter Hinsicht der Alleinherrschaft den Vorzug.«[3]

Nicht nur mit solch unkonventionellen Methoden beteiligten sich die Frauen am öffentlichen Leben. Sie gründeten auch politische Vereine, weil sie denen der Männer nicht beitreten durften. Die Clubs der Frauen kooperierten aber mit liberalen Organisationen der Männer. Noch ging es den Frauen weniger um Emanzipation, sie traten vor allem für allgemeine nationale und demokratische Ziele ein.

Malwida: »Ich war fest entschlossen, nicht nachzugeben…«

Viele Frauen hatten in dieser Epoche ihre politischen »Schlüsselerlebnisse«. Dazu gehörten Malwida von Meysenbug und Mathilde Franziska Anneke. Sie stehen für die vielen Frauen, die in dieser bewegten Zeit begannen, eigene Interessen zu artikulieren und sich in der Öffentlichkeit auch dafür einzusetzen. Beide nahmen auf ihre Weise an den revolutionären Ereignissen dieser Zeit teil, beide hatten unter Verfolgung zu leiden, die eine lebte in der Politik und suchte direkt für die Frauen etwas zu verändern, die andere entwickelte als Idealistin Utopien für eine bessere Welt.

Es war Malwida von Meysenbug nicht in die Wiege gelegt, daß sie sich einmal für demokratische Ziele begeistern würde und für ihre politischen Überzeugungen Deutschland verlassen müßte. Sie wurde am 28. Oktober 1816 in Kassel als Tochter eines hugenottischen Adligen geboren. Der Vater war Vertrauter und Minister des hessischen Kurfürsten Wilhelm II., die Mutter eine gebildete, unabhängig denkende Frau. Malwida verbrachte in Kassel eine geschützte Kindheit und Jugend. Den Vater bekam sie selten zu Gesicht, die Mutter unterrichtete die Kinder zu Hause in Literatur, Musik, Malen und Zeichnen. Im Alter von sieben Jahren erhielt Malwida Unterricht von einem Privatlehrer.

Die politischen Ereignisse der Zeit gingen auch an der kleinen Residenzstadt Kassel nicht spurlos vorüber. Die Landeskinder hatten es satt, daß ihre Steuergelder von der bürgerlichen Mätresse des Fürsten für Garderobe und fürs Theater hinausgeworfen wurden. Sie zwangen ihn, ins Exil zu gehen, und Malwidas Vater folgte ihm.

Danach begann für die Familie eine unruhige Zeit. Der Vater war ständig auf Reisen, die Mutter ließ sich in Detmold bei ihrer ältesten Tochter nieder. Hier begann der »richtige« Unterricht für Malwida. Den Konfirmationsunterricht leitete der erste Prediger der Stadt, dessen Sohn Theodor noch eine entscheidende Rolle in Malwidas Leben spielen sollte. Er war ihre ganz große Liebe. In den Gesprächen mit ihm begann

Idealistin in bewegter Zeit: die Schriftstellerin Malwida von Meysenbug.

Malwida, sich für demokratische Ideen zu begeistern. Doch Theodor lernte eine andere Frau kennen, und er entfremdete sich immer mehr von Malwida, ohne ihr jedoch reinen Wein einzuschenken.

Die Verbindung zu Theodor hatte zu Unmut in der Familie geführt, denn der Umgang mit einem Demokraten war für eine adlige junge Dame nicht standesgemäß. Vor allem Malwidas Mutter beobachtete die Beziehung ihrer Tochter mit zunehmendem Unbehagen, was später sogar soweit ging, daß sie einen Brief Theodors an Malwida öffnete und erst dann der Tochter aushändigte. Diese Auseinandersetzungen hatten Malwidas Freiheitswillen jedoch gestärkt, und sie fand den Mut, für ihre eigenen Überzeugungen einzutreten. In ihrer berühmten Autobiographie *Memoiren einer Idealistin* schrieb sie über diese Zeit: »Ich war hinfort im offenen Krieg mit der Welt, in der ich erzogen worden war, und es handelte sich nicht mehr länger um ein persönliches Gefühl, sondern um die Freiheit meiner Überzeugungen.« [4]

Den Winter 1847 hatte die Familie noch gemeinsam in Frankfurt verbracht, wo der Vater starb. Der plötzliche Tod des Ernährers ließ die Familie in ziemlicher Hilflosigkeit zurück, da die Erbschaft geringer ausfiel als erwartet. Die Ungewißheit, ob die Mutter die vom Kurfürsten versprochene Pension auch erhalten würde, überzeugte Malwida, daß sie oder ihre Schwester ihren Lebensunterhalt selbst würde verdienen müssen. Um beide standesgemäß zu unterhalten oder zu verheiraten, waren die Mittel der Familie nicht ausreichend.

Die familiären Ereignisse der jüngsten Zeit hatten Malwidas Drang nach Selbständigkeit verstärkt. Aber was sollte sie tun, um ihr Brot zu erwerben? Wie so viele adlige und gutbürgerliche junge Mädchen der damaligen Zeit hatte sie keine richtige Ausbildung erhalten, von einem Beruf ganz zu schweigen. Sie konnte tanzen, ein bißchen Französisch und hatte eine Zeitlang Malunterricht gehabt, den sie aber wegen ihrer schlechter werdenden Augen wieder aufgeben mußte. Das alles war natürlich nicht ausreichend, um darauf die Unabhängigkeit aufzubauen. Zwar hatte sie nebenbei ein paar kleine Novellen und Aufsätze verfaßt und diese an Verleger geschickt, einige davon wurden auch gedruckt, aber nicht bezahlt.

In diese Überlegungen platzte die Revolution von 1848. Malwida kam von einem Spaziergang zurück und fand die Familie in der größten Aufregung. Gerade waren die Nachrichten von den Aufständen aus Paris eingetroffen, und es dauerte nicht lange, bis die Unruhen auch auf Deutschland übergriffen. In den Märztagen konstituierte sich das Vorparlament in der Frankfurter Paulskirche, und Malwida war von den politischen Ereignissen begeistert. Natürlich wollte sie daran teilnehmen, zumal sie sich gerade in Frankfurt aufhielt, aber – Frauen waren in der Paulskirche nicht zugelassen! Es sei zu wenig Platz darinnen, hieß es. Einer jungen Dame, genauso interessiert und neugierig wie Malwida, gelang es, über einen Bekannten den Eintritt in die Paulskirche zu arrangieren. Hoch oben auf einer Empore konnten sie so den Verlauf der Sitzung verfolgen.

Malwida beschrieb den aufregenden Tag in ihren Memoiren: »Am folgenden Morgen begaben wir uns früh zur Kirche und wurden von unserem Beschützer, der zu der die Kirche umgebenden Nationalgarde gehörte, auf die Kanzel geführt, die nach dem Innern der Kirche hin mit schwarz-rot-gelben Tüchern verhängt war, die sich aber ein wenig auseinanderschieben ließen, so daß wir die ganze Kirche übersehen und, da die Tribüne gerade unterhalb der Kanzel war, die Redner trefflich hören konnten.« [5] Neben Malwida war es auch noch anderen Frauen gelungen, sich in die Paulskirche einzuschmuggeln, um in diesen historischen Momenten dabeizusein.

Es wurde beschlossen, ein aus allgemeinem Wahlrecht hervorgegangenes Parlament zu wählen, das dann am 18. Mai 1848 zusammentreten sollte. Viel zu spät, denn ganz allmählich hatten sich die alten Mächte von dem Schrecken der Revolution erholt und die Gegenwehr organisiert. Als die als »Professorenparlament« geschmähte Versammlung zusammentrat, waren die Konservativen bereit zur Gegenwehr. Das Parlament verbrachte viel Zeit mit Debatten, doch in Preußen regierten die alten Mächte weiter – zunehmend im alten Stil!

Mathilde Franziska: »Apostolin des Communismus«

Doch viele Frauen hatten in der Revolution dazugelernt und waren sich auf der Straße oder am Schreibpult ihrer Fähigkeiten und Möglichkeiten bewußt geworden. So auch Mathilde Franziska Anneke. Geboren wurde sie 1817, in dem Jahr, in dem die Studenten auf der Wartburg der Völkerschlacht zu Leipzig gedachten. Der Vater war Rentmeister und Gutsbesitzer, eine Stellung, die fast der eines Adligen gleichkam. Gemeinsam mit ihren Brüdern wurde sie zu Hause von einem Hauslehrer unterrichtet.

Sie sollte einmal in der gesellschaftlichen Hierarchie hinaufheiraten, eine »gute Partie« machen. Der Vater verspekulierte sich jedoch mit Eisenbahnaktien, und im Alter von 19 Jahren mußte Franziska den reichen Weinhändler Alfred von Tabouillet heiraten, den sie nicht liebte. Er war zehn Jahre älter als sie und dem Vernehmen nach ein rechter Tyrann: Auch Annette von Droste-Hülshoff, in deren Kreisen das Ehepaar verkehrte, fand den Mann »abscheulich und sein Betragen gegen seine Frau gräßlich«.

Die Ehe währte nicht lange. Franziska Mathilde reichte nach einem Jahr die Scheidung ein, kurz nach der Geburt ihrer Tochter Fanny. Sie verklagte die Familie ihres Ex-Mannes auf Zahlung von Unterhalt. Damit war der Skandal perfekt. Sechs lange Jahre mußte sie auf ihren Scheidungsprozeß warten. Endlich wurde sie geschieden, magere 8 Taler Unterhalt im Monat mußte der reiche Weinhändler zahlen.

Nun war sie frei, allein mit ihrer kleinen Tochter, geschieden und ohne Beruf. Was aber tun? Von ihren ersten Schreibversuchen konnte sie nicht leben. Annette von Droste-Hülshoff, bei der sie Trost und Rat suchte, wollte ihr nicht helfen. Sie scheute wohl den Skandal, also half Mathilde Franziska sich selbst.

Der zermürbende Scheidungsprozeß und der Kampf um das Sorgerecht für die Tochter hatte sie zu der Erkenntnis gebracht, »daß die Lage der Frauen eine absurde und der Entwürdigung der Menschheit gleich bedeutende sei«. Ein Onkel hatte ihr schon früher prophezeit, sie werde »eine, die aus der

Zeit springen wird«. Und so kam es denn auch. 1846 erschien eine Anthologie unter dem Titel *Produkte der roten Erde*, herausgegeben von Mathilde Franziska, verheiratet gewesene Tabouillet, geborene Giesler, wie sie sich damals nannte.

Bald danach ging sie nach Wesel und lernte dort den Demokraten und Freiheitskämpfer Fritz Anneke kennen. Er war Offizier der preußischen Armee, die er 1846 verlassen mußte, weil er einen Offiziers-Leseclub gegründet hatte, in dem neben schöngeistiger Literatur auch umstürzlerische Schriften gelesen wurden. Vor allem unter den jüngeren Offizieren war er sehr beliebt, und nach seiner Entlassung sammelten die Kameraden, um ihm noch eine Zeitlang sein Gehalt weiter zahlen zu können. Mathilde Franziska schickte ihm 1847 zum Geburtstag eine Rose, was damals fast zwangsläufig zu einer Verlobung führte und ein völlig unmögliches Benehmen für eine Frau war.

Die beiden zogen nach Köln, wo Fritz eine Stelle bei einer Versicherung antrat. Sie heirateten im Juni 1847 mit einer kirchlichen Trauungszeremonie. Im gleichen Jahr erschien eine Schrift der Anneke unter dem Titel *Das Weib im Conflict mit den socialen Verhältnissen*, die leider verschollen ist und von der nur Auszüge überliefert sind. In ihrer Kölner Zeit blieben die beiden nicht untätig, sondern nahmen offen am politischen Leben der Stadt teil. Sie trafen in Clubs mit liberalen und demokratischen Schriftstellern, Journalisten und Künstlern zusammen, schrieben und veröffentlichten selbst.

In der Zeit der Revolution nahm Fritz Anneke an Demonstrationen teil und führte eine Delegation ins Rathaus. Daraufhin wurde er von der Polizei verhaftet. Anklagepunkte waren Aufreizung zum Aufruhr und Stiftung einer verbotenen Verbindung. Die *Neue Rheinische Zeitung* berichtete: »Morgens zwischen sechs und sieben Uhr betraten sechs bis sieben Gendarmen Annekes Wohnung, mißhandelten sofort auf dem Hausflur das Dienstmädchen und schlichen leise die Treppen hinauf. Drei blieben im Vorzimmer, vier drangen ins Schlafzimmer, wo Anneke und seine hochschwangere Frau schliefen... Anneke frug, was man wolle? – Er solle mitgehen! lautete die lakonische Antwort. Anneke bat, wenigstens seine kranke Frau zu schonen und ins Vorzimmer zu gehen.«[6] Es kam zu Tätlichkeiten, Anneke durfte nicht einmal den Haftbefehl lesen und wurde abgeführt. Anschließend wurde noch eine Hausdurchsuchung vorgenommen, wobei die Gendarmen verdächtige Papiere beschlagnahmten, darunter auch eine ganze Mappe mit Texten von Mathilde Franziska.

Und nun? Was sollte sie tun? Mathilde Franziska war immer an den politischen Diskussionen ihres Mannes beteiligt gewesen und hatte sich stets geärgert, daß die Frauen weitgehend ausgeschlossen waren. Jetzt wollte sie sich an die Frauen wenden, deshalb gab sie die erste *Frauen-Zeitung* heraus, erschienen am 27. September 1848. Das hatte es in Deutschland noch nie gegeben. Eine Frau schrieb unter eigenem Namen eine eigene Zeitung für Frauen!

Als Mutter waren ihr vor allem die Schulen ein besonderes Ärgernis, die damals unter Aufsicht der Kirche standen. In der ersten Ausgabe der *Frauen-Zeitung* kritisierte sie, daß die Kinder in den kirchlichen Schulen viel zu früh mit Dingen behelligt werden, von denen sie nichts verstehen »und nichts verstehen können, daß sie komplett abgerichtet werden wie die Hunde, daß sie geradezu dumm und zu Lügnern und Heuchlern gemacht werden. Wer nicht schon früh an ordentliches Nachdenken gewöhnt ist, der lernt's später sehr schwer«, und sie rief die Eltern auf: »Ihr dürft den Pfaffen nicht die Aufsicht über die Schulen lassen!« Sondern: »Die Aufsicht über die Schule muß ein besonderer Schulvorstand haben, den die Gemeinde wählt.«[7] Solch offene Worte wurden in der damaligen Zeit sofort geahndet. Die Obrigkeit beschlagnahmte gleich die erste Ausgabe, so daß ihr bald das Geld ausging und nur wenige Nummern erscheinen konnten.

Nach sechs Monaten Gefängnis wurde Fritz Anneke freigelassen. Gemeinsam arbeitete das Ehepaar dann bei der *Neuen Kölnischen Zeitung*. Doch der Wind blies ihnen wie so vielen anderen Demokraten, die für die Freiheit gekämpft haben, ins Gesicht. Das Parlament in Frankfurt entschied sich gegen die Demokratie und für das erbliche Kaisertum!

Die meisten Bürger waren enttäuscht. So auch Mathilde

Mathilde Franziska Anneke – immer an vorderster Front.

Franziska Anneke. Sie schrieb in ihrem Tagebuch: »Doch nun kommt die Nachricht, daß der preußische König es ablehnt, die Reichsverfassung anzuerkennen... Er aber nennt die Kaiserkrone ›Schweinekrone‹. Das Parlament habe überhaupt kein Recht, ihm oder irgend jemandem die Krone anzubieten. Das könne nur von den deutschen Fürsten ausgehen. Die Verfassung ist für ihn ein wertloser Fetzen Papier! Alles war umsonst. Alles... Viele unserer Freunde sind über den großen Ozean nach Amerika ausgewandert. Wird es auch unser Schicksal sein, Deutschland zu verlassen: Deutschland, mein Mutterland?« [8]

Malwida: »Das Licht unserer Ansichten wird einst noch leuchten...«

Diese Frage stellten sich viele damals. Auch Malwida von Meysenbug. Nach ihrem Aufenthalt in Frankfurt hatte sie sich von ihrer Familie getrennt und versucht, selbständig zu werden. Nur allzu bitter wurde ihr die Erkenntnis, daß zur geistigen Unabhängigkeit der Frau auch die ökonomische Unabhängigkeit gehörte. Zu all diesen Sorgen, die sich Malwida um die Zukunft machte, kam dann noch die Nachricht, daß ihr Freund Theodor Althaus eine andere Frau liebe. Die Überbringerin der Botschaft war seine Mutter, er selbst hatte nicht den Mut dazu gefunden...

Es war eine harte Zeit für Malwida. Zu Hause sah sie sich ständig den Anfeindungen ihrer Familie ausgesetzt, die kein Verständnis für demokratische Ansichten aufbrachte. Um den Beruf der Erzieherin zu erlernen, hatte sie sich in Hamburg an der »Hochschule für das weibliche Geschlecht« beworben. Nach einer Idee von Johanna und Karl Fröbel konnte diese einmalige Institution mit Unterstützung der Freien Gemeinde, die Selbstverwaltung in Fragen des Unterrichts forderte, und anderer fortschrittlich denkender Vereinigungen entstehen.

Der Grundgedanke war, wie Malwida in ihren Erinnerungen berichtet, die »ökonomische Unabhängigkeit der Frau möglich zu machen durch ihre Entwicklung zu einem Wesen, das zunächst sich selbst Zweck ist und sich frei nach den Bedürfnissen und Fähigkeiten seiner Natur entwickeln kann«. Die Ausbildung sollte eine Alternative sein zu der damals fast zwangsläufigen Eheschließung.

Finanziert wurde die Hochschule durch ein Aktionärsmodell. Schülerinnen waren Frauen aller Altersstufen und aller Schichten. Arbeitermädchen saßen neben Bürgerinnen auf der Schulbank, sie arbeiteten und lernten gemeinsam. Malwida schrieb begeistert in ihren Memoiren: »Um der Anstalt, die nicht reich war, die Ausgabe, viele Dienstboten halten zu müssen, zu ersparen, brachte ich jeden Morgen mein Zimmer selbst in Ordnung, und bald taten die übrigen Bewohner dasselbe... Außerdem beschlossen wir Einwohnerinnen des Instituts, unsere feine Wäsche selbst zu waschen, um so wieder eine Ausgabe zu ersparen... Die schönste Folge überhaupt dieses Zusammenlebens war das totale Verschwinden aller kleinlichen Interessen, aller Klatschereien und Eitelkeiten, die sonst nur allzu oft das Zusammensein von Frauen bezeichnen und ihnen mit Recht vorgeworfen werden.« [9]

Der Hochschule angeschlossen waren ein Kindergarten und eine Elementarschule, in denen die angehenden Erzieherinnen praxisnah ausgebildet wurden. Als Ausbilder und Lehrer konnten namhafte Gelehrte gewonnen werden, die Geschichte, Philosophie, Sprachen, Naturwissenschaften und Kunst unterrichteten.

In der Schule fanden sich immer mehr Frauen, die sich für den Gedanken der Emanzipation begeisterten. Das führte im Laufe der Zeit zu Konflikten zwischen dem Gründer der Schule und den Frauen. Karl Fröbel fand die Frauen zu selbständig: »In einem gewissen Treiben und Jagen und Auflehnen gegen bestehende Sitten, kurz in diesem revolutionären Streben nach weiblicher Selbständigkeit durch Umsturz bestehender Formen, worüber auch die Familie vergessen wird, sehe ich den Untergang jeden reformerischen Versuchs, wie unsere Anstalt eine der schönsten werden kann.« [10]

Hinter den Reibereien stand ein handfester Skandal, der in der Hamburger Gesellschaft viel Staub aufgewirbelt hatte.

Berta Traun, eine der Damen, die der Hochschule nahestanden, hatte sich von ihrem Mann getrennt und war mit einem Mitglied der Freien Gemeinde durchgebrannt. Auch andere Frauen fanden sich durch die Arbeit an der Schule und der dort genossenen Freiheit nur noch schwer mit der häuslichen Enge ab. Mehrere von ihnen spielten gleichfalls mit dem Gedanken, sich von ihren Ehegatten zu trennen und die Scheidung einzureichen.

Diese Entwicklungen blieben den Stadtvätern nicht verborgen, und Karl Fröbel sah – nicht ganz zu Unrecht – sein gesamtes Experiment in Gefahr. Es war ihm wohl nicht klar gewesen, daß der Gedanke der Frauenbildung und Frauenerziehung auch irgendwann eine Veränderung der allzu starren Ehe- und Familienkonventionen nach sich ziehen müßte.

Es gab aber noch andere Schwierigkeiten, die die Existenz der Frauenhochschule gefährdeten. Malwida von Meysenbug in ihren Memoiren: »Ein Teil der Geber wurde nach und nach kälter gegen das Institut; das waren die schwachen Charaktere, die vor Drohungen erschraken oder Einflüsterungen Gehör gaben.« [11] Der Druck von außen im Zuge der sich verändernden politischen Verhältnisse nahm zu. »Inzwischen machten sich auch die Wirkungen der geheimen Umtriebe gegen die Hochschule immer fühlbarer. Wir sahen ein, daß es unmöglich sein würde, sie zu erhalten. Wir wollten keine Konzessionen machen, nicht um Hilfe betteln, denn wir hätten lügen müssen, um sie zu bekommen. Wir beschlossen also, freiwillig zu enden, in der höchsten Blüte unserer moralischen Erfolge – um zu beweisen, daß die Schließung der Schule nicht die Folge eines falschen Prinzips, sondern der ungenügenden materiellen Mittel sei.« [12]

Nach dem unrühmlichen und schnellen Ende der »Hochschule für das weibliche Geschlecht« stand Malwida wieder auf der Straße. Sie hatte sich in der Hochschule sehr engagiert und die Leitung mit Johanna Fröbel geteilt. Wie sollte es nun weitergehen? Mit ihrer adligen Herkunft hätte Malwida die Chance gehabt, Stiftsdame in einem reichen Fräuleinstift zu werden und damit eine großzügige materielle Unterstützung zu erhalten.

Allerdings scheiterte die Aufnahme an ihrer Mitgliedschaft in der Freien Gemeinde. Die Freien Gemeinden hatten nach der Revolution von 1848 einen enormen Aufschwung genommen. Ihre Philosophie war die Unabhängigkeit vom Staat in religiösen Angelegenheiten, und sie forderten Selbstverwaltung in Fragen des Unterrichts und der Religion sowie gleiche bürgerliche Rechte für Männer und Frauen. In Hamburg war Malwida nach kurzer Probezeit in die dortige Freie Gemeinde aufgenommen worden. Für sie ein bedeutender Schritt: »Er schied mich für immer von meiner Vergangenheit; ich sagte mich dadurch öffentlich von der protestantischen Kirche los und verband mich einer völlig demokratisch-konstituierten Gemeinschaft.« [13] Um die Aufnahme in das Stift zu erreichen, hätte sie der Freien Gemeinde abschwören und sich zur christlichen Kirche bekennen müssen. Von deren Lehren hatte sie sich aber schon zu weit entfernt.

Enttäuscht von der Borniertheit der adligen Damen, die ihre Ehrlichkeit nicht honorierten, wollte Malwida ein ganz neues Leben beginnen: fernab von allen Konventionen in Amerika! Sie konnte Julius Fröbel, den Onkel des Schulgründers, dorthin begleiten. Sie schrieb der Mutter von ihrer Absicht. »Die Antwort kam, traf mich vernichtend und erfüllte mich mit Staunen und Schmerz. Meine Mutter fand meinen Plan nicht nur tollkühn, sondern schuldig. Sie fand es unweiblich, daß ich einem unbekannten Mann mit so viel Vertrauen entgegengehen, und unglaublich, daß ich mich so weit von der Familie entfernen wolle... Ich kämpfte einen furchtbaren Kampf gegen mich selbst und sah mit Haß in jenen Abgrund, in den religiöse und soziale Vorurteile die edelsten Naturen hinabziehen. Ich erkannte mir vollkommen das Recht zu, diese Ketten zu brechen und meinen Weg zu gehen, sollte ich auch keine andere Billigung finden als die meines Gewissens und keinen anderen Erfolg als den, meine persönliche Verantwortlichkeit behauptet zu haben.« [14] Malwida gelang es schließlich doch nicht, nur ihren eigenen Überzeugungen zu folgen: Sie beugte sich dem Diktat der Mutter und gab die Reisepläne auf.

Die Schwierigkeiten nahmen aber kein Ende. Um Abstand

und Ruhe zu finden, besuchte sie eine Freundin in Berlin. Sie las viel, schrieb kleinere Artikel und pflegte ihre Korrespondenz mit demokratischen Freunden. Ihr jüngerer Bruder Wilhelm, badischer Gesandter in der preußischen Hauptstadt, besuchte sie und beschwor seine Schwester, ihre Ideen aufzugeben und in den Schoß der Familie zurückzukehren. Er hielt sie für krank. Wie konnte sie nur auf so absurde Ideen kommen und unter Demokraten leben wollen?

Die preußischen Behörden waren auf Malwida aufmerksam geworden und bespitzelten sie. Das Dienstmädchen wurde befragt, welche Besuche sie empfange und was sie denn im Hause mache. Bald kam die Polizei, durchsuchte die Wohnung und beschlagnahmte Papiere. Vermutlich war sie von ihrem Bruder denunziert worden. Auf den Rat ihrer Freunde hin reiste Malwida, um weiteren Repressalien zu entgehen, schnellstens nach Hamburg. Dort schiffte sie sich mit Ziel London ein.

Mathilde Franziska: »Kein schöner Ding ist in der Welt, als seine Feinde zu beißen«

Nicht alle politisch diskreditierten Personen flohen aus Deutschland. Das Ehepaar Anneke nahm zuerst den Kampf auf und schloß sich der Armee der Demokraten an, denn nicht überall wurde die Niederlage der Revolution ohne Widerstand hingenommen. Frauenvereine riefen zu politischer Solidarität auf, und im süddeutschen Raum kam es zu gewalttätigen Auseinandersetzungen über die Reichsverfassung. Die württembergischen Frauen forderten die preußischen Soldaten auf, sich nicht in den Dienst der politischen Reaktion zu stellen und auch nicht zur Unterdrückung der demokratischen Bewegung mißbrauchen zu lassen. In Eßlingen appellierte ein »Verein zur Unterstützung der Freiwilligen« an die Mitbürgerinnen: »Die Lösung der politischen Fragen in dieser sturmbewegten Zeit erfordert noch manche Opfer, deren Darbringung nur durch gemeinschaftliches Zusammenwirken möglich gemacht wird; es ist daher Pflicht und Aufgabe jedes Einzelnen, die Mittel zur Sicherung und Erhaltung des gemeinsamen Wohles nach seinen Kräften zu fördern und zu vergrößern... Die ächte Vaterlandsliebe bewährt sich durch die That!«[15]

Fritz Anneke war in die Pfalz gegangen, um sich dort der badisch-pfälzischen Revolutionsarmee anzuschließen. Diese leistete den preußischen Truppen erbitterten Widerstand, bis sie der feindlichen Übermacht weichen mußte. Mathilde Franziska Anneke kämpfte auch in den Reihen der Demokraten. Von ihr sind die *Memoiren einer Frau aus dem Badisch-Pfälzischen Feldzuge* erhalten. Darin erläutert sie, warum sie als Frau und Mutter zweier Kinder an einem derart gefährlichen Unternehmen teilnahm.

»Viele von Euch im fremden wie im Heimathlande werden mich schmähen, dass ich, ein Weib, dem Kriegsrufe gefolgt zu sein scheine. Ihr besonders, Ihr Frauen daheim, werdet mit ästetischer Gravität sehr viel schönreden über das was ein Weib thun darf, thun soll. Ich habe auch das einst gethan, bevor ich noch gewußt habe, was ein Weib thun muß wenn der Augenblick vor ihm steht und ihm gebietet. Seid milde, Ihr Frauen, ich appelliere an Eure schönste Tugend, seid milde und richtet nicht; wisset, nicht der Krieg hat mich gerufen, sondern die Liebe, – aber ich gestehe es Euch – auch der Haß, der glühende, im Kampf des Lebens erzeugte Hass gegen die Tyrannen und Unterdrücker der heiligen Menschenrechte.«[16]

Sie war nicht leichten Herzens zu dem Entschluß gelangt, am Feldzug teilzunehmen. Nachdem ihr Mann sich den demokratischen Truppen schon angeschlossen hatte, blieb Mathilde Franziska zunächst noch in Köln und übernahm Redaktion und Herausgabe der *Neuen Kölnischen Zeitung*. Zensurbehörde und Polizei gaben sich die Klinke in die Hand. Die Reaktion gewann an Boden, die Revolution wurde zurückgeschlagen, die alten Mächte hatten wieder Aufwind.

Mathilde Franziska wollte ihren Mann sehen. Also reiste sie über Mainz, Worms, Mannheim, Ludwigshafen nach Kaiserslautern. Schon diese Reise war nicht ungefährlich. Sie mußte dabei Grenzen überqueren und hatte keinen Paß. Aber sie fand Helfer, denn sie war keine Unbekannte, und nach einigen Wirren traf sie mit ihrem Fritz zusammen. Schnell war ein Pferd organisiert, und glücklich ritt sie an seiner Seite. Reiten konnte sie wie der Teufel. Schon in früher Jugend hatte sie die Gegend zu Pferde unsicher gemacht, so ganz und gar nicht ladylike.

Nachdem sie die skeptischen Kameraden ihres Mannes von ihrer Reitkunst überzeugt hatte, wurde sie ihrem Mann als Ordonnanz zugeteilt. Von da an führte sie das Lagerleben der gemeinen Soldaten. Sie traf im Heer viele Freunde und Bekannte wieder. Dabei gab es keinerlei Bequemlichkeit: Sie waren ständig unterwegs, mußten früh aufstehen, konnten nur unregelmäßig essen und erhielten dauernd schlechte Nachrichten über die Zusammenstöße mit den Preußen, die nur allzuoft zuungunsten der Demokraten ausgingen.

Trotz allem klagte sie nicht. Wenigstens war sie inmitten des Geschehens dabei. An einer Stelle ihres Berichts schrieb sie: »Als ich durch meinen warmen Trank gestärkt, mich in mein Zeltchen zurückgezogen, als mit den grünen Zweigen der Eingang verschränkt war und ich mich in meinen Kleidern da auf das Stroh hingestreckt hatte, empfand ich auch nicht eine einzige Unbehaglichkeit, wie ich sie allerdings von einem nächtlichen Aufenthalt, unter so vielen tausend Männern gefürchtet hatte.«[17]

Mathilde Franziska Anneke schonte sich nicht und kam, wie jeder andere Soldat auch, allen Befehlen nach. Dabei blieb ihr der Pulverdampf nicht erspart, und mehr als einmal sah sie Soldaten verwundet oder tot auf dem Schlachtfeld. Einmal kam sie mit ihren militärischen Pflichten in Konflikt. Ihr Mann erteilte ihr den Befehl, dem hinter den Linien stationierten Generalstab Nachrichten zu überbringen. Dabei hatte sie allerdings den Verdacht, ihr Mann wolle sie nur aus der vordersten Front wegschicken. Sie erwog für einen Moment, den Befehl zu mißachten, entschied sich dann aber doch für den militärischen Gehorsam. Kaum war dieser Befehl ausgeführt, ritt sie schnurstracks wieder ins Gefecht.

Sie muß eine imposante Erscheinung gewesen sein, wie sie mit ihren offenen langen, schwarzen Haaren auf dem Pferde saß. Groß war sie, man schätzt sie auf etwa einen Meter achtzig, für damalige Verhältnisse fast eine Riesin. Ein Zeitgenosse schreibt: »Vor einer Legion, ich weiß nicht mehr vor welcher, ritt eine üppige Weibsperson, eine rote Feder auf dem Hecker-Hute, Brille auf der Nase, angetan mit einem Reitkleide aus schwarzem Samt, im roten Gürtel zwei Pistolen, an der Seite einen Schleppsäbel und – hinter ihr reitend ein badischer Dragoner als Ordonnanz!«[18]

Ihr selbst waren derartige Beschreibungen nicht geheuer, und sie mochte sich nicht gerne als Heldin der Revolution aufgebaut sehen. Sie nahm einen Bericht der *Kölnischen Zeitung* aufs Korn: »Sie lässt mich nämlich zur Zeit im badisch-pfälzischen Feldzuge in dem fabelhaftesten Kostüm, das wohl jemals eine Frau getragen haben kann, auftreten. Ein wuchtiger Schleppsäbel, ein Hirschfänger, Muskete und Männerkleidung sind die Requisiten, die sie aus ihrem Lügenschrein auch für mich in Bereitschaft gehalten, und womit sie mich, zu dieser gelegenen Zeit ausgerüstet hat; während ich doch... unbewaffnet und in meiner gewöhnlichen Frauentracht die nur durch ein leinernes Beinkleid zu einem Reitanzuge completirt wurde, den Feldzug an der Seite meines Gatten mitgemacht habe.«[19]

Die Preußen wurden nicht müde, die Aufständischen zu verfolgen. In der entscheidenden Schlacht bei Rastatt gelang es dem Paar, im letzten Moment zu fliehen, bevor noch die preußischen Truppen die Festung einkesseln konnten. Anneke hatte seine Soldaten zurückgelassen, die wochenlang vom Feinde belagert wurden. Viele starben an Hunger, Durst oder Krankheiten. Auch Fritz und seine Frau befanden sich in höchster Gefahr, zählten sie doch zu den prominentesten Aufständischen. Bei Einnahme der Festung fragten die preußischen Eroberer als erstes nach Fritz Anneke. Seine Flucht hatte ihm massive Kritik von den anderen Demokraten und Revolutionären eingetragen.

Überhaupt war Fritz Anneke ein umstrittener Mann. Während des Feldzugs hatte er nicht nur Freunde gewonnen. Er, der preußische Offizier, nörgelte ständig über den Ausbildungsstand des Revolutionsheeres, fand die Disziplin mangelhaft und die Ausrüstung völlig ungenügend. Kompromisse waren nicht seine Sache. Darunter litten nicht nur seine Mitstreiter, sondern auch seine Frau.

Nach der Flucht aus Rastatt ließ sich das Ehepaar zunächst in Straßburg nieder. Obwohl sie zu diesem Zeitpunkt schon die Überfahrt nach Amerika planten, hatten beide die Hoffnung auf einen Erfolg der Revolution noch nicht aufgegeben. In der Schweiz wurde die Herausgabe einer demokratischen Zeitung geplant, und die beiden dachten daran, an dem Projekt mitzuarbeiten. Aber dort gab es schon viele Flüchtlinge, und nur wer Geld hatte, durfte bleiben. Dazu gehörten die Annekes nicht.

Politisch sah es schlecht aus in Deutschland, ganz besonders für Demokraten. Unmittelbar nach der Revolution von 1848 und der Niederschlagung der Aufstände setzte die Reaktion ein. Der Deutsche Bund wurde erneuert, die Frankfurter Reichsverfassung außer Kraft gesetzt und alle, die revolutionärer Umtriebe verdächtig waren, wurden mundtot gemacht. Aber nicht alle Errungenschaften der Revolution konnten beseitigt werden. Selbst in Preußen gab es jetzt eine Verfassung und ein Parlament. Diese Volksvertretung war aber nach dem Dreiklassenwahlrecht zustande gekommen und entsprach nicht den Hoffnungen der Demokraten, die für eine liberale Verfassung gekämpft hatten. Die Zeitgenossen jedenfalls waren enttäuscht, und Menschen, die vorher alles gewagt hatten, fanden die Zustände jetzt unerträglich. Tausende von Demokraten machten sich daher auf nach Amerika. Für viele das Gelobte Land, eine bürgerliche Republik.

Am 8. Oktober 1849 schifften sich Mathilde Franziska und Fritz Anneke nach New York ein. Über Pässe verfügten die beiden nicht. Alles, was sie hatten, waren Adressen von Verwandten in den USA und ein Empfehlungsschreiben eines Freundes, des Dichters Ferdinand Freiligrath, an einen amerikanischen Kollegen.

Die Verwandten erwiesen sich als nicht besonders hilfreich, und es gelang den Annekes nicht, in New York heimisch zu werden und eine Existenz aufzubauen. Nach kurzer Zeit gaben sie dort auf und zogen nach Milwaukee im Staate

Wisconsin. In dieser Stadt sprach die Mehrheit der Einwohner deutsch. Allerdings schlugen Fritz Annekes geschäftliche Aktivitäten auch hier fehl. Dafür war Mathilde Franziska um so erfolgreicher. Sie fand schnell Zugang zur amerikanischen Frauenbewegung, die organisatorisch schon wesentlich weiter war als in der Alten Welt. Da sie sich als Herausgeberin der ersten Frauenzeitung in Deutschland und als Kämpferin in der Revolution von 1848 einen Namen gemacht hatte, wurde sie häufig zu Vorträgen eingeladen. Allerdings beschränkte sie sich in ihrer Agitation überwiegend auf die deutschsprachigen Frauen.

Ihre Vorträge handelten von der Revolution von 1848 und ihren eigenen Kriegserlebnissen, und sie führten sie im Laufe der Zeit in alle wichtigen Städte der USA: Boston, New York, Cincinnati, St. Louis.

Von einer dieser Reisen ist ein Bericht von einer Podiumsdiskussion über die Frauenfrage überliefert. Erster Redner war ein schmächtiger kleiner Pfarrer, der in offensichtlicher Selbstüberschätzung die körperliche Überlegenheit des Mannes ins Feld führte, um daraus die Herrschaft des Mannes über die Frau als gottgewollt abzuleiten. Nach ihm stand Mathilde Franziska Anneke auf, mit ihren einsachtzig fast zwei Köpfe größer als der wackere Gottesmann. Ein stummer, gleichzeitig eindrucksvoller Gegenbeweis für den Unsinn seiner Behauptung!

Aber sie beschränkte sich nicht allein auf Vorträge: Seit März 1852 gab sie die *Deutsche Frauenzeitung* heraus. Nach ihren Plänen sollte diese ein Organ sein für die Frauenvereine, die miteinander in Verbindung treten wollten. Die Zeitung war bald so erfolgreich – immerhin hatte sie rund 2000 Abonnentinnen –, daß sie von einem monatlichen auf einen wöchentlichen Erscheinungsrhythmus umgestellt werden konnte. Da Fritz Annekes kaufmännische Aktivitäten nicht von Erfolg gekrönt waren, unterstützte er seine Frau in ihrer Arbeit.

In den Vorträgen vor deutschen Arbeitervereinen vertrat Mathilde Franziska Anneke die Auffassung, »daß mit der Befreiung des Weibes erst die soziale Frage gelöst werden könne«. Sie war eine Frau der Tat, und ihre Zeitung wurde nicht nur von Frauen geschrieben, sie wurde auch von Frauen hergestellt. In der Setzerei arbeiteten neben ihrer Tochter Fanny noch andere Frauen – sehr zum Mißfallen der Männer. Als sich deren Aktivitäten nicht mehr allein auf die *Deutsche Frauenzeitung* beschränkten, riefen die nur von Männern gebildeten Gewerkschaften zum Streik gegen die Setzerinnen auf.

Bis 1860 reiste Mathilde Franziska Anneke durch die USA und widmete sich ihren zahlreichen Aufgaben. Ihr Mann kehrte bereits 1859 wieder nach Europa zurück und wollte dort als Berichterstatter für amerikanische Zeitungen sein Geld verdienen. In den Vereinigten Staaten hatte er nie richtig Fuß fassen können.

Ein Jahr später reiste auch seine Frau nach Europa, und sie blieb mit den Kindern bis 1865 in Zürich. Dort traf sie viele alte Freunde wieder, den Dichter Georg Herwegh und den späteren Arbeiterführer Ferdinand Lasalle. Den eigenen Lebensunterhalt und den ihrer Familie versuchte Frau Anneke durch das Schreiben von Erzählungen und durch Berichte über die Vereinigten Staaten zu verdienen. Das war leichter gesagt als getan, und bald entschloß sie sich, wieder nach Amerika zurückzukehren. Dort widmete sie sich einem Thema, das ihr schon immer besonders am Herzen gelegen hatte: der Kindererziehung.

Ihrem Temperament gemäß beließ sie es nicht bei theoretischen Studien, sondern sie gründete das Milwaukee Töchter-Institut, dessen Leitung sie bis zu ihrem Tode innehatte. Nach den Berichten ihrer Schülerinnen wurde nicht nur das gelehrt, was üblicherweise an Schulen beigebracht wurde. Neben ihrer Tätigkeit in ihrem Institut blieb sie weiterhin aktiv in der amerikanischen Frauenbewegung. Am 25. November 1884 starb Mathilde Franziska Anneke, bis zuletzt eine Kämpferin für die Sache der Frauen.

Soweit zu dem abenteuerlichen und bewegten Leben der Freiheitskämpferin, Schriftstellerin und Erzieherin Mathilde Franziska Anneke. Sie hatte in ihrem Leben immer für ihre Überzeugungen eingestanden und gekämpft, war zweimal verheiratet und Mutter. Trotz ihres bewegten Lebens und ihrer Leistungen ist sie von der Geschichtswissenschaft weitgehend vergessen worden und heute in den USA bekannter als in ihrer Heimat.

Malwida: »...irgendeine friedliche Existenz jenseits des Ozeans«

Doch nun zurück zu Malwida von Meysenbug. Ihr Leben ist ebenfalls außergewöhnlich, wenn auch auf eine ganz andere Weise. Die reine Theorie war nicht die Sache der Frau Anneke. Sie stand immer an vorderster Front und versuchte, ihre Ideen im realen Leben durchzusetzen und zu verwirklichen.

Malwida dagegen blieb zeitlebens Idealistin. Gerade deshalb ist ihr Leben beispielhaft und steht für den politischen Romantizismus, dem viele Frauen im 19. Jahrhundert anhingen. Ihre Forderungen nach Verbesserung der Lebenssituation der Frauen war nicht getragen von einem bestimmten Programm oder konkreten Vorstellungen, sondern basierte auf einem ganz allgemeinen Wunsch nach Weltverbesserung.

Kehren wir zurück in das Jahr 1852 und betreten mit Malwida englischen Boden. Nach den Verhören und Schikanen in Berlin fühlte sie sich enttäuscht, aber erleichtert: »Es überkam mich aber ein angenehmes Gefühl der Freiheit, als man mir keinen Paß abforderte. Sich auf einer gastreichen Erde zu fühlen, ohne das beleidigende Verhör von ›wer? woher? wohin?‹ durchmachen zu müssen, das war wohltuend und ein Sachverhältnis, würdig eines großen Volkes, das sich sicher fühlt unter dem Schutz seiner Gesetze und den Fremdling daher von vornherein mit Vertrauen aufnimmt.« [20]

Sie fühlte sich allein in London, der hektischen Weltstadt, die so ganz anders war als die kleinen Städte in Deutschland, anders auch als Berlin. London, das war die Metropole der führenden Industrienation der Welt und der Mittelpunkt des britischen Empire – überwältigend allein durch seine Größe und hektische Betriebsamkeit.

Gleich zu Beginn ihres Exils schloß sich Malwida von Meysenbug politischen Freunden an und begann, sich nach einer Arbeit umzusehen. An ihre Familie wollte sie sich auf gar keinen Fall wenden. Zuerst mietete sie ein kleines schäbiges Zimmerchen im Hause einer Witwe. Diese machte sie als erstes mit ein paar der englischen Borniertheiten bekannt, die Malwida im Laufe der Zeit mehr und mehr auf die Nerven gehen sollten. Die Vermieterin wollte sie keine Arbeiten selbst erledigen lassen – »wir halten es für sehr unladylike!« –, schließlich gab es ja Dienstboten im Hause.

Nach einiger Überlegung kam Malwida zu dem Entschluß, sich mit Privatstunden durchzuschlagen. Es sollte ein anstrengendes Leben werden, ständig in Hetze auf dem Weg zu ihren Schülerinnen, lange Fahrten in zugigen Omnibussen, bei Wind und Wetter unterwegs, und miserablen Arbeitsbedingungen. Dennoch hatte sie Glück: Die englische Königin Victoria hatte den deutschen Prinz Albert geheiratet, und das vornehme London betrachtete es als Muß einer standesgemäßen Erziehung, daß die Sprößlinge Deutsch lernten.

Schon bald hatte Malwida genügend Schülerinnen aus reichen Häusern, so daß sie sich eine andere Wohnung und kurze Reisen leisten konnte. Mit dem englischen Wesen konnte sie sich nicht anfreunden. Malwida störte sich an den steifen Konventionen, der religiösen Heuchelei, dem Standesdünkel und der Selbstgefälligkeit des gehobenen Bürgertums – was sie allerdings nicht daran hinderte, gerade mit dieser Schicht besonderen Umgang zu pflegen.

Ansonsten verbrachte Malwida ihre Zeit mit deutschen Einwanderern, deren Zahl in den Jahren nach der 1848er Revolution erheblich gestiegen war. Es gab eine große deutsche Kolonie in London, Handwerker, Zeitungen, Kneipen. Fast konnte man sich wie zu Hause fühlen – ohne es jedoch zu sein. Unter den Deutschen bildeten die politisch Verfolgten die kleinste Gruppe, aber sie machten aufgrund ihres Engagements am meisten von sich reden. Der bekannteste politische Emigrant in London war zweifellos Karl Marx. Er hatte sich jedoch an den Arbeitstisch in der British Library zurückgezogen, während die Diskussionen zwischen Gottfried Kinkel und Arnold Ruge die Szene beherrschten.

Malwida war oft im Kreise um Gottfried Kinkel und seine Frau Johanna zu finden. Kinkel war Theologe in Bonn gewesen und hatte für seine Teilnahme am badisch-pfälzischen Aufstand in einem preußischen Gefängnis gesessen. Das Ehepaar stand Malwida vor allem in der schwierigen Anfangszeit oft mit Rat und Tat zur Seite. In ihrem Hause lernte sie schließlich auch Alexander Herzen kennen, der in Malwidas Leben eine bedeutende Rolle spielen sollte. Bereits früher hatte sie Bücher von ihm gelesen und war sehr beeindruckt.

Herzen war russischer Emigrant, Sohn eines reichen Großgrundbesitzers, der sich schon früh für die politischen und sozialen Verhältnisse seines Landes interessierte. Er beschäftigte sich mit den in der russischen Intelligenz diskutierten aufklärerischen Ideen. Aus seinen Studien gewann er die Erkenntnis, daß Rußland dringend soziale Reformen benötige.

Diese Gedanken brachten ihn in Konflikt mit den politischen Behörden, und er wurde für einige Zeit nach Sibirien verbannt. Als Sohn reicher Eltern reiste er auch in den Westen, für die Sprößlinge des russischen Adels eine Selbstverständlichkeit. Auf dieser Reise sympathisierte er mit der Revolution von 1848, was erneut die Aufmerksamkeit der politischen Polizei auf ihn lenkte. Auf jeden Fall war an eine Rückkehr nach Rußland nicht mehr zu denken. So wurde aus dem Bildungsreisenden ein politischer Verbannter. Dank der guten Verbindungen der Familie Herzen zum Hause Rothschild konnte der größte Teil seines beträchtlichen Vermögens ins Ausland gerettet werden. Nach dem Tod seiner Frau, die eine Affäre mit dem revolutionären deutschen Dichter Georg Herwegh hatte, ließ Herzen sich 1852 in London nieder.

Hier lernte er Malwida von Meysenbug kennen, und sie war fasziniert von ihm: »... eine gedrungene, kräftige Gestalt mit schwarzem Haar und Bart, etwas breiten slavischen Zügen und wunderbar leuchtende Augen, die mehr als alle anderen Augen, die ich je gesehen, in lebendigem Wechsel der Empfindungen das Innere widerstrahlten.«[21] Bald bat er Malwida, den Unterricht seiner Töchter Nathalie und Olga zu übernehmen. In einem Brief vom 7. Mai 1853 schrieb er:

»Wie es scheint, wird Tata eine sehr kluge Lehrerin haben, ich kenne sie kurz – Mademoiselle von Meysenbug; sie ist aus Berlin, äußerlich häßlich, aber ein vollkommen freies und entwickeltes Wesen.« Malwida willigte ein und empfand bald eine mütterliche Liebe zu Herzens jüngster Tochter Olga. Diese Beziehung half Malwida, ihre Angst vor einer neuen Bindung zu überwinden, und sie schlug Herzen vor, in sein Haus zu übersiedeln und in der Familie die Stelle einer Gouvernante und Ersatzmutter zu übernehmen. Leicht war ihr diese Entscheidung nicht gefallen, wie sie in den Memoiren schreibt: »... denn ich hatte Angst vor einer neuen, tieferen Anhänglichkeit an Menschen. Die öde Ruhe meines Alleinstehens schien mir jetzt den Leiden, die Liebe bringen kann, vorzuziehen. (sic!) Ich hatte diese ja in jeder Form und in ihrer ärgsten Bitterkeit kennengelernt und ihre zerstörende Macht sattsam erfahren.« [22]

Nach dem Umzug machte sie sich mit der ihr eigenen Energie ans Werk und organisierte den Herzenschen Haushalt. Bis 1856, ganze drei Jahre, lebte sie glücklich in der »Familie der freien Wahl«, wie sie es nannte. In diesen Jahren las sie die russischen Dichter und erfuhr viel über Land und Leute. Vor allem aber lernte sie Russisch und begann, die Werke Herzens zu übersetzen. Dann tauchte jedoch ein alter Jugendfreund aus Rußland mit seiner Ehefrau auf, und das harmonische Zusammenleben fand ein jähes Ende. Vordergründig zerstritt sich Malwida mit der Frau des Jugendfreundes wegen Fragen der Kindererziehung, tatsächlich ging es um den entscheidenden Einfluß im Herzenschen Haushalt. In den Memoiren berichtet Malwida: »Aber es ging mir eben in der Freundschaft, wie es mir einstmals in der Liebe gegangen war: ich hatte alles gegeben und erkannte nun mit unmäßigem Schmerz, daß das nicht vollkommen gegenseitig war, daß im Gegenteil andere, stärkere Bande das Leben beeinflussen und ihm eine andere Richtung geben würden.« [23]

Die Auseinandersetzungen spitzten sich immer weiter zu. Malwida packte die Koffer und zog aus. Herzen versuchte erst gar nicht, sie zurückzuhalten. Er nahm die Trennung relativ leicht: »Ach, diese Deutschen, besonders die Deutschen weiblichen Geschlechts, und ganz besonders diejenigen, die an der reinen Unschuld alter Jungfern kranken!«[24]

Für Malwida allerdings war es ein schwerer Schlag. In ihren Memoiren spürt man noch die tiefe Enttäuschung über die Trennung von der Familie Herzen. Alexander war aufs Land gefahren und hatte Malwida nur einen Brief hinterlassen. Darin schlug er ihr vor, zur Trennung ein Fest zu veranstalten. Nichts lag ihr jedoch ferner: »Er hatte gewählt zwischen seinen Freunden und mir, und da war für mich keines Bleibens mehr. Der Gedanke aber, aus dem, was mir ans innerste Leben ging, eine Art Fest zu machen, ruhig und gefaßt zu scheiden, wo ich mich nur mit blutender Seele losriß, war mir unfaßbar.«[25]

Das Zerwürfnis dauerte allerdings nicht lange, man versöhnte sich. Der Kontakt blieb nun aber hauptsächlich auf die berufliche Ebene beschränkt. Malwida lebte von Übersetzungen und gelegentlichen Zeitungsartikeln. Ihre Beziehung zu Olga, Herzens Tochter, war mittlerweile so eng geworden, daß der Vater Malwida die Erziehung übertrug. Bald darauf, nach sieben langen Jahren im Londoner Exil, verließ sie 1859 die Stadt endgültig und zog mit ihrer Pflegetochter nach Paris.

Die späteren Lebensjahre verbrachte Malwida hauptsächlich im europäischen Ausland. Sie hatte einen großen Bekannten- und Freundeskreis, der sie unterstützte und zum Schreiben ermunterte. Sie begann einen Roman, der jedoch verschollen ist. In Paris traf Malwida Richard Wagner, mit dem sie in der Folgezeit eng befreundet war. Sie erlebte die Premiere des Tannhäuser in Paris mit. Daß die Oper nicht sofort den begeisterten Beifall erhielt, den sich der Komponist und seine Freunde erhofft hatten, empörte Malwida sehr. Le tout Paris, besonders die vornehmen jungen Stutzer, waren empört, daß in Wagners Werk das hochgeschätzte Ballett mit seinen schönen Mädchen nicht vorgesehen war. Die ersten Vorstellungen waren von wütenden Protesten der Zuschauer begleitet. Und auch die Kritiker konnten sich keine einhellige Meinung über das Werk bilden. Die Kontroversen in der Pariser Presse hielten monatelang an.

Nicht nur Richard Wagner, auch Friedrich Nietzsche zählte zu Malwidas engsten Freunden. Als 1875 die ersten Teile ihrer Erinnerungen, die *Memoiren einer Idealistin*, erschienen, war sie mit 59 Jahren eine Berühmtheit. Nietzsche dagegen, der erst 30 Jahre alte Professor, hatte gerade seinen Ruf in der deutschen Gelehrtenwelt mit dem Werk *Die Geburt der Tragödie aus dem Geiste der Musik* gründlich ruiniert. Nietzsche besuchte Malwida häufig, verkehrte sie doch mit vielen bekannten Menschen.

In ihrem Privatleben erlebte sie einmal mehr einen menschlichen Verlust: Ihre abgöttisch geliebte Pflegetochter Olga war nach der Heirat mit einem jungen französischen Historiker aus dem Haus gegangen. Malwida verbrachte gerade einige Tage zur Erholung in San Remo, von wo aus sie an Nietzsche schrieb: »Sonst, wie gern wäre ich nach Basel gekommen, um mir einen Sohn zu gewinnen, nun die Tochter verloren.« Die beiden schätzten sich sehr, was auch an seiner Bewunderung für ihre Memoiren deutlich wurde: »Ihr Buch aber ist für mich ein strengerer Richter, als sie es vielleicht persönlich sein würden. Was muß ein Mann tun, um bei dem Bilde Ihres Lebens sich nicht der Unmännlichkeit zeihen zu müssen? – das frage ich mich oft. Er muß das alles tun, was sie taten, und durchaus nichts mehr! Aber er wird es höchstwahrscheinlich nicht vermögen, es fehlt ihm der sichere leitende Instinkt der allzu hilfsbereiten Liebe.« [26]

Später, nach vielen Jahren der Freundschaft, kam es zum Zerwürfnis. Wie schon so oft in ihrem Leben war Malwida die mütterliche Freundin, der man alles erzählen konnte, die immer ein offenes Herz hatte und die am Ende verlassen wurde. Ihre letzte große Freundschaft verband sie mit dem französischen Dichter Romain Rolland, der 1915 den Literaturnobelpreis erhielt.

Alle diese Namen, Alexander Herzen, Richard Wagner, Friedrich Nietzsche, Romain Rolland, sie sind heute weltbekannt, während Malwida von Meysenbug bestenfalls einem kleinen Kreis geläufig ist. Welche Ideen hatte diese Frau, die so viele große Geister faszinierte und inspirierte? Wer war sie? Werner Ross schreibt in einem Aufsatz: »Sie war eine

Achtundvierzigerin, so wie man heute ein Achtundsechziger ist, sie hatte mit-erlebt und mit-erlitten, war emigriert, hatte agitiert, war energisch eingetreten für die Sache der Frauen, hatte selbst ein Beispiel einer erkämpften Unabhängigkeit gegeben.« [27]

In ihren Memoiren, aber auch in anderen Schriften setzte sich Malwida von Meysenbug immer wieder für die Anliegen der Frauen ein. Aus eigener Lebenserfahrung kannte sie die Probleme einer alleinstehenden Frau. Der Schlüssel zur Lösung dieser Probleme war eine umfassende Ausbildung. Es ging ihr um die Befreiung »von dem Joch der Unwissenheit, des Aberglaubens, der Frivolität und der Mode«. Frauen sollten, ebenso wie Männer, als »bewußte, freie Wesen« am gesellschaftlichen Leben teilnehmen, ihren Beitrag leisten zur »Vervollkommnung des Lebens«, in Familie, Wissenschaft, Staat und in der Kunst. Vorbei sein sollten die Zeiten, da die Frauen nur »Puppe«, »Sklavin« oder »Götzenbild« des Mannes waren.

Für das 19. Jahrhundert waren ihre Forderungen geradezu revolutionär: gleichberechtigte Teilnahme der Frauen an der Bekleidung öffentlicher Ämter, Einflußnahme auf das politische Leben, Recht auf Bildung und – ökonomische Unabhängigkeit. Sie war im wahrsten Sinne des Wortes eine Idealistin, ging es ihr doch bei allen diesen Forderungen um die Vermenschlichung der Gesellschaft. Sie selbst hatte viel gelitten, aber den Glauben an das Gute und ihre Ideale nie aufgegeben. Vielleicht war Malwida von Meysenbug keine Kämpferin für die Sache der Frauen, wie wir sie heute verstehen, aber sie hat durch ihr Beispiel und ihre Schriften vielen Frauen Mut gemacht, ihren eigenen Weg zu gehen.

»Wenigstens mit den Ketten zu klirren...«

Malwida von Meysenbug und Mathilde Franziska Anneke stehen für viele Frauen, die ihre Rechte einforderten. Zwar konnte die *Frauen-Zeitung* der Mathilde Franziska Anneke nur in einigen Ausgaben erscheinen, aber die Idee war in der

Welt und fand eine Fortsetzung. Langlebiger jedoch war die *Frauen-Zeitung* der Louise Otto-Peters, die seit 1849 unter dem Motto erschien: »Dem Reich der Freiheit werb' ich Bürgerinnen«. Die Zeitung wurde wöchentlich aufgelegt und hatte acht Seiten. Nicht Kochrezepte und Haushaltsanweisungen wurden behandelt, sondern Politik und Nachrichten waren die Themen. Als sich die alten Mächte von der Revolution erholten und wieder die Oberhand gewannen, wurde bald auch die *Frauen-Zeitung* attackiert. In Sachsen wurde Frauen die Herausgabe von Zeitungen verboten, weshalb Frau Otto-Peters die Redaktion nach Thüringen verlegte.

Seit Beginn des Jahrhunderts waren viele Frauen in politischen Clubs engagiert. Diese waren oft als Wohltätigkeitsorganisationen entstanden, mit dem Ziel, das überall vorhandene Elend zu lindern, denn Armut war im 19. Jahrhundert weit verbreitet. Die traditionellen Wohltätigkeitsvereine bekamen bald ganz andere, politische Ziele. Das ging den Konservativen denn doch zu weit: Frauen, die sich in die Politik einmischten. Auf sie war auch das preußische Vereinsgesetz vom März 1850 zugeschnitten, das in seinem § 8 vorschrieb:

»Für Vereine, welche bezwecken, politische Gegenstände in Versammlungen zu erörtern, gelten... nachstehende Beschränkungen:

a. sie dürfen keine Frauenspersonen, Schüler, Lehrlinge als Mitglieder aufnehmen;
b. sie dürfen nicht mit anderen Vereinen gleicher Art zu gemeinsamen Zwecken in Verbindung treten, insbesondere nicht durch Komités, Ausschüsse, Central-Organe oder ähnliche Einrichtungen oder durch gegenseitigen Schriftwechsel... Frauenspersonen, Schüler und Lehrlinge dürfen den Versammlungen und Sitzungen solcher politischen Vereine nicht beiwohnen. Werden dieselben auf Aufforderung des anwesenden Abgeordneten der Obrigkeit nicht entfernt, so ist der Grund zur Auflösung der Versammlung oder der Sitzung vorhanden.« [28]

Dieses Gesetz stoppte zunächst den Aufbruch der Frauen in die Politik. Doch er ließ sich nicht mehr aufhalten. Das allgemeine politische Klima der sechziger Jahre erlaubte das Wiedererstarken der Frauenbewegung. Es entstanden neue Vereine, die die Interessen der Frauen in den Vordergrund stellten. Louise Otto-Peters gründete den Leipziger Frauenbildungsverein, der zu der wichtigsten Organisationen der Frauenbewegung werden sollte.

Von ihr wurde auch die erste Frauenkonferenz organisiert, die vom 16. bis 18. Oktober 1865 in Leipzig stattfand. Zu der »Leipziger Frauenschlacht«, wie die Presse in Anspielung auf die Völkerschlacht spöttisch schrieb, erschienen 120 Frauen

Zielscheibe des Spotts: die Emanzipation der Damen – Kreidelithographie von Grandville.

aus allen Teilen des Deutschen Bundes. Auch einige Männer nahmen teil, so August Bebel und andere liberale Demokraten. Die hitzigen Diskussionen drehten sich alle um den einen Punkt: das Recht der Frauen auf Arbeit. Und so begann auch der Beschluß der Konferenz zu diesem Thema: »Wir erklären ... die Arbeit, welche die Grundlage der ganzen neuen Gesellschaft sein soll, für eine Pflicht und Ehre des weiblichen Geschlechts (und) nehmen das Recht in Anspruch und halten es für notwendig, daß alle der weiblichen Arbeit im Wege stehenden Hindernisse entfernt werden.« [29]

Mit der Gründung des »Allgemeinen Deutschen Frauenvereins« endete die Konferenz. Seine Aufgabe sollte in der Förderung von Frauenbildung und qualifizierter Frauenarbeit bestehen. Heftig umstritten war vor allem § 2 der Vereinssatzung, der die Mitgliedschaft von Männern grundsätzlich ausschloß. Viele Teilnehmerinnen der Konferenz waren der Meinung, eine reine Frauenorganisation würde entschlossener die Interessen der Frauen vertreten. Männer seien bei »umstürzlerischen« Forderungen eher bereit, klein beizugeben.

Louise Otto-Peters war fest davon überzeugt, »daß es das Unweiblichste ist, was es gibt, wenn Frauen in ihren Frauenangelegenheiten die Männer entscheiden lassen. Was sich für sie ziemt und was sich nicht geziemt, wußten von je die Frauen am besten.« [30] Weitere Ergebnisse der Leipziger Frauenkonferenz waren die Beschlüsse, in Zukunft jedes Jahr einen Frauentag abzuhalten und die Vereinszeitschrift *Neue Bahnen* herauszugeben.

Politische Emanzipation war nicht das Ziel: der Lette-Verein

Heute fällt es schwer, die Bedeutung der oben geschilderten Ereignisse und Diskussionen zu ermessen, aber im 19. Jahrhundert war es tatsächlich ein revolutionärer Schritt, daß Frauen überhaupt in öffentlichen Versammlungen auftraten. Denn noch immer war die politische Betätigung von Frauen mit Strafe bedroht.

Auch andere Organisationen setzten sich für die Belange der Frauen ein. Im Februar 1866 wurde in Berlin der »Verein zur Beförderung der Erwerbsfähigkeit des weiblichen Geschlechts« gegründet. In Anlehnung an einen der Initiatoren, Dr. Wilhelm Adolf Lette, ging er unter dem Namen »Lette-Verein« in die Geschichte ein. Ihm ging es vor allem um die unverheirateten Frauen des Mittelstandes, die keine Versorgung hatten. »Was wir nicht wollen und niemals, auch nicht in noch so fernen Jahrhunderten wünschen und bezwecken, ist die politische Emanzipation und Gleichberechtigung der Frauen... Der alte Satz der christlichen Kirche ›mulier taceat in ecclesia‹ (die Frau schweige in der Gemeinde) gilt für alle Zeit, nicht bloß für die kirchliche, sondern auch für die politische Gemeinde.« [31]

Mit einer Denkschrift zu diesem Thema konnte Dr. Lette die Unterstützung zahlreicher liberaler Bürger, aber auch die der Kronprinzessin Viktoria von Preußen gewinnen. Dem Verzicht auf politische Forderungen und der ausschließlichen Beschränkung auf praktische Wohltätigkeit konnten auch weite Teile von Bürgertum und Adel zustimmen.

Konkrete Hilfe für stellungslose Frauen boten die unterschiedlichen Einrichtungen des Vereins. Dazu gehörte vor allem ein »Arbeitsnachweis«, ein Arbeitsvermittlungsbüro, das sehr erfolgreich war. Ein anderer Zweig kümmerte sich um den Verkauf von Waren, die Frauen in Heimarbeit hergestellt hatten. Daraus entwickelte sich im Lauf der Zeit ein recht einträgliches Geschäft. In Not geratene Frauen konnten in einem Haus des Vereins unterkommen. Zudem wurde eine Darlehenskasse, die Lette-Stiftung, eingerichtet, die Frauen über finanzielle Engpässe hinweghalf. Der Verein sorgte darüber hinaus für Ausbildungsmöglichkeiten. Zu diesem Zweck arbeitete er mit verschiedenen Instituten und Privatschulen zusammen und gründete später eigene Einrichtungen.

Wie der Lette-Verein hatte auch der Allgemeine Deutsche Frauenverein die Bildung von Frauen auf seine Fahnen geschrieben. Aber während der Lette-Verein keine politischen Forderungen stellte, um nicht unangenehm aufzufallen, stellten die Frauen um Louise Otto-Peters gerade die Politik in den Mittelpunkt ihrer Arbeit.

Der Lette-Verein beschränkte sich auf praktische Hilfestellungen für Frauen aus dem Bürgertum. Arbeiterinnen, Dienstboten und Wäscherinnen waren ausdrücklich ausgeschlossen. Diese Beschränkung und die finanzielle Unterstützung der besseren Gesellschaft ermöglichte dem Verein seine erfolgreiche Arbeit. Der Allgemeine Deutsche Frauenverein hatte ausschließlich weibliche Mitglieder, stellte zwar grundsätzlichere Forderungen und duldete auch Arbeiterinnen in seinen Reihen, hatte aber nur geringe Mittel, um auch praktisch zu helfen. Beide Strategien hatten in der damaligen Zeit ihre Berechtigung, stellten sie doch zwei unterschiedliche Wege zum gleichen Ziel dar.

In den siebziger Jahren wurde die Frauenbewegung radikaler, aus einem ganz handfesten Grund: Vor allem in der Mittelschicht stieg die Zahl derjenigen Frauen, die nicht über Vermögen verfügten und ihren Lebensunterhalt selbst verdienen mußten. Darüber hinaus herrschte in der Gesellschaft ein Frauenüberschuß, und auch begüterte Herren wurden seltener. Die Heirat als Mittel der Existenzsicherung war daher nicht mehr für alle Frauen selbstverständlich.

Um ihren Lebensunterhalt angemessen verdienen zu können, mußten auch Frauen aus bürgerlichen Familien eine Arbeit finden, die in ihren Kreisen akzeptiert wurde. Angemessene Beschäftigungen bedurften aber einer gewissen Vorbildung. Und genau daran mangelte es. Die Höheren Mädchenschulen bildeten lediglich zukünftige Ehefrauen aus. Der »Hauptverband von Dirigenten und Lehrenden der höheren Mädchenschulen« formulierte 1872 als Bildungsziel: »Es gilt, dem Weibe eine der Geistesbildung des Mannes in der Allgemeinheit und Art der Interessen ebenbürtige Bildung zu ermöglichen, damit der deutsche Mann nicht durch die geistige Kurzsichtigkeit und Engherzigkeit der Frau an dem häuslichen Herde gelangweilt und in seiner Hingabe an höhere Interessen gelähmt werde.«[32]

Gerade die Ausrichtung der Ausbildung von Frauen und Mädchen auf die Familie und den Ehemann war den fortschrittlichen Frauen ein Dorn im Auge. Deshalb setzte sich die bürgerliche Frauenbewegung für die Reform der Mädchenbildung ein. Die erste Forderung galt der Ausbildung von weiblichem Lehrpersonal.

Bis diese Forderungen von der Kultusbürokratie hätten erfüllt werden können, wären womöglich Jahrzehnte vergangen. So lange konnten die Frauen nicht warten. Deshalb entstanden, verstärkt in den 1890er Jahren, viele berufsbezogene Organisationen, wie der »Kaufmännische Hilfsverein für weibliche Angestellte«. Gegründet 1889 von Minna Cauer, konnte er rasch zahlreiche Frauen als Mitglieder gewinnen. Für die weiblichen Angestellten bot er praktische Hilfestellungen, wie eine eigene Stellenvermittlung, Kurse zur Weiterbildung und Rechtsberatung. Eine andere Initiative war der »Rechtsschutzverein Dresden«, der es sich zur Aufgabe gemacht hatte, eine Gelegenheit zu bieten für »Frauen und Mädchen aller Stände... sich in Rechtsfällen unentgeltlich Rat zu holen«.[33]

Alle Privatschulen und Initiativen konnten die entscheidende Benachteiligung der Frauen nicht ausgleichen. Ohne eine gleichwertige Ausbildung blieb alles nur Stückwerk. Deshalb war die wichtigste Forderung der Frauenbewegung in dieser Zeit die Öffnung der Gymnasien und Universitäten.

Die sich weiter ausbreitenden Vereinigungen der Frauenbewegung erforderten eine neue Organisation, um die Aktivitäten zu bündeln und machtvoller auftreten zu können. Deshalb wurde 1894 der »Bund deutscher Frauenvereine« gegründet. Dieser entwickelte sich schnell zu einem wichtigen Faktor im öffentlichen Leben und konnte eine beachtliche Mitgliederzahl aufweisen. 1895 waren 65 Vereine in ihm zusammengeschlossen, 1901 schon 137 mit immerhin 70000 Mitgliedern.

Alle Aktivitäten und Bemühungen um grundlegende Veränderungen scheiterten letztendlich am Widerstand der Männer. Schließlich waren die Frauen bei der Durchsetzung von politischen Forderungen auf das Wohlwollen des »starken Geschlechts« angewiesen. Denn nur Männer wählten die Parlamente, und nur Männer saßen an den Schaltstellen der

Macht. Bald waren die Frauen es leid, immer nur Bittsteller zu sein. Ohne Mitsprache, ohne Einfluß. Jetzt wollten sie gehört werden und mitbestimmen. Jetzt wollten sie das Wahlrecht.

Diskutiert wurde diese Forderung auch im Berliner »Verein Frauenwohl«, den die kämpferische Minna Cauer 1888 ins Leben gerufen hatte. Der Verein initiierte 1894 die erste öffentliche Volksversammlung, die die Bürgerpflichten der Frauen zum Thema machte.

Auf dieser Versammlung sprach Lily von Gizycki, die später unter dem Namen Lily Braun bekannt geworden ist. In ihrem Vortrag appellierte sie leidenschaftlich an die Frauen: »Ich frage: ist jede Frau Hausfrau und Mutter? 25 % Mädchen bleiben in Deutschland unverheiratet, rechnen wir die Witwen und Geschiedenen hinzu, so haben wir 40 % Frauen, die allein im Leben stehen. Bedenken wir weiter, ob der Beruf der Hausfrau und Mutter das ganze Leben ausfüllt... Die Berufung auf ihre Pflichten als Hausfrau, als Mutter und Weib entlastet die deutsche Frau nicht von dem Vorwurf, daß sie ihre sozialen Pflichten vernachlässigt. Die Berufung auf ihre Arbeit im Dienste der Wohltätigkeit thut es ebensowenig... Denn auch um ihrer selbst willen muß die Frau die Bürgerrechte fordern.«

Weiter forderte sie energisch: »Und so verlangen wir denn freie Bahn für unsere Entwicklung um unserer selbst und der leidenden Menschheit willen. Wir verlangen durchgreifende Änderung der Vereinsgesetze, die in keinem anderen Lande den Frauen solche Fesseln anlegen, wie in Deutschland. Wir verlangen Anwendung der Prinzipien des modernen Staates – der allgemeinen Menschenrechte – auch auf die Hälfte der Menschheit, die Frauen.

Wir, eine Armee von Millionen und Abermillionen Frauen, die wir unsere Köpfe in den Dienst der Allgemeinheit stellen so gut wie der Mann, verlangen unser Recht, an der Gestaltung der Allgemeinheit mitzuarbeiten.« [34]

Es war das erste Mal, daß solche Meinungen in der Öffentlichkeit vertreten wurden. Und es war eine riskante Angelegenheit, denn noch immer waren politische Äußerungen von

Frauen mit Verfolgung bedroht. In der offiziellen Politik griff die SPD das Thema auf, schrieb es 1891 in ihr Gothaer Programm und brachte 1895 den Antrag auf Frauenstimmrecht im Reichstag ein.

Allerdings brauchte die Frauenbewegung noch bis 1902 zur Gründung des ersten Frauenstimmrechtsvereins in Hamburg, denn dort hatten findige Frauen entdeckt, daß das Vereinsgesetz der Hansestadt Lücken aufwies. Darin war die politische Betätigung von Frauen nicht ausdrücklich verboten. Und was nicht verboten ist, das ist erlaubt.

Also wurde der Deutsche Verein für Frauenstimmrecht mit dem Ziel ins Leben gerufen, die volle politische Gleichberechtigung der Frau zu erreichen. Frauen aus ganz Deutschland wurden Mitglieder. Im gleichen Jahr gelang es einer Abordnung des Frauenstimmrechtsvereins, eine Audienz beim Reichskanzler, Graf Bülow, zu erhalten. Doch mehr als ein geneigtes Ohr fanden sie nicht.

Nun hatte der Spitzenverband der Frauenbewegung, der Bund Deutscher Frauenvereine, im gleichen Jahr die Forderung nach dem Frauenwahlrecht auf seine Fahnen geschrieben, und auch in der Gesellschaft wurde das Thema immer engagierter diskutiert. Trotzdem dauerte es noch lange 17 Jahre, bis zur Einlösung dieser Forderung, nämlich bis zum Ende des Ersten Weltkrieges. Die Wahl zur Nationalversammlung im Januar 1919 war die erste mit gleichen Rechten für Mann und Frau.

»Du sollst von den Heiligtümern der Liebe auch nicht das kleinste mißbrauchen«

Parallel zu den Bestrebungen auf politischem Gebiet thematisierten die Frauen auch ihre Rolle in Familie und Gesellschaft. Den Kindern eine fürsorgliche Mutter sein, eine perfekte Hausfrau und dem Mann ein liebendes Eheweib, ohne selbst eigene Wünsche und Bedürfnisse zu haben, so sah die Welt der bürgerlichen Frauen aus. Sie sollten ein Hort der Ruhe sein, für den abgekämpften Gatten. Sexuelle Wünsche hatte eine Frau einfach nicht zu haben. So wurde auch noch im späten 19. Jahrhundert die These vertreten, der weibliche Sexualtrieb sei ungleich schwächer als der männliche. Häuslicher Geschlechtsverkehr hatte allein der Fortpflanzung zu dienen, zu seinem Vergnügen besuchte der Mann die Freudenhäuser. Eine freudlose Zeit für Frauen.

Gegen diese Doppelmoral, die den Männern alles erlaubte und den Frauen alles verbot, wandte sich die Frauenbewegung. Unter dem Begriff »Sittlichkeitsfrage« wurde das Problem von Prostitution und doppelter Sexualmoral angesprochen. In den achtziger Jahren nahm Gertrude Guillaume-Schack (1845–1903), eine Aktivistin der Frauenbewegung, auf ihren engagierten Veranstaltungen zu diesem Thema kein Blatt vor den Mund. Die Wogen der Empörung schlugen hoch, und auch innerhalb der Frauenbewegung war die Diskussion über solche Fragen durchaus kontrovers. Viele Frauen fanden es einfach unschicklich, sich mit der Prostitution und der doppelten Sexualmoral der Männer auch nur ansatzweise zu beschäftigen.

Gertrude Guillaume focht dies aber nicht an, sie hielt weiter öffentliche Vorträge, die bald den Argwohn der Behörden erweckten, dann wegen »Erregung öffentlichen Ärgernisses« aufgelöst und schließlich ganz verboten wurden! Am Ende blieb Frau Guillaume nichts anderes übrig, als nach England auszuwandern.

Trotzdem stand das Thema Prostitution weiterhin auf der Tagesordnung. Gerade die Arbeiterinnenvereine interessierten sich dafür, da ja viele Frauen ihren Körper nur aus purer Not verkauften. »Viele wenden sich der Prostitution zu, denn die Erfahrung hat ihnen gezeigt, wie leicht die Männer große Summen für geschlechtliche Befriedigung, und wie schwer die kleinste aus Wohltätigkeit ausgeben«, so Irma von Troll-Borostyáni, die sich für die Abschaffung der Prostitution einsetzte. Leidenschaftlich appellierte sie an die Solidarität der Frauen:

»Steigt herunter, ihr ehrbaren Frauen, von eurem stolzen Piedestal erhabener Sittenreinheit, das auf Millionen modernder Leichen eurer Schwestern errichtet ist, die ihr, um

Helene Stöcker

Gertrud Guillaume-Schack

eurer Unbeflecktheit willen, kaltherzig dem Verderben preisgebt! Nicht euch und eurer ungeprüften Sittenreinheit gebührt der Kranz, sondern jenen Unglücklichen, die für die Wahrung eurer jungfräulichen Unschuld und ehelichen Treue geopfert werden... Glaubt ihr, eure Tugend hat einen höheren Wert vor der ewigen Gerechtigkeit, weil ihr reich und glücklich, als die jener, weil sie arm sind und Not leiden, und deshalb müßten jene, nach wie vor, um euretwillen zugrunde gehen? Versteht ihr es denn nicht, daß das Verbrechen, das an jenen verübt wird, ein Verbrechen am ganzen Geschlecht ist, und somit auch euch trifft?«[35]

Damit waren die Probleme von Sexualität und Prostitution als politische erkannt. 1905 gründete Helene Stöcker, ebenfalls in der Frauenbewegung aktiv, den Bund für Mutterschutz und Sexualreform. Dieser Vereinigung gelang es zum ersten Mal, die Diskussion über sexuelle Probleme in weite Teile der Gesellschaft zu tragen. Der Bund setzte sich für die

Anliegen der ledigen Mütter ein und forderte die freie Ehe und die Abschaffung des § 218, des Abtreibungsparagraphen! Für die unverheirateten Mütter versuchte der Bund nach eigenen Aussagen, »ledige Mütter und deren Kinder vor wirtschaftlicher und sittlicher Gefährdung zu bewahren und die herrschenden Vorurteile gegen sie zu beseitigen«.[36]

Mit derartigen Forderungen und Ideen war der Bund für Mutterschutz und Sexualreform nicht gesellschaftsfähig: Der Bund deutscher Frauenvereine, die Dachorganisation der Frauenbewegung, lehnte die Aufnahme des Bundes ab! Offensichtlich sah er keinen Sinn darin, die Interessen der ledigen Mütter und unehelichen Kinder zu vertreten. In dieser Ablehnung zeigt sich, daß die bürgerliche Frauenbewegung keine einheitliche Organisation war. Vielmehr gab es offene und verdeckte Richtungskämpfe, die auf unterschiedlichen Anschauungen und Zielsetzungen basierten, vor allem in der Frage der Abtreibung.

In allen größeren Städten fanden sich in den Zeitungen Inserate, die Hilfe im Falle einer ungewollten Schwangerschaft anboten: »Rat und Hilfe in diskreten Angelegenheiten« oder »Das beste Mittel gegen Menstruationsstockung« hieß es dort. Oft wurde dann in einem Hinterzimmer oder in einer Küche der Eingriff vorgenommen. Allerdings waren die Eingriffe illegal, und wenn eine der »weisen Frauen« vor den Kadi zitiert wurde, hatte dies meist einen Skandal zur Folge. In Dresden gab es einen solchen Fall: »Alle Grade der Gesellschaft, vom einfachen Ladenmädchen an bis zur Schuldirektorsgattin, haben bereits in dieser Angelegenheit in den letzten Tagen die Anklagebank geziert. Rittergutsbesitzertöchter sassen Schulter an Schulter mit gefallenen Ladenmädchen. Die Tochter eines hochangesehenen Politikers hat Selbstmord im Gefängnis begangen, um der Anklagebank zu entgehen.«[37]

Die Zustände waren schrecklich, aber sie waren kein Thema in der Öffentlichkeit. Die breite Diskussion um den Paragraphen 218 begann im Jahre 1908. Der Bund deutscher Frauenvereine versuchte in dieser Debatte zu vermitteln zwischen Reformern wie etwa dem Bund für Mutterschutz und konservativen Gruppierungen, die eine Änderung des Abtreibungsparagraphen strikt ablehnten. Deshalb ließ die Spitzenorganisation der Frauenbewegung den Paragraphen juristisch untersuchen. Die damit beauftragte Kommission empfahl, eine Streichung des § 218 zu fordern. »Die Frau muß als freie Persönlichkeit Herr ihres Körpers sein dürfen.« [38] Doch die folgende Bundesversammlung konnte sich nicht zur Annahme dieser Empfehlung durchringen, denn karitative und kirchliche Frauenverbände konnten ihre konservative Haltung durchsetzen.

Petitionen, Denkschriften, Vorträge, Demonstrationen, Vereinsgründungen, alle diese Initiativen wurden mit viel Mut und Engagement in Angriff genommen. Dennoch, der durchschlagende politische Erfolg blieb der bürgerlichen Frauenbewegung versagt. Schließlich hatten die Frauen kein Stimmrecht und waren von daher keine politische Größe, auf die Parteien hätten Rücksicht nehmen müssen. Allein die SPD machte sich für die Frauenfrage stark. Das große Verdienst der Frauenbewegung aber ist, die richtigen Fragen gestellt und die überkommenen Vorstellungen des kaiserlichen Deutschland nachhaltig erschüttert zu haben. Nicht nur die fehlenden politischen Rechte behinderten den Erfolg der Frauenbewegung. Als die Frauen in den sechziger Jahren begonnen hatten, sich zu organisieren, gab es zunächst noch keinen nennenswerten Widerstand. Doch mit der Gründung des Allgemeinen Deutschen Frauenvereins formierten sich die Gegner: »Unsere Zeit stellt alles in Frage. So müssen sich auch die lieben Frauen gefallen lassen, daß aus ihnen eine Frage gemacht wird... Dagegen soll ›die liebe Frauenwelt‹ eine ›glückliche, stille, grüne Oase‹ sein, ›ein Quell‹ der Lebenspoesie, ein Rest aus dem Paradiese. Und den wollen wir uns von keiner ›Frauenfrage‹, von keinem unglücklichen Blaustrumpf... nehmen lassen.« [39]

Und an anderen Stellen liest man: »Im übrigen aber ist die durch Natur und Evangelium gebotene Arbeitsteilung zwischen den Geschlechtern die, daß der Mann für Kampf und Arbeit bestimmt ist, die Frau aber für die Pflege reiner, warmer und inniger Gefühle, in der Bewahrung der Güter, die der

Mann erworben, in der Leitung und dem Schmuck des Hauses, die von Gott ihnen anvertraute Aufgabe suchen. Dem Manne gebührt der Kampf und die Arbeit, aber das Weib wische den Schweiß von seiner Stirn und stärke seine Kraft, indem sie durch ihr Sein und Walten das Haus zu einer Stätte der Harmomie und des Friedens, zu einer idealen Welt bilde.«[40]

Derartige Aussagen repräsentierten damals die Meinung der Mehrheit. Das Auftreten von Frauenvereinen, die nicht nur die Ausbildung von Dienstmädchen und die allgemeine Wohlfahrtspflege interessierte, verunsicherte, denn die aufgeworfenen Fragen stellten das gesamte Weltbild auf den Kopf. Daher leisteten nicht nur die Männer Widerstand, sondern es gab auch viele Frauen, die sich in der von Männern dominierten Welt wohl fühlten und gar keine Veränderung erstrebten.

In Küche und Kontor – Frauen verdienen ihr eigenes Geld

Die Eroberung der Kontore und Warenhäuser

Im 19. Jahrhundert wurden die Frauen für den Arbeitsmarkt entdeckt. Mit der Entstehung des Deutschen Kaiserreiches begann eine wirtschaftliche Blütezeit. Allenthalben wurden Firmen gegründet, bereits bestehende expandierten. Der Handel nahm einen enormen Aufschwung, das gesamte Verkehrs- und Nachrichtenwesen veränderte sich, die Industrie breitete sich immer weiter aus. All das forderte Verwaltungsarbeiten und schuf Gelegenheit für eine zunehmende Erwerbstätigkeit der Frauen. Auch die höheren Töchter verließen die Salons und nutzten ihre Chancen im Arbeitsleben. Neue Berufe entstanden: Telephonistin, kaufmännische Angestellte, Sprechstundenhilfe oder Volksschullehrerin.

Auch der Handel brauchte verstärkt Arbeitskräfte. Durch den wirtschaftlichen Aufschwung wurden ungeheuer viele Arbeitsplätze geschaffen, ja es kam sogar zu Engpässen auf dem Arbeitsmarkt. Plötzlich waren die Frauen gefragt.

Die ungewohnte Konkurrenz beunruhigte und verunsicherte die Männer. So reichten bereits 1848 die Berliner Handlungsgehilfen eine Petition beim Preußischen Staatsministerium ein, in der sie die Beseitigung der Ladenfräuleins verlangten.

Die Welt des Einkaufs veränderte sich und damit auch das Gesicht der Stadt. Immer mehr Geschäfte beschränkten sich auf Waren des gehobenen Bedarfs, andere wiederum offerierten ein möglichst breites Angebot: Es entstanden die ersten großen Warenhäuser. Und Luxusfirmen präsentierten ihr Angebot in den Metropolen des Deutschen Reiches.

Spezialisierte Firmen, vor allem in der Damen- und Herrenkonfektion, boten hochwertige und preiswerte Kleidungsstücke an. Denn jetzt stellte man Kleidung nicht mehr im Haushalt her oder gab sie bei Schneidern für teures Geld in Auftrag. Vielmehr gab es Konfektionsware aus den großen Kleiderfabriken. Diese verdankten ihre Entstehung einer bahnbrechenden Erfindung des Amerikaners Elias Howe: der Nähmaschine. Und während man um 1850 die ersten Maschinen in den Vereinigten Staaten baute, gingen sie in Deutschland seit den sechziger Jahren in die Produktion.

Die Nähmaschine veränderte die Erwerbstätigkeit von Frauen. Während beispielsweise in der Metallindustrie spezialisierte Handwerker gebraucht wurden, fanden in der Bekleidungsindustrie viele ungelernte Frauen eine Anstellung. Die Berliner Arbeiterin Ottilie Baader berichtet: »Jetzt aber lernte ich auf der Maschine nähen und kam in eine dieser Fabriken in der Spandauer Straße. Dort wurden etwa 50 Maschinennäherinnen und ebensoviele Vorrichterinnen beschäftigt. Je eine Arbeiterin dieser beiden Gruppen mußten sich zusammentun und gemeinsam arbeiten, und auch der Lohn wurde gemeinsam berechnet. Von morgens acht bis abends sieben Uhr dauerte die Arbeitszeit, ohne namhafte Pause.« [1]

Verglichen mit der Arbeitssituation eines Dienstboten bot die Fabrik ein paar Vorteile. Es gab geregelte Arbeitszeiten, einen freien Samstagnachmittag und einen freien Sonntag wie auch festen Lohn. Trotzdem, die Verhältnisse waren alles andere als rosig, denn die Frauen hatten meistens neben der anstrengenden Arbeit auch noch den Haushalt zu organisieren und die Familie zu versorgen.

Der Alltag einer Arbeiterfrau war aufreibend: »Je nach der Entfernung der Wohnung von der Fabrik, nach dem Beginn der Fabrikarbeit und je nach dem Arbeitsbeginn des Mannes steht die Frau um 3 1/2, 4, 4 1/2 oder 5 Uhr auf. Dann wird das Frühstück für Mann, Frau und Kinder zubereitet und genossen, das abends vorher schon vorbereitete und angekochte Essen aufs Feuer gebracht und – wenn Mann und Frau oder eines von ihnen mittags nicht heimkehren kann für diese in Blechtöpfe gefüllt, für die Kinder zum Wärmen hergerichtet.«

Nach der Hausarbeit werden die Kinder angezogen und im Kindergarten oder der Schule abgeliefert. »Von da an geht es in die Fabrik. Entfernungen von 2–3 km gelten als nahe, es gibt aber zahlreiche Arbeiterinnen, welche täglich 10–12 km auf ihren Fabrikwegen zu Fuß zurücklegen müssen... Abends dasselbe, Abendessen, Schularbeiten der Kinder, Flicken und Waschen der Kleider und Wäsche, Vorbereitung des Essens für den anderen Tag. Vor 9 Uhr endet der Arbeitstag nie, vor 10 Uhr selten und oft erst nach 11 Uhr. 16 Stunden im besten, ihrer 20 im ungünstigsten Fall.«[2]

Verständlich, daß junge Frauen versuchten, wenn nur irgend möglich, eine angenehmere Arbeit zu bekommen. Diese fand sich vor allem in den Büros und Kontoren. Handel und Industrie wurden umfangreicher und komplizierter und machten damit einen immer höheren Verwaltungsaufwand nötig. Gab es zu Beginn der Industrialisierung noch den Fabrikbesitzer oder den Prinzipal im Kontor, der die Fäden der Geschäfte in der Hand hielt, so erledigten bald mehr und mehr Angestellte die Verwaltungsarbeiten.

Bis in die achtziger Jahre hinein waren die Büros eine Domäne der Männer, aber auch hier drangen die Frauen vor. »Büromamsells« wurden bald ein gewohnter Anblick. Zu Beginn waren es oft noch die Töchter der Firmeninhaber, die aber bald Verstärkung von familienfremden Angestellten erhielten. Zu Beginn hatten es die Frauen nicht leicht, sich gegen die männliche Konkurrenz durchzusetzen. Allerdings trafen sie nicht nur auf Vorurteile bei den Kollegen, sondern auch auf rechtliche Hindernisse. Lange Zeit weigerten sich die großen öffentlichen Unternehmen wie Bahn und Post, überhaupt weibliche Angestellte zu beschäftigen. Aber auf Dauer konnten sie ihren Widerstand nicht aufrechterhalten. Frauen, die arbeiten wollten, hatten eine Bedingung zu erfüllen, nämlich ledig zu sein. Den Vorschriften gemäß mußten Frauen nach der Heirat den Dienst quittieren.

Trotz guter Erfahrungen mit weiblichen Angestellten wurden die Ressentiments gepflegt. So erschien selbst 1913 noch in der Zeitschrift für weibliche Handlungsgehilfen ein Artikel, in dem es hieß: »Für den höher strebenden jungen Mann sind die Tippdamen, Kassiererinnen, Telephon-Fräuleins u. dgl. nur vorübergehend Konkurrenten... 99 von 100 weiblichen kaufmännischen Hilfskräften eignen sich wohl nur für gleichmäßige, fortlaufende Arbeiten, die sich in einem ganz bestimmten Rahmen halten. Freilich können dies sogar Arbeiten sein, bei denen ein ziemlicher Grad von Aufmerksamkeit nötig ist, die der Mann nicht immer so dauernd zur Verfügung haben würde. Sowie das Geringste vorkommt, was über den Rahmen des Alltäglichen hinausgeht, dann versagen jene Fräuleins sofort. Im günstigsten Fall bekommen Sie ängstliche Rückfragen, denen lange Erklärungen folgen müssen...« [3]

Weibliche Angestellte hatten für die Arbeitgeber einen unbestreitbaren Vorteil. Sie waren billiger, denn damals lagen die Löhne und Gehälter der Frauen weit unter denen der Männer. Von dem geringen Entgelt mußten Miete, Essen und sehr oft auch noch Berufsbekleidung bezahlt werden. Zum Sparen blieb da meistens nicht viel übrig.

In den Geschäften war die Gestaltung der Arbeitszeiten oft dem Gutdünken des Chefs überlassen, da die Ladenschlußzeiten nicht gesetzlich festgelegt waren. Erst 1891 gab es verbindliche Regelungen. Danach durfte sonntags nur fünf, in Ausnahmefällen zehn Stunden gearbeitet werden. Verkäuferinnen hatten vor oder nach der offiziellen Geschäftszeit die Ladenräume zu säubern, aufzuräumen, zu packen oder schriftliche Arbeiten zu erledigen. Aber auch in Büros und Kontoren blieben den Frauen Überstunden nicht erspart.

Die Ladenschlußzeiten waren ständiges Thema in der öffentlichen Diskussion und standen häufig auf der Tagesordnung der Versammlungen von Handlungsgehilfinnen. Sie forderten, den Ladenschluß auf 21.00 Uhr festzulegen. Aber erst 1900 wurde diese Forderung umgesetzt.

Leicht waren die Arbeitsbedingungen in den Geschäften und in den Büros sicherlich nicht. Dabei standen die Angestellten noch an der Spitze der Hierarchie. Die meisten Frauen waren »in Stellung«, hatten Beschäftigung in den Haushalten gefunden und arbeiteten als Köchin, Dienstmädchen oder Kinderfräulein.

Tippmamsells in den Kontoren wurden bald zum gewohnten Anblick.

Der Zug in die Stadt

In der ersten Hälfte des 19. Jahrhunderts galt eine Anstellung in einem großbürgerlichen Haushalt als angesehene Beschäftigung. Arbeit in der Fabrik wurde erst in den sechziger Jahren für Frauen attraktiv. Nur wenige Frauen hatten eine Ausbildung, daher war die Auswahl der Berufe, die sie ergreifen konnten, nicht sehr groß; sie konnten als Waschfrau, Näherin, Kellnerin, Plätterin oder auch als Dienstmädchen ihr Geld verdienen.

Das Hausmädchen, oder liebevoll »die Perle«, war im 19. Jahrhundert ein unverzichtbarer Bestandteil eines jeden

Hausstandes, der etwas auf sich hielt. Das waren nicht etwa nur die großbürgerlichen Haushalte. Auch Familien des unteren Mittelstandes begannen, Dienstboten einzustellen. In diesen Häusern war es wichtig, nach außen hin einen sozialen Status zu demonstrieren, obwohl dafür materielle Opfer gebracht werden mußten.

Die zahlreichen Arbeiten, die in einem großen Haushalt anfielen, machten Dienstboten unverzichtbar. Es wurde noch vieles »hausgemacht«, hilfreiche Maschinen kannte man zu dieser Zeit nicht.

Fanny Lewald, Schriftstellerin aus Königsberg, schildert Haushaltsführung und Vorratshaltung, wie sie in vielen Häusern üblich war. »Eine ordentliche Königsberger Familie legte sich also im Herbst ihre zehn, zwanzig Scheffel Kartoffeln in den Keller. Einige Scheffel Obst wurden im Sommer geschält und aufgereiht und bei dem Bäcker getrocknet, Pflaumen- und Kirschmus im Hause gekocht. Von allen Gemüsearten wurde der nötige Vorrat im Herbste für das ganze Jahr angeschafft und in Beeten von grobem Sand, je nach ihrer Art, in den Kellern untergebracht, was man Einkellern nannte. In gleicher Weise wurden ganze Fässer voll Sauerkohl und Gurken, Töpfe voll roter Rüben und marinierter Heringe eingemacht, der feineren Früchte und der für Krankheitsfälle notwendigen Gelees und Fruchtsäfte nicht erst zu gedenken. Selbst Kamillen, Holunder und Kalmus wurden für vorkommende Fälle im Sommer von den Kräuterleserinnen gekauft und als Vorrat für den Winter aufbewahrt.«

Möglichst viel sollte im Hause hergestellt werden: »Allwöchentlich wurde das Roggenbrot zu Hause angeteigt, mußte zu Hause säuern und besonders bei dem Bäcker gebacken werden. Gab es einen Geburtstag oder ein Fest, so wurde der Kuchen im Hause gebacken. Die Milch kaufte man, wie sie von der Kuh kam, um selbst die Sahne abzuschöpfen, das Bier ließ man in Fässern kommen und füllte es selbst auf Flaschen. Wurst wurde, wenn man es haben konnte, wenigstens einmal im Jahre im Hause gemacht, Schinken und alle Rauchfleischwaren galten für besser, wenn sie nicht vom Schlächter besorgt waren. Um sich vorteilhafter einzurichten, kaufte man je nach der Jahreszeit halbe Hämmel, halbe Kälber und halbe Schweine. Daß bei solchen Ansichten alles Federvieh im Hause gemästet, im Hause gerupft wurde, daß man die Federn sammelte und sie schleißen ließ, und daß natürlich auch alles, was irgend möglich war, im Hause gestrickt, genäht und geschneidert wurde, braucht nicht erst erwähnt zu werden.« [4]

In dem beschriebenen Haushalt ging man sogar so weit, eine Zeitlang auch einen Schuhmacher ins Haus kommen zu lassen, der den Frauen beibringen sollte, Kinder- und Damenschuhe selbst herzustellen! Dienstmädchen, Köchin, Kindermädchen oder Gouvernante waren aus einem Haushalt gar nicht wegzudenken. Die »Perlen« prägten die Kindheit und Jugend vieler unserer Großeltern und hinterließen Spuren in der Literatur. So schreibt der Schriftsteller Eugen Roth: »An viele Dienstmädchen kann ich mich erinnern seit den ersten Lebensjahren, und öfter als einmal bin ich versucht gewesen, die Geschichte meiner Jugend dem Wechsel ihrer Regierung entsprechend aufzuschreiben, dergestalt, daß jedes Hauptstück der Erzählung einer dieser unvergeßlichen Gestalten gewidmet ist. Denn mehr als die Eltern haben sie oft unser Kinderdasein bestimmt, wie ja manch eine, nur dem Buchstaben nach eine Dienende, in Wahrheit die ganze Familie beherrscht hat.« [5]

Für eine große Zahl junger Mädchen war die »Stellung« in einem Haushalt der erste Schritt weg von den Eltern. Seit der Mitte des 19. Jahrhunderts strömten jedes Jahr Zehntausende Mädchen und Frauen vom Land in die Großstädte, um dort Arbeit zu suchen. Sie stammten aus Familien von Kleinbauern, Tagelöhnern oder kleinen Kaufleuten und begannen häufig schon mit fünfzehn Jahren den Dienst. Manchmal nahmen auch die Töchter von Bauern für eine gewisse Zeit eine Arbeit im Haushalt auf, um die Haushaltsführung zu lernen und so ihre Ausbildung als zukünftige Ehefrau durch den Erwerb städtischer Sitten zu vollenden.

Die Arbeit auf dem Lande war für die jungen Leute nicht sonderlich reizvoll. Daher lauschten die Mädchen begeistert den Geschichten der Soldaten, die vom fröhlichen Leben in der Stadt mit seinen zahlreichen Vergnügungen und Abwechslungen erzählten. Auch Freundinnen und Geschwister, die das elterliche Zuhause bereits hinter sich gelassen hatten und »in fester Stellung« waren, schilderten das Leben in der Stadt in den schillerndsten Farben. Bestimmt wurde bei diesen Erzählungen ordentlich übertrieben. Doch die Sehnsucht nach den Abwechslungen der Großstadt machte die Mädchen zu gutgläubigen Zuhörerinnen. »Die Leute beurteilen bis jetzt die Verhältnisse ganz falsch«, so kommentierte ein Berichterstatter aus der Mark Brandenburg, »kommt der frühere, nach Berlin verzogene Knecht nach ein paar Jahren zu Besuch in sein Dorf zurück, mit Glanzstiefeln, einem Cylinderhut und trotz 25 Grad Hitze mit einem funkelnagelneuen Überzieher aus irgend einem Kleiderparadies angetan, so erregt er den Neid und die Bewunderung seiner früheren Kollegen, und mancher junge Bursche verliert die Lust, noch länger Knecht zu spielen, und denkt, ebenfalls in Berlin sein Glück zu versuchen.«[6]

Verglichen mit den schönfärberischen Erzählungen sah die Wirklichkeit auf dem Lande trübe aus: harte und eintönige Arbeit, wenig Abwechslung und kaum soziale Aufstiegsmöglichkeiten. Häufig gab es auch Ärger in der Familie, Streit mit dem Vater oder der Mutter über dies und das – kurz: Die Verlockung, dem Ruf in die Stadt zu folgen, war groß. Nicht nur die Mädchen packten ihre Koffer und nahmen den Zug ins große Abenteuer, immer öfter verließen auch die Männer die Provinz und suchten sich besser bezahlte Arbeit in den Fabriken, die an den Rändern der Städte entstanden. Dies führte zum vielbeklagten Personalmangel in der Landwirtschaft, der »Leutenot«, der in der ländlichen Oberschicht zu massiver Beunruhigung führte.

Aus diesen Kreisen kam auch der folgende Vorwurf, nur das Verlangen nach Putz und Amüsement sowie fehlender Sparwille treibe sie in die Städte. »Dungbreiten, Kühe melken und Rübenhacken dünken diese modisch gekleideten Dämchen unter ihrer Würde.«

Und so fühlten sich Pfarrer, Lehrer und Gutsbesitzer aufgerufen, die Gefahren der Großstadt zu schildern, und sie stellten Überlegungen an, wie man wohl das weibliche Gesinde halten könne. Dabei kam es zu wohlgemeinten Vorschlägen wie dem folgenden: »Ein großer Faktor wäre für Magd und Hofgängerin die Ermöglichung eines hübschen eigenen Zimmerchens, eines kleinen Gartenstückes, vielleicht einer Ziege oder einiger Kaninchen, hauswirtschaftlicher Unterricht an den Winterabenden und Zusammenkünfte in edler Fröhlichkeit bei Gesangspflege und so weiter, unter dem Einfluß einer mütterlichen, gebildeten Frau.«[7] Mit solchen »Verlockungen« waren die Mädchen nur schwerlich auf dem Lande zu halten.

Ein weniger sittenstrenger Zeitgenosse kommentierte die Verhältnisse unter einem anderen Blickwinkel: »Hätten die ländlichen Dienstboten nicht überall die geistlichen Moralprediger so auf dem Halse sitzen, so gäbe es keine Leutenot auf dem Lande. Sind sie ohnehin nicht auf Rosen gebettet, so wollen diese Menschenkinder sich doch auch nicht die paar Freuden des armen Lebens durch den Priester verbittern lassen. Mit Rosenkränzen und Beichten löst man das Dienstbotenproblem auf dem Lande sicherlich nicht.«[8]

Nicht alle Reden und Bedenken der örtlichen Autoritäten waren aus der Luft gegriffen. Es gab sehr wohl finstere Gestalten, die den ankommenden Mädchen auf den Bahnhöfen auflauerten und sie mit dem Versprechen einer guten Stellung zu unseriösen Geschäftemachern oder – im schlimmsten Fall – in ein Bordell lockten. Angesichts dieser Gefahren und der völligen Unerfahrenheit der Mädchen übernahmen Kirchen und Frauenverbände die Aufgabe, sich der Neuankömmlinge anzunehmen. So gründete man in den neunziger Jahren verstärkt Bahnhofsmissionen, die sich um sie kümmern sollten.

Doch allen Gefahren und Lamenti zum Trotz: Der Zug in die Stadt war nicht aufzuhalten. Allein 1880 zog es 14000 junge Frauen nach Berlin. Sie kamen aus der Mark Brandenburg und dem Spreewald, aus Pommern, West- und Ostpreußen, Posen und Schlesien. In der Reichshauptstadt fanden die Mädchen leicht eine Arbeit, denn dort herrschte auf dem Dienstbotenmarkt ein ständiger Personalmangel. Die Mädchen vom Lande genossen den besten Ruf bei den Hausfrauen und zukünftigen Arbeitgebern: Sie galten als rechtschaffen, treu, ergeben, ehrlich, fleißig, an Gehorsam gewöhnt – und sie waren obendrein noch billiger als die Mädchen aus der Stadt. Diese wurden weithin als faul, putzsüchtig, aufsässig und widerspenstig angesehen.

Die besten Anlaufstellen in der Stadt waren oft Verwandte oder Freunde und Bekannte der Familie, wie ein Berliner Dienstmädchen berichtet: »Im März 1882 kam ich nach Berlin. Ich war hier vollständig fremd. Eine Schutzmannsfamilie, die jeden Sommer nach meiner Heimat zu Besuch kam, hatte mir zugeredet, nach Berlin zu kommen, wo die Arbeit doch viel besser bezahlt wird, als in irgend einer anderen Stadt. Ich selbst wollte auch lieber in Berlin Stellung nehmen, als in einer Kleinstadt... Ich freute mich also sehr, nach Berlin zu kommen und viel Geld zu verdienen, damit ich meine arme Mutter unterstützen konnte. Außer mir waren noch drei jüngere Geschwister zu Hause, die versorgt sein wollten.«[9] Es waren also nicht die Vergnügungen, die die Mädchen in die Stadt zogen, sondern oft die schiere Not, die einen Umzug notwendig machte.

Geschafft: Die erste Stelle!

Die Suche nach einer geeigneten Stelle konnte schon einige Zeit in Anspruch nehmen. Doris Viersbeck, die ihre Erfahrungen in einem Buch niedergeschrieben hat, schildert ihre Erlebnisse mit den vornehmen Herrschaften bei der Stellensuche im Jahre 1888: »Die meisten davon wollten mich gleich fest engagieren... Aber meine Tante war weit davon entfernt, mich gleich der ersten besten auszuhändigen, wie sie sagte. Es wurde einer jeden Dame gesagt, wir wollten uns besinnen und würden dann im Laufe des Nachmittags vorkommen.«[10]

Die Tante hatte offensichtlich Erfahrung und wußte, daß sie ihre Nichte nicht nur vor sittlichen Gefahren, sondern auch vor schlechten Herrschaften, die ihr Personal nur ausnutzten, schützen mußte. Manchmal wurden die beiden nicht

Dienstboten auf Stellungssuche: Gesindekontor in Berlin – Holzstich nach W. Busch.

gleich im Hause der zukünftigen Arbeitgeber vorstellig, sondern befragten einen in der Nähe wohnenden Krämer. »Derselbe kannte die Herrschaft sehr gut, konnte oder richtiger wollte aber keine Auskunft geben. Meine Tante sagte darauf, es wäre wohl nicht viel Gutes dran, darauf zuckte er die Achseln mit bedeutungsvollem Blick.« [11] In einem anderen Haushalt verliefen die Verhandlungen erfolgreicher. Die Tante hatte keine Bedenken gegen die Herrschaften, und so konnte Doris ihre erste Stelle in Hamburg antreten.

Aber allein auf den ersten Eindruck konnte man sich nicht verlassen. Oft genug entpuppten sich freundliche Hausfrauen als wahre Ungeheuer, die ihr Personal schikanierten und ihm keine ruhige Minute gönnten. Deshalb wechselten Dienstboten häufig die Stelle, um »sich zu verbessern«.

Die Verhältnisse hatten einen neuen Beruf geschaffen: den des gewerblichen Stellenvermittlers. An ihn konnten sich sowohl die neu ankommenden Mädchen wenden als auch die Perlen, die sich verändern wollten. Und auch Hausfrauen, die Personal suchten, gingen zu einem gewerblichen Stellenvermittler. Zu Beginn waren derartige Büros eine segensreiche Einrichtung, die es Personal und Herrschaft erleichterte, Arbeitsverhältnisse einzugehen. Doch bald nahmen die Klagen über gewerbliche Vermittler zu, Klagen vor allem darüber, daß sie auch anderen, »dunklen« Geschäften nachgingen.

Zu hohe Gebühren, gezieltes Abwerben, fingierte Annoncen und Erpressung zur Prostitution lauteten immer wieder erhobene Vorwürfe. Die Lage auf dem Dienstbotenmarkt, wo ständig die Nachfrage das Angebot überstieg, erlaubte es unseriösen Geschäftemachern, im Trüben zu fischen. Eine Untersuchung ergab, daß »von den 1646 preußischen Vermittlern 632 wegen Diebstahls, Hehlerei, Betrug, Unterschlagung, Körperverletzung oder Kuppelei vorbestraft waren«.[12]

Nach 1871 stieg die Zahl der gewerblichen Stellenvermittler sprunghaft an. In Berlin waren 1899 rund 600 Büros mit der Vermittlung von Dienstpersonal beschäftigt. Um Zuhälterei und Prostitution, die in diesem Umfeld prächtig gediehen, einzuschränken, führte die Berliner Stadtverwaltung 1879 die vorher ausgesetzte Konzessionspflicht wieder ein.

Kleinere Vermittlungsbüros griffen wegen der übermächtigen Konkurrenz zu schmutzigen Tricks. So kam es vor, daß in den Zeitungen fingierte Stellenanzeigen erschienen, auf die sich sowohl Dienstmädchen als auch Hausfrauen meldeten. Ein Arbeitsvertrag kam natürlich nicht zustande, trotzdem mußte die Vermittlung aber bezahlt werden. Auch untereinander waren die Vermittlungsbüros wenig zimperlich. Man warb potentielle Kundinnen direkt vor der Tür eines Konkurrenten ab und versuchte selbst, mit ihnen ins Geschäft zu kommen. Die Mißstände führten zum Einschreiten der Behörden, die die Ausübung des Vermittlungsberufes nur in den dafür vorgesehenen Räumen erlaubten.

In der ersten Hälfte des 19. Jahrhunderts blieben die Dienstboten oft lebenslang in einer Stellung, denn als ungelernte Arbeitskräfte verfügten sie über keinerlei soziale Versorgung. Dies ist der eigentliche Grund für die vielen Geschichten über Treue und Anhänglichkeit von Dienstboten. Friedrich Torberg berichtet über die Kammerfrau der Fürstin Sch., Andulka, die sich eines Tages krank darniederlegte. Das Ende nahte, und die nicht wesentlich jüngere Fürstin besuchte Andulka täglich an ihrem Bett. Dabei, so Torberg weiter, war es Andulkas Hauptsorge, was die alte Fürstin denn ohne sie anfangen sollte: »Jetzt muß ich Durchlaucht bald verlassen... wo doch Durchlaucht so an mich gewöhnt sind... und jetzt bleiben ganz allein zurück... gnädigste Durchlaucht Gemahl sind tot, Gott hab ihn selig... und die Kinder sind anderswo... wie soll das werden... wie soll das werden.« Sie war untröstlich. Doch kurz vor ihrem Ende ging ein Leuchten über Andulkas Gesicht: »Aber vielleicht kann ich Durchlaucht bei Auferstehung behilflich sein.« [13]

Treue und Fürsorge von seiten der Dienstherren waren nicht weit verbreitet. Dienstboten hatten ihre Arbeit zu tun, Mitgefühl und Verständnis dem Personal gegenüber stellten die Ausnahme dar. Distanz, bestenfalls zurückhaltende Freundlichkeit prägten den Umgang mit Untergebenen.

Doris, unser Hamburger Dienstmädchen, über ihren Arbeitsantritt: »Nachdem ich Hut und Mantel abgelegt, führte Margret mich eine Treppe hinauf bis zum Parterre, wo sich das Eßzimmer befand. Hier war die Herrschaft, um das Kommen der neuen Köchin abzuwarten. Ich wurde sehr freundlich empfangen, und die alte Dame wünschte, daß wir gut miteinander fertig würden und recht lange zusammenblieben; jetzt sollte ich nur bald zu Bett gehen, morgen früh würde sie weiteres mit mir besprechen.« [14]

Doris teilte sich ein Zimmer mit einer Kollegin. Nicht alle Dienstmädchen hatten es so gut getroffen. Oft hatten sie nur ein unbeheiztes Mansardenzimmer oder einen winzigen Verschlag innerhalb der Wohnung zur Verfügung. Nicht ungewöhnlich war auch die Unterbringung im Souterrain, in feuchten und kalten Kämmerchen.

Das Schlimmste aber waren die sogenannten Hängeböden: Zwischendecken, die in der Speisekammer, im Flur oder sogar im Badezimmer eingezogen waren. Es gab dort keine Fenster, keine Tür, bestenfalls einen Vorhang. In diesen Verschlägen waren das Bett und die gesamte Habe der Mädchen untergebracht. Hängeböden waren mehr Koje als Zimmer, selten höher als 1,50 m und schlecht beleuchtet. Erst allmählich erließ die Obrigkeit neue Vorschriften, die sich aber nur auf die Neubauten bezogen, in den Altbauten wurden die Hängeböden noch lange als Schlafplätze genutzt.

Vernünftige Unterbringung und gute Behandlung durch die Herrschaft wurden für Dienstmädchen immer wichtiger. Lieber nahmen sie einen Stellungswechsel auf sich, als ständig schlecht behandelt zu werden und noch dazu in völlig unwürdigen Verschlägen zu hausen. Einer Untersuchung aus dem Jahre 1900 zufolge hatten in Berlin erst 54 % der Dienstmädchen ein eigenes Zimmer.

Doris, die Hamburger Köchin, war zwar passabel untergebracht, hatte es aber mit der Familie Möller nicht allzu gut getroffen. Am meisten litt sie unter dem Geiz der Damen des Hauses, was sich vor allem am Essen für das Hauspersonal zeigte. »Wir haben nicht zu hungern brauchen; aber sehr häufig hätten wir gern noch etwas gegessen und hatten nichts, trotz der aufgespeicherten Eßwaren in Kammer und Keller und trotz der vier Millionen, die, wie uns von glaubwürdiger Seite erzählt war, unsre Herrschaft ihr eigen nannte.« [15]

Sogar verdorbene Lebensmittel sollten die Mädchen des Hauses verzehren, wie Doris in ihren Erinnerungen berichtet: »Eines Tages machte Margret mich aufmerksam auf eine Schüssel voller Sauerampfer, welche vor fast acht Tagen gekocht worden war und auch im großen Saal aufbewahrt wurde... Dieser Sauerampfer war verschimmelt und schon so schlimm, daß der Schimmel fingerlang und wie weiße Haare aussah. ›Paß auf‹, sagte Margret. ›Den kriegen wir heute.‹ Und richtig. Wir saßen beim Frühstück, als Frau Möller mit der Schüssel in der Hand zu uns in die Küche trat.« [16]

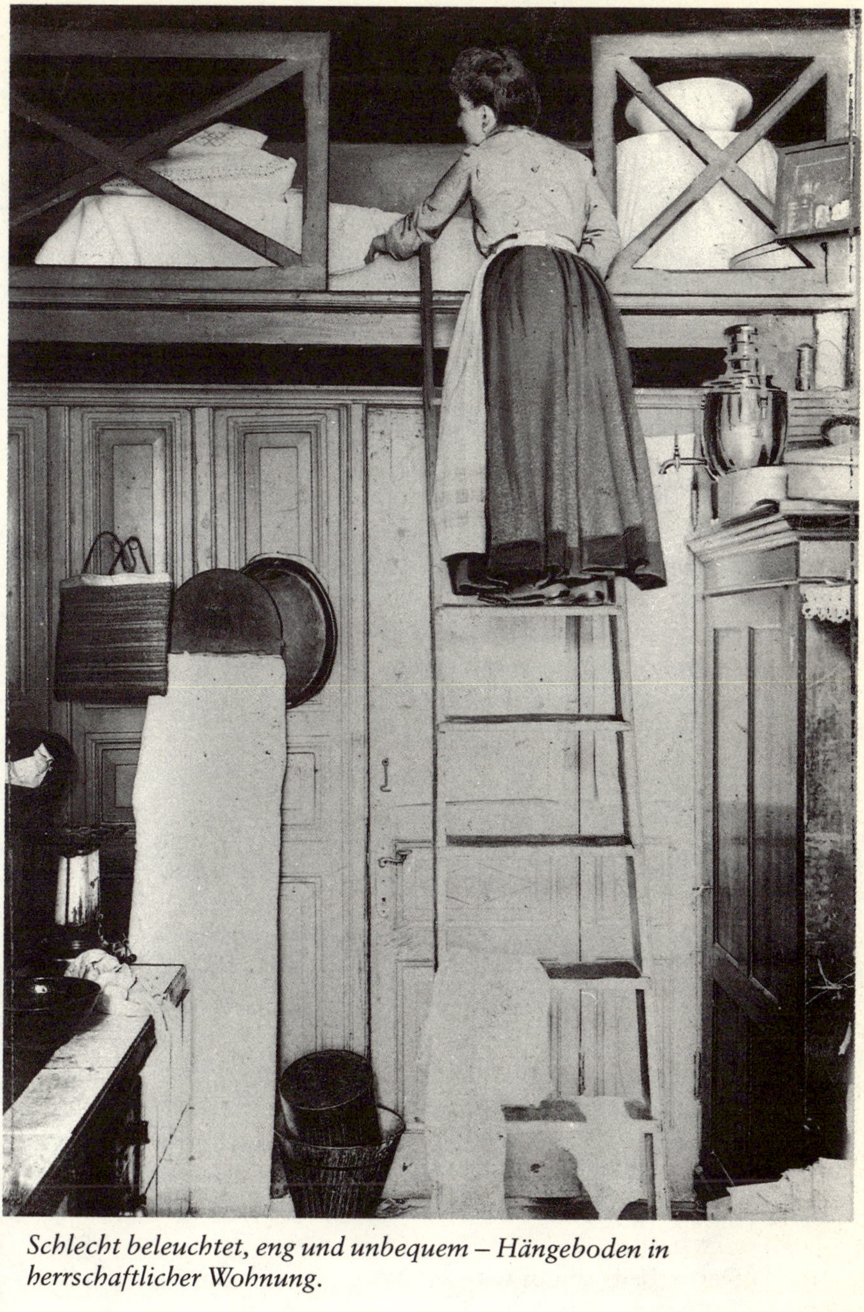

Schlecht beleuchtet, eng und unbequem – Hängeboden in herrschaftlicher Wohnung.

Die Hausfrau sparte nicht nur am Essen der Mädchen, sondern auch an der Heizung. In der Küche stand ein Kohleofen, der im Sommer wie im Winter betrieben wurde. Doris und Margret sollten nun im Winter nicht mehr Kohlen verbrauchen als im Sommer, den Ofen also nicht zum Heizen der Räume nutzen. So wurde es in der großen gekachelten Küche schnell kalt, und die Mädchen froren abends bei ihrer Näharbeit oder Strickerei erbärmlich. Manchmal füllte Doris eigenmächtig den Herd nochmals mit Kohlen auf, in der Hoffnung, Frau Möller würde dies nicht bemerken.

Doch die Gardinenpredigt folgte auf dem Fuße: »Daß es nur Verwöhnung wäre, eine so warme Küche oder Stube haben zu müssen. Es wäre gar nicht gesund, bei ihnen oben würde auch nur einmal am Tage geheizt.« So ging die Auseinandersetzung einige Tage weiter, bis Frau Möller erlaubte, »daß wir jeden Mittwoch und Sonnabend unser Zimmer ein wenig heizten«. Allerdings hielt die Wärme nicht lange vor, denn der Herr des Hauses verlangte, daß jeden Morgen, wenn er um halb acht ins Geschäft ging, die Fenster des Dienstmädchenzimmers geöffnet waren. Nur so konnte er sicher sein, daß auch alle Untergebenen schon aus den Federn waren und sich nicht auf seine Kosten ein schönes Leben machten.

Allzeit bereit – der lange Tag eines Dienstmädchens

Die Dienstboten hatten in den seltensten Fällen ein schönes Leben. Im Gegenteil – der Beruf eines Dienstmädchen war hart und zeichnete sich vor allem durch lange Arbeitszeiten aus. Nur während der Nacht hatten die Mädchen wirklich frei. Ansonsten mußten sie ständig zur Verfügung stehen, bis zu 16 Stunden täglich. Manche Mädchen mußten schon froh sein, wenn sie am Wochenende einige Stunden frei bekamen. Ein freier Tag oder Abend pro Woche war keineswegs selbstverständlich und immer abhängig vom Wohlwollen der Herrschaft.

Der Arbeitsablauf war auf das genaueste geregelt. Ein Berliner Dienstmädchen beschreibt einen ganz normalen Tag: »1/2 6 Uhr aufstehen, die Haare ordnen, anziehen, Feuer im Herde machen. Mädchenkammer aufräumen. Eßzimmer reinigen, Kaffeetisch decken. Frühstück besorgen. Sachen der Herrschaft reinigen. Von 1/2 8 Uhr an Kaffee bereit halten. – Reinigung der übrigen Räume vornehmen. Vorbereitung zum Mittagessen. 12 1/2 Uhr Abwasch. Kaffee 4 Uhr. Abendbrot 7 1/2 Uhr. Abwasch. Schlafzimmer zurecht machen.«[17]

Vielfach hatte die Hausfrau für die Mädchen akribisch genaue Pläne aufgestellt, wann was zu erledigen sei. Und so konnte ein derartiger Wochenplan aussehen:

Montag:	Alle 14 Tage Fenster putzen. Alle 4 Wochen Silber putzen. Alle 6 Wochen gründliche Reinigung der Mädchenkammer
Dienstag:	Besondere Reinigung der Lampen. Am 1. des Monats eventuell kleine Hauswäsche
Mittwoch:	Corridore, die Teppiche alle 14 Tage aufnehmen, 4-wöchentliches Klopfen. Badezimmer reinigen.
Donnerstag:	Salon bürsten. 4-wöchentlich Polster klopfen.
Freitag:	Wohnzimmer bürsten. Klopfen jeden Monat. Das Blanke in der Küche putzen.
Sonnabend:	Schlafzimmer bürsten. Staub von den Schränken, Betten wöchentlich klopfen, alle 3 Wochen frisch beziehen. In der Küche und der Speisekammer scheuern.[18]

Es wurde besonderer Wert darauf gelegt, daß das Personal auch nicht eine Minute unbeschäftigt war und dem Müßiggang frönen konnte. Vielmehr wurde ständige Bereitschaft erwartet, wobei geregelte Pausen oder feste Essenszeiten selten waren. So berichtet Doris aus dem Haushalt ihrer zweiten Herrschaft: »Das Kleinmädchen, Käthe, war ein kleines, zierliches, müde aussehendes Mädchen, den Kopf voller brauner Löckchen. Teilnahmsvoll fragte ich sie, ob sie müde sei. ›Ach ja‹, antwortete sie, ›man kommt hier ja auch den ganzen Tag nicht zur Ruh‹, und müde ließ sie sich auf einen

Stuhl nieder, um Abendbrot zu essen, aber eben hatte sie den ersten Bissen im Mund, da klingelte es. ›Einmal, zweimal‹, zählte sie und sprang schon wieder auf und ging nach oben... Sie kam gleich wieder herunter, mit einem Gläschen in der Hand, das oben vergessen worden war. ›Ja‹, klagte sie, ›so geht's hier immer, um jede Kleinigkeit muß man die Treppen steigen und das macht mich so müde.‹ ›O, das kömmt noch besser‹, meinte der Diener, ›passen Sie mal auf, wenn die Alte ihre Umstände hat, dann bekommt sie auf'n Kopf einen Eisbeutel, auf'n Leib einen warmen Kleibeutel und auf die Füße eine Wärmeflasche. Für's erste habe ich aufzukommen, für den Kleibeutel die Köchin und für die Wärmeflasche das Kleinmädchen. Dann rennen wir uns auf den etwas schmalen Treppen fast um.‹« [19]

Nach getaner Tagesarbeit standen noch andere Verpflichtungen an. Doris zum Beispiel hatte die Tochter der Herrschaft von einem Ball abzuholen, jedoch nicht vor 1 Uhr nachts! Frau Sparr, ihre Hausherrin, fand es überflüssig, für ihre Tochter einen Wagen zu bestellen. Schließlich habe sie doch genug Dienstboten, die das Abholen besorgen könnten.

Großbürgerliche Haushalte leisteten sich häufig mehrere Dienstboten für spezielle Aufgaben. Damit das Personal auch wußte, wer denn von den Herrschaften gebraucht wurde, installierte man gegen Ende des 19. Jahrhunderts Klingelbretter, die die Wohnräume mit dem Wirtschaftsbereich verbanden. Jedem Hausangestellten war ein bestimmtes Klingelzeichen zugeordnet. Auf dieses Zeichen hatte dann die oder der Gerufene sofort in die herrschaftlichen Gemächer zu eilen oder an die Gegensprechanlage, die zuweilen schon in den großbürgerlichen Haushalten anzutreffen war. Sie dienten der Erleichterung der Kommunikation in den recht großen Wohnungen. Doris Viersbeck hat in einem der Haushalte, in denen sie tätig war, auch eine solche Anlage erlebt. Wenn ihr Zeichen ertönte, mußte sie am Sprachrohr fragen: »Was ist beliebt?« Erst dann hatte sie alles stehen und liegen zu lassen und vom Herd zur Hausfrau zu eilen. Überhaupt waren die Umgangsformen zwischen Herrschaften und Dienstboten ganz genau festgelegt. Nicht nur, daß das Personal grundsätzlich geduzt wurde, während die Herrschaften respektvoll anzureden waren – es konnte auch dahin kommen, daß einer Dame der Name des neuen Mädchens überhaupt nicht gefiel. Dann wurde er eben geändert.

Diese Erfahrung blieb auch Doris nicht erspart, die sich von der Dame des Hauses sagen lassen mußte: »Ach, was ich noch sagen wollte, wir mögen den Namen Doris gar nicht leiden, das klingt so altfränkisch. Wir werden Sie Dora nennen, das hört sich ja viel netter an.«

Der Eingriff in die persönliche Freiheit beschränkte sich nicht nur auf die Umgangsformen. Schon seit dem Mittelalter war das Gesinde, wie es damals hieß, an der Kleidung zu erkennen. Zu einer der immer wieder auftauchenden Klagen über Dienstboten gehörte diejenige über die Putzsucht der Mädchen, die angeblich nur an Ausgehen und schöne Kleider dachten. Die Kleidung hatte noch lange bis ins 19. Jahrhundert hinein die Funktion, die sozialen Schichten voneinander abzugrenzen.

In den sechziger Jahren des letzten Jahrhunderts setzte sich eine einheitliche Dienstbotenkleidung durch: weiße Schürzen und Häubchen. Dabei war Hausarbeit damals ausgesprochene Schmutzarbeit, und trotzdem verlangte die Herrschaft makellose Kleidung. Da die Wäsche des Personals aber von der der Herrschaft zu trennen war, mußten die Mädchen auch noch in ihrer Freizeit waschen.

Allein die Reinigung des Ofens in der Küche war eine elende Plackerei. »Wöchentlich einmal werde der Herd, nachdem er am frühen Morgen inwendig gehörig gereinigt ist, gründlich geputzt. Folgende Weise ist zu empfehlen: Vorab wird die Platte etwas naß mit Hammerschlag oder Steinkohlenasche abgescheuert und wenn die Flecken entfernt sind, abgewaschen und abgetrocknet. Dann nehme man an einen wollenen Lappen einige Tropfen Öl und putze dieselbe mit Ruß blank, oder wende zum Trockenputzen ohne weiteres heißen Sand an; die übrigen Teile werden trocken gescheuert. Dann wird der Ofen ringsumher mit Eisenfarbe geputzt.« [20] so beschreibt einer der zeitgenössischen *Ratgeber für die gute Hausfrau* die aufwendige Prozedur.

Putz- und Polierarbeiten nahmen den größten Raum in der täglichen Arbeit ein. Allein die Pflege des Geschirrs dauerte Stunden. Die Töpfe waren aus Kupfer, Messing, Zinn oder Weißblech, und sie alle blinkend und glänzend an der Küchenwand hängen zu haben war der Stolz einer jeden Hausfrau. Derart mühsame und unangenehme Arbeiten gehörten zum Aufgabenbereich der Köchin. Hingegen fiel die Pflege des Silbergeschirrs in das Ressort des Dienstmädchens oder auch des Kleinmädchens, das für alle schmutzigen Arbeiten im Haushalt zuständig war. Um das Personal zur Sorgfalt anzuhalten, erhielten die Mädchen im Vierteljahr einen bestimmten Betrag, von dem sie zerschlagenes Geschirr ersetzen mußten. Wenn alles heil geblieben war, wurde dieser Betrag als Taschengeld ausgezahlt.

Erst allmählich erreichten die Errungenschaften der Industrialisierung die bürgerlichen Haushalte. Technische Erfindungen wie Gaslicht, elektrische Lampen und Telefon revolutionierten das tägliche Leben in der zweiten Hälfte des 19. Jahrhunderts. Fließendes Wasser in Bad und Küche und ein Abfluß für das Schmutzwasser waren eine ungeheure Arbeitserleichterung.

Doch nicht einmal die großbürgerlichen Haushalte verfügten alle über diese segensreichen Neuerungen. So wurde in Berlin zwar 1873 mit dem Bau der Kanalisation begonnen, aber bis zur Jahrhundertwende waren noch nicht alle Stadtbezirke an diese angeschlossen. Das bedeutete, daß Wasser noch immer mühsam die Treppen hochgeschleppt und Schmutzwasser wieder hinuntergetragen werden mußte. Dementsprechend sparsam ging man mit dem Wasser um, und es gehörte zu den Gepflogenheiten, das Schmutzwasser noch einmal aufzuwärmen, um damit den Küchenboden zu scheuern.

Die »große Wäsche«

Sauberkeit, regelmäßige Körperpflege und häufiger Kleiderwechsel, all das begann sich im frühen 19. Jahrhundert zu verbreiten. Nicht immer, aber immer öfter trug man Unterwäsche. Obwohl man damals die Wäsche nicht täglich wechselte, stieg damit das Volumen an Schmutzwäsche erheblich an. Und die Wäscheberge wollten bewältigt sein.

Selbst in einem kleineren Haushalt brauchte man für die »große Wäsche« mindestens einen ganzen Tag. Wer es sich leisten konnte, rief eine Waschfreu zu Hilfe oder gab die Wäsche außer Haus, in eine der gewerblichen Waschstuben, die seit den 1850er Jahren in zunehmendem Maße eingerichtet wurden.

Wurde aber im Hause selbst gewaschen, sah der Ablauf folgendermaßen aus: Zuerst sortierte und registrierte die Hausfrau die schmutzige Wäsche sorgfältig. Dann wurde sie nach dem Vorwaschen und Entfernen des gröbsten Schmutzes über Nacht in Seifenlauge eingeweicht. Am nächsten Tag hieß es dann für alle früh aufstehen. Das Dienstmädchen hatte die Kessel vorzuheizen, und die Waschfrau

Eine segensreiche Erfindung: Waschmittel aus der Fabrik – Reklame von 1894.

wusch alle Wäschestücke einzeln mit der Hand durch, die meisten davon mehrmals. Das beanspruchte oft schon den ganzen Tag.

Am nächsten Morgen ging es dann weiter mit Spülen und Bleichen. Für diese Arbeiten hatte die Hausfrau folgende Mittel zur Verfügung: weiches Wasser, Soda oder Holzasche, Fleckenmittel, Seife, Bleichmittel und Stärke. Seife wurde in den Haushalten noch Mitte des 19. Jahrhunderts aus Fett, Pottasche und ungelöschtem Kalk selbstgemacht. Die ganze Prozedur erforderte viel Zeit, Platz und Geduld: »Bei richtiger Zeiteinteilung und Handhabung des Ganzen kann eine Hausfrau die Wäsche fast unbemerkbar abhalten, während im umgekehrten Falle die Waschtage sich zu wahren Höllentagen gestalten.«[21]

Nach dem eigentlichen Waschen war die Arbeit aber noch nicht getan: »Das Aufhängen der Wäsche darf nicht als nebensächlich betrachtet werden, ein nachlässiges, schiefes Aufhängen rächt sich immer, man hat hernach beim Zusammenlegen der Wäsche doppelte Arbeit und Mühe.« So wußte es der früher weit verbreitete Ratgeber *Das deutsche Haus.*[22]

Schließlich blieb noch das Mangeln und Bügeln der Wäsche. Die Mangelwäsche wurde häufig außer Haus erledigt. Das Wegbringen und Abholen der Wäsche war eine beliebte Arbeit der Dienstmädchen, bot sie doch Gelegenheit, mit den anderen Mädchen der Nachbarschaft die allerletzten Neuigkeiten auszutauschen.

Kleine Wäschestücke wurden zu Hause geplättet. Dazu heizte man schwere Bügeleisen auf dem Ofen, es gab aber auch Modelle, die mit glühender Holzkohle gefüllt wurden. Mit diesen schweren Gerätschaften die feinen Volants, Spitzen, Manschetten und Kragen zu bügeln, war eine Kunst. Für die feinen Spitzen standen spezielle Brennscheren zur Verfügung, deren Handhabung Übung und viel Geschick erforderte.

In der Zeitschrift *ULK* erschien 1882 ein fingierter Brief an den Erfinder Werner von Siemens, der sicherlich mehr als einer »Perle« aus der Seele gesprochen war:

»Hochjeehrter Herr!

Ich stehe nämlich bei Wirkliche Jeheimraths als Mädchen vor Küche und Hausarbeit in Diensten... erst jestern habe ich jelesen, daß man mit Oellektrizität ooch kochen und braten kann. Ach, wenn das wirklich wahr ist, Herr Jeheimrath, so lassen Sie alles Andere vorläufig liejen und erfinden Sie schleunigst die oellektrische Kochmaschine, was Ihnen ja bei de Übung nich schwer fallen kann.« Mit der gewünschten Kochmaschine könne sie sich die Arbeit erheblich erleichtern, denn »... Sie jlauben ja jar nich, was man bei so ein Geschäft vor Hände kriegt. Mir will 8 3/4 schon jar nich mehr passen und ohne Jlacees kann ich doch Sonntags mit meinem Wilhelm nich ausjehen. Wenn wir uns dann im Thierjarten auf eine Bank setzen und ich ihm mit de bloße Hand ein bischen die frischrasierte Backe streicheln will, dann zuckt er immer und ich merke, daß ihm die Härtigkeit meiner Haut kratzt... Das ist alles, was wir vorläufig von Ihnen verlangen, lieber Herr Jeheimrath. Ihnen als Oellektriker brauchen wir ja erst nich zu sagen, daß Sie sich mit de Erfindungen etwas beeilen sollen, wir kennen Ihnen. Indem ich Ihnen deshalb im Namen meiner Kolleginnen jrüße, bin ich Ihre erjebene – Emilie vor Alles.«[23]

Nun hat sich der »liebe Herr Jeheimrath« mit seinen Erfindungen nicht ganz so beeilt, wie Emilie sich das vorgestellt hatte. Die Industrie brauchte bis nach dem Ersten Weltkrieg, ehe sie elektrische Küchenmaschinen in ausreichenden Mengen und zu erschwinglichen Preisen herstellen konnte.

Mit diesem Brief war allerdings weniger der Herr von Siemens angesprochen, er zielte vor allem auf die zahllosen Dienstmädchen ab. Mit derlei Veröffentlichungen wurden sie durch den Kakao gezogen und ihrer mangelhaften Bildung sowie schlechten Orthographie wegen lächerlich gemacht. Solche Texte sind ein Spiegel von häufig geäußerten Klagen über Dienstboten.

Dabei waren die Ansprüche an sie ziemlich hoch. Ein 1825 erschienener *Katechismus für Dienstboten* führte als gewünschte Tugenden auf: Arbeitsamkeit, Fleiß, Gottesfürchtigkeit, Keuschheit, Treue, Ehrlichkeit, Folgsamkeit, Achtsamkeit, Ordnung, Reinlichkeit, Höflichkeit, Gefälligkeit, Verträglichkeit, Mitleid gegen Mensch und Tier, Mäßigkeit, Verschwiegenheit, Wahrheitsliebe. Natürlich hatte ein solcher Ausbund an Tugend auf seine Gesundheit zu achten, keinen Umgang mit schlechten Menschen zu pflegen, nicht über die Herrschaft zu tratschen, ständig zu lernen – und in der knappen Freizeit auch noch auf das eigene Fortkommen bedacht zu sein.

Ausgang einmal die Woche

Freizeit war für die meisten Dienstmädchen ein karges Gut. In einer Gesindeordnung von 1810 war auf jeden Fall Freizeit für den sonntäglichen Gottesdienst vorgesehen, ansonsten lag es im Ermessen der Herrschaften, wann die Bediensteten frei hatten. Im Laufe des Jahrhunderts setzte sich dann ein sonntäglicher Ausgang alle zwei Wochen durch. Das bedeutete nun aber keinen freien Tag, sondern nur vier bis fünf Stunden ohne Dienst.

In den Großstädten konnten angesichts des ständigen Dienstbotenmangels eher Verbesserungen für das Personal erreicht werden. So kam in Berlin zusätzlich zu dem Ausgang am Sonntag ein freier Abend oder ein freier Nachmittag pro Woche dazu, der aber vorher mit der Herrschaft abgestimmt werden mußte. Davon weiß auch Doris, das Hamburger Dienstmädchen, zu erzählen: »Viel Kummer machte Frau Möller immer unser freier Abend in der Woche. Laut Abmachung mußte sie uns einen Abend in der Woche nach der Arbeit ausgehen lassen und jeden dritten Sonntag nach dem Essen. Nur konnte sie immer nicht begreifen, wo wir denn immer hinwollten.«[24]

Der Kampf um die knappe und sauer verdiente Freizeit glich einer Inquisition durch die Dame des Hauses, deren Fragen nach dem Warum und Wohin peinlich genau beantwortet sein wollten. Meistens waren es ohnehin nur Verwandtenbesuche, die dann gemacht wurden. Doris' Kollegin Margret klagte: »Wie bin ich doch dumm gewesen, zu erzählen, daß ich nicht mehr Verwandte hier habe als nur eine Schwester, und daß diese sogar auch noch in Stellung ist. Das gibt mir Lehrgeld, einer anderen Herrschaft werde ich nicht so genau meine Verwandtschaftsverhältnisse erzählen, sondern gleich noch einige Onkel und Tanten, Schwestern und Kousinen, ja auch noch ein paar Brüder und Vettern hinzufügen, damit dies Fragen aufhört.«[25]

Üblicherweise endete der Ausgang um 22 Uhr, dann mußten die Dienstmädchen pünktlich wieder zurück sein. Die Mädchen in den Mietshäusern hatten keine eigenen Schlüssel, so daß sie vor Toresschluß wieder im Hause sein mußten. Auf diese Weise war das zeitige Ende des Ausgangs garantiert. Dabei waren die Vergnügungen harmlos. Meist gingen die Mädchen am Arm eines schmucken Soldaten tanzen. Oder man ging hinaus ins Grüne und verlustierte sich auf Volksfesten. Dienstboten organisierten sogar eigene Bälle, wie etwa den berühmt gewordenen Wiener Wäschermädelball.

All diese Veranstaltungen hatten natürlich auch den Zweck, Männer kennenzulernen, denn die meisten Dienstmädchen dachten eigentlich nicht daran, sich ihr Leben lang in fremden Haushalten abzurackern. Sie träumten von der Ehe mit einem Angestellten oder Beamten.

Männerbekanntschaften wurden von den Hausfrauen gar nicht gern gesehen, konnten sie doch ein ganzes Haus ins Gerede bringen. Und was für ein Skandal, wenn die Perle sich in anderen Umständen befände! In einem solchen Fall war nach der Braunschweiger Gesindeordnung die Herrschaft zur fristlosen Kündigung berechtigt. Ausnahme: Der Hausherr selbst war der Vater des neuen Erdenbürgers, was allerdings die werdende Mutter zu beweisen hatte.

Vor allem die Bekanntschaften der Soldaten des kaiserlichen Deutschland mit den Köchinnen erlangten eine gewisse Berühmtheit: Sie waren als »Bratkartoffelverhältnisse« bekannt. Die Rekruten, die meistens vom Land kamen, wurden in den Kasernen nicht gerade üppig verpflegt. Wer aber eine Köchin kannte, hatte wenigstens hin und wieder einmal die Möglichkeit, sich satt zu essen.

Die Beziehung zwischen Hauspersonal und Militär schlug sich auch in Liedern nieder, wie in dem folgenden, dem »Dienstmädchenlied«:

Det bissken Milletär
Das Leben hinterm Feuerherd
Is wirklich – glooben Sie –
Nicht eenen eenz'gen Dreier wert.
Man hat zu viel Müh.
Erst mit det Kochen, diese Qual,
Mit Schauern noch weit mehr,
und dabei gönn'n se een'n nich mal
Det bisken Milletär.
Man wascht uns spült
und rollt und plätt
und wackert sich was ab,
is uf de Beene früh und spät
Im kleenen Hundedrab.
Man schauert Treppen, Flur und Saal,
Wird's eenen noch so schwer,
und dabei gönn'n se ee'n nich mal
Det bisken Milletär.[26]

Der schöne Hugo oder Gefahr der Großstadt

Auf den Umgang des weiblichen Personals mußte man ein Auge haben, das war zumindest die Meinung der Herrschaften. Und so ganz unbegründet waren die Sorgen ja nicht, es konnte nämlich durchaus vorkommen, daß die Mädchen spurlos verschwanden.

So findet sich in der Kriminalgeschichte ein Massenmörder, der das Wien der achtziger Jahre in Angst und Schrecken versetzte. Zunächst fiel es der Polizei gar nicht auf, daß sich die Vermißtenanzeigen der Herrschaften nach ihren Dienstmädchen häuften. Bei der Durchsuchung der Koffer eines der vermißten Mädchen fand man einen heißen Liebesbrief, unterzeichnet mit dem Namen Hugo Schenk. Dieser hatte als

Die »Perle« und ihr Soldat –
das sprichwörtliche Bratkartoffelverhältnis.

Hochstapler und Heiratsschwindler bereits einen zweifelhaften Ruf erworben. Er stellte im jugendlichen Alter von 21 Jahren fest, daß man von der Gunst wohlhabender Damen recht gut leben konnte, und gab sich fortan als Fürst Wilopolski aus. Im Gefängnis lernte er Karl Schlossarek kennen, mit dem er finstere Pläne für die Zeit danach schmiedete.

Nach der Entlassung trafen sich die beiden in Wien, und Hugo fiel die Aufgabe zu, sich an die potentiellen Opfer, allesamt junge Dienstmädchen, heranzumachen. Er unternahm mit ihnen Ausflüge an die Donau. Dort fragte er sie dann, ob ihre Liebe zu ihm so groß sei, daß sie sich ihm zuliebe auch erschießen würden. Bejahten die Mädchen, drückte Schenk ihnen einen ungeladenen Revolver in die Hand. Beim neuerlichen Liebesbeweis war die Waffe geladen, so daß es wie ein Selbstmord aussah. Hugo und sein Kumpan beraubten die Leichen und warfen sie in den Fluß. Neun Monate trieben die beiden ihr Unwesen. Bei der Wiener Polizei lief unterdessen die Fahndung nach den Mördern auf Hochtouren. Im Dezember 1883 gelang es den Beamten endlich, Hugo Schenk und seinen Komplizen in Wien festzunehmen. Beide wurden im April 1884 hingerichtet.

Ganz unberechtigt waren die Bedenken der Herrschaften also tatsächlich nicht. Oft waren die Mädchen erst 15 oder 16 Jahre alt, wenn sie ihren Dienst antraten, und mit den Verhältnissen in der Großstadt nicht recht vertraut, so daß sie leichter in Gefahr gerieten, einem hübschen Mann auf den Leim zu gehen.

Dienstmädchen waren jung, sie waren naiv und sie kamen vom Lande. Darauf gründete die weitverbreitete Meinung, daß sie »auf der Straße« endeten, sofern man sie nicht unter einer gewissen Kontrolle behielt. Es hielt sich das Vorurteil, Dienstmädchen hätten einen Hang zur Prostitution. Tatsächlich waren um 1900 etwa ein Drittel der Prostituierten frühere Dienstmädchen, was weniger auf »unsittliche« Einstellung als vielmehr auf niedriges Lohnniveau zurückzuführen war.

Das sittenstrenge Bürgertum sah in den alleinstehenden Mädchen eine ständige Bedrohung der Moral der Familie. »Nicht die Magd, sondern die Hausfrau ist die geplagte und schikanierte Sklavin, die Magd ist der Tyrann. Nicht die junge Magd ist schutzlos den unsittlichen Angriffen auf ihre Person ausgeliefert, sondern sie ist in jedem Fall die raffinierte Verführerin, die den harmlosen, soliden Hausherrn gewissenlos in ihre Netze lockt.«[27]

Das Dienstmädchen als verführerische Nymphe, die den untadeligen Familienvater mit ihren Reizen in Versuchung führt, dieses Thema findet sich bereits in der Hausväterliteratur des 18. Jahrhunderts. So warnt Germershausen in seinem Buch *Die Hausmutter in allen ihren Geschäften* von 1781: »Mancher Hausmutter hat es die Mühe und Zufriedenheit ihres ganzen Lebens gekostet, wenn sie sich aus Bequemlich-

»Wir haben jetzt ein hübsches Dienstmädchen, damit mein Mann öfter zuhause bleibt«.

keitsliebe oder Sorglosigkeit, der ihr zukommenden Hälfte des Hausregiments begeben und dadurch einem zum Leichtsinn oder zur Wollust geneigten Gatten die Gelegenheit nicht benommen hat, mit dem Gesinde oder Bedientinnen des anderen Geschlechts in eine unanständige Vertraulichkeit zu gerathen.«[28] Sittliche Verfehlungen, das geht aus diesen Äußerungen hervor, gingen meist auf das Konto der Frauen, die Herren waren stets die Verführten.

Trotz anhaltender Klagen über die Dienstboten ergriffen liberale Zeitgenossen die Partei der »dienenden Classe« und erinnerten daran, »daß es auch unter den Herrschaften ganz schlechte giebt, zehnmal schlechter als ihre Diensten sind, und es also gemein ist, auf diese allein zu schimpfen. So können gerade sie es am besten wissen, wie unverheirathete Männer Mädchen nur deshalb in Dienst nehmen, ja zu männlichen Arbeiten verwenden, um sie zu verführen; wissen, daß es vorkommt, wenn ein solches Mädchen dem Herren nicht zu Willen sein will, er Zucker, Tee und andere Sachen in ihr Bett steckt und dann nach der Polizei schickt, die natürlich die Sachen findet und das arme unschuldige Geschöpf, das keine H... werden wollte, in Verdacht des Diebstahls nimmt.«[29]

Wandte man sich an die Dienstmädchen selbst, so kamen eher die dunklen Seiten im Benehmen der Herrschaft ans Licht, wie eine Berliner Umfrage zeigte. Darin finden sich mehrere erschreckende Beispiele, wie der folgende Bericht: »Ich war am 1. Juli dieses Jahres bis 17. August in Stellung als Dienstmädchen bei Herrn M. Die erste Zeit war die Behandlung einigermaßen zu ertragen. Ich mußte nun immer im Restaurant sein, und wenn ich nach dem Keller ging und dem Herrn das Licht halten mußte, hat er mir unsittliche Sachen angeboten. Einmal wollte er mir im Keller eine Mark geben und dann in der Wohnung einmal drei Mark, und weil ich das nicht wollte, hat er mir immer die gemeinsten Wörter gesagt. Die Frau, die davon erfuhr, hat mich öfters geschlagen. Sie sagte nicht mehr anders zu mir, als dummer Pollack oder polnisches Luder, Heupferd und anderes mehr...«[30]

Dies war beileibe kein Einzelfall. Bei der Untersuchung meldeten sich Dienstmädchen, die ähnliche Erfahrungen gemacht hatten. Eine berichtete, der Hausherr hätte sie in Abwesenheit seiner Frau gewaltsam mißbrauchen wollen; einer anderen lief der Sohn des Hauses mit einer Peitsche in der Hand nach und schlug auf sie ein.

Institutionen des Unrechts: die Gesindeordnungen

Hintergrund für die Mißstände war das alte Gesinderecht, das die körperliche Züchtigung des Gesindes erlaubte. Eine erste Festlegung ist die Regelung des Augsburger Reichstags, mit der das Gesinde der Polizei und ihrer Rechtsprechung unterstellt wurde. Gesetzliche Bestimmungen für das Personal in Stadt und Land waren regional völlig unterschiedlich. Noch am Ende des 19. Jahrhunderts gab es im Deutschen Reich knapp 60 verschiedene Gesindeordnungen. Die fortschrittlichste war die aus dem Badischen, die eine Abschaffung des Züchtigungsrechts vorsah.

Das besondere an diesen Gesindeordnungen war, daß sie das Hauspersonal und das Gesinde zu einer Art Werktätiger zweiter Klasse machten. So wurde uneingeschränkte Arbeitsbereitschaft vorgeschrieben, Ungehorsam und Wiederspenstigkeit gegen die Herrschaft wurden mit Geld- und im Extremfall auch mit Haftstrafen belegt. Die mecklenburgische Gesindeordnung von 1899, die bis 1918 Geltung hatte, schrieb vor, daß das ländliche Gesinde »die Befehle der Herrschaft mit Ehrerbietung und Bescheidenheit« anzunehmen habe.

Ohne die Erlaubnis der Dienstherrn durften sich die Knechte und Mägde nicht von Haus und Hof entfernen und sich auch nicht durch grobe Beschimpfungen verletzt und gekränkt fühlen.

Streitigkeiten mit den Arbeitgebern gingen meistens zu Lasten des Dienstpersonals aus. Wurde ein Dienstvertrag von der Herrschaft gebrochen, konnte das Personal lediglich privatrechtlich dagegen vorgehen. Doch selbst dann konnte die Polizei eine Familie nicht zwingen, den betreffenden Dienstboten wieder aufzunehmen. Lief ein Dienstmädchen davon, weil es die Zustände nicht mehr ertrug, dann konnte es mit Gewalt von der Polizei wieder zur Herrschaft zurückgebracht werden. Ein anderes Druckmittel der Hausherrn war die Einbehaltung des Lohns bei vorzeitiger Kündigung oder angeblicher Nichterfüllung des Arbeitsvertrages.

Dem Hamburger Dienstmädchen Doris blieb auch diese Erfahrung nicht erspart. Sie hatte Streit mit der Dame des Hauses, in dessen Verlauf Doris kündigte und dabei auf den Lohn eines Vierteljahres verzichtete. Nachdem sie ihre Sachen zusammengepackt hatte, ging sie in das Wohnzimmer, in dem die Familie vollzählig versammelt war. Der Lohn lag abgezählt auf dem Tisch, ohne den der letzten Wochen natürlich. Zusätzlich sollte sie aber noch einen Zettel folgenden Inhalts unterschreiben: »Unterzeichnete bescheinigt hiermit, kontraktbrüchig geworden zu sein.« Doris wehrte sich: »Den Wisch unterschreibe ich nur, wenn Sie hinzufügen: ›wofür sie ihren vierteljährlichen Lohn ließ‹.« Fluchend setzte die Dame des Hauses nach weiterem Streit das Gewünschte hinzu, Doris unterschrieb und verließ erleichtert das Haus.

In Hamburg gab es keine verbindliche Rechtsordnung für das Hauspersonal. Ungeklärte Rechtsverhältnisse waren die Folge, und Streitigkeiten endeten in den meisten Fällen zugunsten der Herrschaften. In ihrer Not wandten sich die Dienstboten direkt an Senatoren und Bürgerschaft der Hansestadt, zum Beispiel mit folgendem Brief: »An die hochlöbliche Behörde zu Hamburg. Da wir schon 5 Wochen im Keller eingeschlossen sind, möchten wir die Behörde bitten, uns doch endlich zu befreien. Uns ist nicht um das Ausgehen zu thun, nur daß wir mal an die frische Luft können. Wir haben verschiedene Male unsere Herrschaft gebeten. Erhielten aber zur Antwort, daß sie die Behörde in ihrem Hause wäre. Aber doch nicht über uns?« Unterschrieben war der Brief: »Mehrere Mädchen von der Uhlenhorst.«[31]

Die Gesindeordnungen dienten dazu, das Personal zu Untertanen und nicht zu Angestellten der Herrschaften zu machen. Die Braunschweigische Gesindeordnung von 1900 (sic!) bestimmte im § 16: »Das Gesinde ist während der Dauer der Dienstzeit zur stillen Unterwürfigkeit unter die Hauszucht, die Einrichtungen des Hauswesens und unter die Anordnungen der Herrschaft verbunden.«[32]

Manche Hausherren verstanden solche Bestimmungen als Freibrief und gingen ohne Hemmungen bis hin zu Mißhandlungen. So veröffentlichte die Zeitschrift *Unser Blatt, Zentralorgan für die Interessen aller Dienenden* am 20. August 1899 den Fall eines Dienstmädchens, das von seinem Dienstherren, einem Kaufmann, schwer geschlagen worden war. Das Mädchen hatte in Abwesenheit der Familie die Wohnung zu hüten. Da sie sich nachts alleine in der Wohnung fürchtete, hatte sie eine Kollegin gebeten, bei ihr zu übernachten.

Dem Kaufmann wurde nun zugetragen, daß die beiden Mädchen angeblich die Kleider der Dame des Hauses trügen, worauf er sich wutentbrannt nach Hause zurückbegab und sein Dienstmädchen zur Rede stellte. Er zwang sie, sich bis aufs Hemd auszuziehen, um ihre Behauptung zu überprüfen, daß sie nicht die Wäsche der Herrschaft benutze; dann riß er ihr auch noch das Hemd vom Leibe, zerrte sie zu einem Stuhl, legte sie darüber und schlug mit einem Rohrstock so lange auf sie ein, bis ihm der Arm lahm wurde.

Einige Stunden später mußte sich das Mädchen nochmals ausziehen, da der Herr sich die Stelle noch einmal ansehen wollte. Die junge Frau schämte sich und ging erst am nächsten Tag zum Arzt, der ihr die Mißhandlung auf einem Attest bescheinigte. Schließlich verließ das Dienstmädchen das Haus und erstattete Anzeige gegen ihren Dienstherrn.

Ein derartiger Fall war sicher nicht die Regel, aber Übergriffe dieser Art kamen durchaus vor. Viele Klagen von Dienstboten kamen erst gar nicht an die Öffentlichkeit, weil die Mädchen sich schämten oder aufgrund der Rechtslage ohnehin kaum eine Chance hatten, sich gegen die Herrschaften durchzusetzen. Bedienstete waren Menschen zweiter Klasse. Doch die Bestimmungen, die ein solches Unrecht festschrieben, hatten bis zum Ende des Ersten Weltkrieges Gesetzeskraft.

Ebensolange galten die Dienstbücher, die einerseits den beruflichen Werdegang lückenlos dokumentieren sollten, andererseits disziplinierenden Charakter besaßen. Mit dieser Maßnahme wollte man die Dienstboten unter polizeiliche Aufsicht stellen und verhindern, daß sie aus unerträglichen Arbeitsverhältnissen wegliefen.

Fühlte sich ein Dienstmädchen durch das ausgestellte Zeugnis nun ungerecht beurteilt, konnte es bei der Polizeibehörde Widerspruch einlegen. Ein Berliner Dienstmädchen hatte nach langen Auseinandersetzungen zwar formal recht behalten, im Grunde aber verloren. Die Herrschaft hatte in ihr Dienstbuch eingetragen: »Mädchen für Alles, Grund der Entlassung Vernachlässigung aller Obliegenheiten, Unehrlichkeit.«

»Daß ich mit diesem Zeugnis keine Stelle bekommen hätte, darf ich wohl nicht erst erwähnen. Nun sagte man: sich beschweren und das Zeugnis ans Polizeipräsidium schicken. Das habe ich gethan. Wer glaubt mir's aber, daß das Buch über 3/4 Jahre auf dem Polizeipräsidium gelegen hat? Ich erhielt es dann mit dem Vermerk zurück: ›Die N. N. ist wegen Vorwurf der Unehrlichkeit vom Gericht freigesprochen‹. Das war aber so unterschrieben, daß das frühere Zeugnis noch deutlich zu lesen war. Der Vorwurf Vernachlässigung aller Obliegenheiten war freilich nicht ausgestrichen und berichtigt. Ebenso hatten die Leute das Recht, mich als Mädchen für Alles in das Zeugnis einzutragen, trotzdem ich doch als Stütze der Hausfrau gemietet war. So gewissenhaft werden die Zeugnisse geändert.«[33]

Eine ungünstige Beurteilung aus dem Dienstbuch tilgen zu lassen war äußerst schwierig. Bei Streitigkeiten stand die Aussage eines Dienstmädchens gegen die einer ganzen Familie. Wollte sich ein Mädchen in einem neuen Haushalt vorstellen, mußte sie das Dienstbuch natürlich vorlegen. Die einzige Möglichkeit, sich effizient und schnell gegen falsche Beschuldigungen zu wehren, bestand darin, das nachteilige Dienstbuch zu »verlieren«. In Berlin stieg zwischen 1884 und 1890 die Zahl der als verloren gemeldeten Dienstbücher sprunghaft an.

Löhne, Gehälter, Geschenke

Bei all der Plackerei und den zahlreichen Beschränkungen war die Arbeit eines Dienstmädchens nicht einmal sonderlich gut bezahlt. Die Löhne orientierten sich an der Position des Mädchens, denn auch hier gab es Hierarchien, die unbedingt eingehalten wurden. Am wenigsten verdiente das sogenannte Mädchen für Alles, die jede Arbeit im Haushalt verrichten mußte und meistens ihre erste Stellung innehatte. Je spezialisierter die »Perlen« waren und je länger sie in dieser Position bereits gearbeitet hatten, desto mehr konnten sie verdienen.

Der Lohn des Hauspersonals setzte sich aus Kost und Logis, Sachleistungen und Geldzahlungen zusammen. Genaue Zahlen zu den Löhnen sind schwierig anzugeben, weil sie von Region zu Region stark variierten und sich nach dem Wohlverhalten des Mädchens, seiner Berufserfahrung und auch den ökonomischen Verhältnissen des Arbeitgebers richteten. Zusätzlich gab es Geschenke zu bestimmten Anlässen wie etwa Weihnachten, Geschenke, die ebenfalls sehr unterschiedlich ausfielen.

Doris Viersbeck hatte in den verschiedenen Haushalten ganz unterschiedliche Weihnachtsgeschenke bekommen. Manchmal beschränkten sich diese auf ein gutes Essen oder ein paar Kleinigkeiten. Reich beschenkt wurde sie nur einmal: »Ich fand alles auf meinem Platz, Kleiderstoffe, Wäsche, Schürzen und noch vieles mehr und alles gute Sachen. Ein Kasten mit hübschen Taschentüchern fehlte auch nicht; ich hatte sie schon angesehen und mich gefreut über deren Feinheit; aber Frau Nielson kam nochmals auf die Taschentücher zurück, ob ich sie denn schon auseinandergenommen hätte. Ich fand es sonderbar, denn mich interessierte das feine Tuchkleid weit mehr; aber, um nicht gleichgültig oder gar undankbar zu erscheinen, willfahrte ich ihrem Wunsche. Wer kann sich meine Freude vorstellen, als ich unter den Taschentüchern ein Etui vorfand mit einer hübschen Uhr nebst Kette! Ich war sprachlos.«[34]

Weihnachtsgeschenke konnten aber auch als Druckmittel den Dienstboten gegenüber mißbraucht werden. So war es nach den Gesindeordnungen erlaubt, daß die Herrschaften das Geschenk oder einen entsprechenden Geldwert zurückverlangen konnten, wenn das Mädchen vor dem üblichen »Ziehtag« – meist Anfang April – den Dienst quittierte.

Die Löhne und die zusätzlichen Leistungen waren also abhängig vom Wohlwollen der Dienstherren und der Funktion, die im Haushalt wahrgenommen wurde. Um 1900 verdienten Dienstboten jährlich:[35]

Erzieherin	450–1200 Mark
Kinderpflegerin	240–300 Mark
Köchin	180–300 Mark

Hausmädchen	150–200 Mark
Kindermädchen	120–180 Mark
Mädchen für Alles	120–180 Mark

Nach der zeitgenössischen Untersuchung von Oscar Stillich zur Lage der Dienstboten in Berlin berechnete er den realen Jahreslohn eines Dienstmädchens, wobei materielle Leistungen eingerechnet wurden, wie folgt:

Jahreslohn	200 Mark
Kost	365 Mark
Wohnung	72 Mark
Weihnachten	30 Mark
	667 Mark

Zum Vergleich: In dieser Zeit verdiente ein Ladenmädchen bereits rund 800 Mark. Rechnet man den Dienstmädchenlohn auf eine tägliche Arbeitszeit von 16 Stunden um, so ergibt sich ein Stundenlohn von etwa 3 Pfennigen! Die niedrigen Löhne für das häusliche Personal galten im gesamten Reichsgebiet, wahrscheinlich waren sie auf dem Land sogar noch niedriger.

Der geringe Lohn konnte jedoch durch das Trinkgeld aufgebessert werden, das bei gesellschaftlichen Ereignissen anfiel. Es war üblich, daß die Gäste des Hauses dem Dienstmädchen Trinkgeld unter den Teller legten oder beim Mantelreichen in die Hand drückten. Diese Summen konnten einen ganz erheblichen Umfang annehmen, weshalb sich einige Herrschaften auch dagegen wehrten. Allerdings waren diese gesellschaftlichen Ereignisse immer mit erheblicher Mehr- und auch Nachtarbeit für das ganze Hauspersonal verbunden, und meistens profitierte nur das Dienstmädchen.

Neben dieser »offiziellen« Einnahmequelle gab es noch weitere, über die vor allem Köchinnen verfügten, denen auch der Einkauf anvertraut war. In Übereinkunft mit den Geschäftsleuten oder Marktfrauen wurde bei jedem Einkauf etwas für sie abgezweigt, Händlerrabatte, deren Höhe vom Verhandlungsgeschick der Köchinnen abhing. Die Hausfrauen kritisierten diese sogenannten Marktgroschen – andernorts auch Körbelgeld oder Schwänzelpfennig genannt – heftig, und sie wußten sich hier mit der Obrigkeit einig. Trotzdem, gegen diese »Unsitte« konnten sie nicht viel ausrichten.

Von Krankenkassen und Krawallen

Die besondere Beziehung zwischen Herrschaft und Personal verpflichtete die häuslichen Dienstherrn zu einer besonderen Fürsorgepflicht gegenüber den Bediensteten. Darum regelte die preußische Gesindeordnung, daß das Personal im Krankheitsfalle nicht entlassen werden durfte, und legte der Herrschaft die Verpflichtung auf, einem kranken Hausangestellten Unterhalt und Pflege zu gewähren. Die 1883 und 1884 von Bismarck erlassenen Gesetze zur Kranken- und Unfallversicherung schlossen Dienstboten und ländliches Gesinde ausdrücklich aus, weil diese ja nach den alten Regelungen der Gesindeordnungen den Schutz der Herrschaft genossen, den die gewerblichen Arbeiter nicht besaßen. Mit der Erweiterung des Sozialversicherungssystems um die Alters- und Invalidenversicherung 1891 wurden auch Dienstboten zugelassen. Wöchentlich zahlten sie 20 Pfennige Beitrag, den sie sich mit der Herrschaft teilten. Doch bis 1914 waren sie von der gesetzlichen Krankenversicherung ausgeschlossen. Allerdings gab es in mehreren Ländern ab 1892 Ausnahmeregelungen. In Berlin etwa konnten sich die »Perlen« freiwillig versichern. Die Leistungen der Krankenversicherung reichten jedoch im Ernstfalle nicht aus, um die Dienstmädchen tatsächlich vor Elend zu schützen. Sie blieben daher weiterhin auf die Unterstützung der Familie angewiesen.

Auch wenn die Dienstboten einer Krankenversicherung angehörten, ließ die medizinische Versorgung zu wünschen übrig. Doris, das Hamburger Dienstmädchen, hatte sich durch das viele Stehen geschwollene Beine zugezogen. Doch die nie endende Hausarbeit ließ keine Behandlung der Beschwerden zu. Im nächsten Dienstverhältnis hatte sie einen

Unfall. Sie verbrühte sich die Beine derart, daß ein Arzt ins Haus gerufen werden mußte. Dieser legte ihr einen Verband an und meinte dann, jetzt könne sie wieder an die Arbeit gehen. Von einer Pause oder gar Bettruhe war nicht die Rede. Nach dieser Behandlung parlierte besagter Doktor noch ein wenig mit der Dame des Hauses. Als Doris ihn wegen ständiger Schmerzen in seiner Sprechstunde aufsuchte, war er überhaupt nicht freundlich, sondern schickte sie gleich wieder nach Hause.

Erst viel später war der Herr Doktor bereit, den angelegten Verband abzunehmen. Da war es aber schon zu spät: Der Fuß war offen, und Doris mußte zur Behandlung ins Krankenhaus. Dort gab es zwar aufgeschlossenere Ärzte als den Kassenarzt, doch das restliche Krankenhauspersonal benahm sich Doris gegenüber ausgesprochen schlecht.

Kassenpatienten galten als arme Leute und waren keine vornehmen Herrschaften, und ohnehin wollten sie sich nur vor der Arbeit drücken, das kannte man ja. Je abschreckender die Behandlung, desto schneller kehrte die Patientin an den fremden häuslichen Herd zurück.

Ermutigt durch die Erfolge der Gewerkschaften und der Sozialdemokraten begannen die Dienstboten, gegen ständigen Druck und permanente Gängelung aufzubegehren. 1899 kam es in Berlin zu großen Versammlungen. Im Mittelpunkt der lebhaften Diskussionen standen die rechtliche Diskriminierung durch die Gesindeordnung, unzureichender Krankenversicherungsschutz, das Dienstbuch, schlechte Unterbringung und unwürdige Behandlung durch die Herrschaften.

Zur Durchsetzung ihrer Forderungen wollten sie jetzt auch eine eigene Interessenvertretung nach dem Vorbild der Gewerkschaften ins Leben rufen. Ergebnis der Versammlungen war die Gründung des »Hilfsvereins für das weibliche Hauspersonal«. Zum Entsetzen der Berliner Bürger gingen die Perlen auf die Straße. Einträchtig marschierten da dicke Köchinnen, zarte Dienstmädchen und junge Zofen nebeneinanderher, herausgeputzt im schönsten Sonntagsstaat. Das hatte es noch nie gegeben: Das Personal demonstriert!

Dabei waren ihre Forderungen gar nicht revolutionär: Abschaffung von Dienstbuch und Gesindeordnung, gesunde Unterbringung und ausreichende Kost, gute Behandlung und mehr Freizeit. Es ging also noch nicht einmal um höhere Löhne, sondern nur um gerechtere Behandlung und bessere Arbeitsbedingungen.

In der Presse ließ man sich diese Demonstrationen nicht entgehen. Zwar berichteten einige Blätter durchaus verständnisvoll über die Forderungen der Dienstboten, doch überwogen beißender Spott und giftige Ironie. Schließlich wurde Personal bis dahin in der Presse nur als Karikatur wahrgenommen. Jetzt aber zerrten Dienstboten private, ja die intimsten Angelegenheiten ihrer Hausherren auf die Straße. Das war denn nun wirklich der Gipfel der Insubordination!

Die Hausfrauen selbst gingen ihrerseits auf die Straße und riefen in Flugblättern dazu auf, »organisierte« Dienstmädchen zu entlassen. Schließlich sah man in den Protesten finstere Mächte am Werke, wahrscheinlich wieder einmal die Sozialdemokratie, die den armen, unwissenden Mädchen nur Flausen in den Kopf setzte.

Tatsächlich hatten die »Dienstbotenunruhen« nur wenig konkrete Folgen. Zunächst waren sie Anlaß für Oskar Stillich, die Lage der Dienstboten zu untersuchen. Als er seine Fragebögen an die Berliner Haushalte verschickte, hagelte es entrüstete Proteste, ja es kam sogar dazu, daß die Boten, die die Fragebögen überbrachten, tätlich angegriffen wurden. Manche Hausfrau versuchte, ihre »Perle« am Ausfüllen zu hindern. Auch in der Presse machte man Stimmung gegen diese Untersuchung, allerdings ohne großen Erfolg. Die meisten Dienstmädchen fühlten sich durch die Versammlungen des Sommers ermutigt, schrieben ihre Erlebnisse und Erfahrungen auf und schickten sie Stillich zu.

Der mit großem Enthusiasmus gegründete »Hilfsverein für das weibliche Hauspersonal« hielt nicht, was sich die Dienstmädchen ursprünglich davon versprochen hatten: Er versuchte immer mehr, Mittler zwischen Personal und Herrschaft zu werden, wenn nur die Herrschaften die grundsätzlichen Forderungen des Vereins anerkannten. Damit konnte der Verein die Anliegen der Dienstmädchen nicht mehr offensiv vertreten. Immer wenn sie dort Klagen vorbrachten, trat ihnen »irgendein Beschwichtigungsapostel« entgegen.[36]

Als Gegengewicht zu dem Hilfsverein und um weitere Forderungen von Dienstmädchen abzuwehren, wurden Hausfrauenvereine gegründet. Sie sollten dazu beitragen, das Verhältnis von Herrschaft und Personal zu verbessern und die Beziehung harmonischer zu gestalten. Einklagbare Rechte wie geregelte Arbeitszeit und entsprechende Freizeit wollte man dem Personal nicht zugestehen. Die Vereine wollten lediglich für eine bessere Ausbildung der Mädchen sorgen und appellierten an die Hausfrauen, den im Haushalt lebenden Dienstmädchen ein ernstzunehmendes Vorbild zu sein. Nur auf diese Weise sei die Anhänglichkeit, die man von den Hausangestellten erwarte, auch zu erreichen.

Mit dem Versuch, auch Dienstmädchen in die Vereine aufzunehmen, scheiterten die Hausfrauen jedoch völlig. Schließlich wollten die Mädchen ihre kostbare Freizeit nicht in irgendwelchen Versammlungen vergeuden, in denen sie noch dazu ermahnt wurden, sich gehorsam und tugendhaft zu betragen.

Die Auseinandersetzungen zwischen Personal und Herrschaft blieben an der Tagesordnung. Doch spätestens seit dem Ersten Weltkrieg konnten sich nurmehr wenige Familien eine »Perle« leisten. Mit dem 19. Jahrhundert ging die Ära der Dienstmädchen zu Ende.

Die Last mit der Lust

»Wenn schon nicht keusch, dann wenigstens heimlich«

Das 18. Jahrhundert mit seiner Sinnlichkeit und Erotik war zu Ende, die Prüderie sollte in der Folgezeit den Sieg davontragen. Die Bürger setzten der Sinnenfreude des Adels eine strikte Moral entgegen. Hatte die Gesellschaft des ausgehenden Absolutismus noch ungehemmt ihre Bedürfnisse ausgelebt, so war jetzt Sexualität verpönt, kein Thema mehr in den Gesprächen der feinen Gesellschaft, sie wurde ein Tabu. Industrialisierung und Arbeit erforderten den disziplinierten Menschen, der seine Affekte und Triebe unter Kontrolle hatte und laszive Vergnügungen ablehnte. Denn jetzt gab nicht länger der verschwenderische und ganze Vermögen verschleudernde Adel, sondern das arbeitsame Bürgertum den Ton in der Gesellschaft an.

Das eherne Gesetz dieser bürgerlichen Gesellschaft lautete: den Anstand wahren – und das um jeden Preis. Sichtbaren Ausdruck fand diese Haltung in der Kleidung. »Jedem galt als das Höchste, so unauffallend wie möglich zu sein. Korrektheit, gute Lebensart, Höflichkeit und Anstand, unglaubliche Vornehmheit bis zur Steifheit und Langweiligkeit, die höchste Dezenz in Farben und Schmuck gehörten unbedingt zu den ersten Grundsätzen der Eleganz und des guten Tons.« [1]

Man wollte nicht auffallen, denn der gute Ruf, den es unbedingt zu wahren galt, war schnell ruiniert. Die Frauen kleideten sich einfach und schmucklos, erschienen nicht allein in der Öffentlichkeit – und verhüllten ihre weiblichen Formen bis zur Unkenntlichkeit: »Das Hauptwesen äußeren Anstandes besteht in der möglichst restlosen Ausschaltung alles Geschlechtlichen im öffentlichen Gebaren. Die Liebe hat hier scheinbar aufgehört zu existieren. Man ist öffentlich geschlechtslos.«[2] Mit dem Vordringen des Bürgertums veränderten sich auch Stellung und Rolle der Frau. Die elegante Zeit des 18. Jahrhunderts hatte sie angebetet, sie war die Königin der Gesellschaft, ihren Launen und Kapricen war alles untergeordnet.

Die bürgerlichen Gleichheitsideale entthronten die Frau. Aus dem »Objekt der Begierde« wurde die »Frau an seiner Seite«. »Die Frau begann zum ersten Mal seit dem Mittelalter Mensch zu werden; aus dem geknechteten, meinungslosen Sklaven und dem bloßen Lusttier wurde immer mehr der Genosse des Mannes.«[3]

Doch der Umgang der Geschlechter miteinander wurde dadurch keineswegs freier, die Ungezwungenheit war dahin. Der Mann hatte sich zu zügeln und zu beherrschen. Die Frau um so mehr. An der Oberfläche war alles intakt, alles in guter Ordnung. Die Frau stand dem Haushalt als liebende Gattin und treusorgende Mutter vor, der Mann verdiente das Geld und erholte sich des Abends im Kreise seiner Lieben.

Die tatsächlichen Verhältnisse waren jedoch andere, bürgerliche Idylle existierte nur in der Theorie. »Wenn schon nicht keusch, so doch wenigstens heimlich«, könnte das Motto gelautet haben. Solange die Fassade intakt war, gestattete die Gesellschaft »dem Mann alles und der Frau sehr vieles«, wie der Sittenhistoriker Eduard Fuchs meint.[4]

Viele glücklich verheiratete Männer leisteten sich eine Maitresse oder eine kostspielige Freundin, ließen sich aber nie in der Öffentlichkeit mit ihr sehen. Er zahlte für die Wohnung, kam für die vielen kleinen Ausgaben auf, vielleicht unterstützte er auch gemeinsame Kinder... Nur wissen durfte es niemand. Vielleicht ahnte die Ehefrau etwas, aber als verständnisvolle Gattin ließ sie es sich nicht anmerken. Im Stillen zu leiden und der Gesellschaft zuliebe den Schein zu wahren war besser, als mit einer Scheidung einen Skandal heraufzubeschwören.

Schon im Gespräch war tunlichst alles zu vermeiden, was doppeldeutig hätte verstanden werden können. Selbst Frauen untereinander sprachen nicht über Körper und Geschlecht, es galt als takt- und geschmacklos. Offiziell wußte eine anständige Frau nichts von solchen Dingen. Die Schriftstellerin Hedda Droneck empörte sich über diese offensichtliche Heuchelei: »Die Zimperlichkeit, diese übertünchte Schamhaftigkeit gegenüber allen geschlechtlichen Dingen, die ist's, die man als Erreger sinnlicher Lust ansehen muß. Das lügenhafte Sprödetun, mit unklarem, tastendem ahnendem Wissen im Hintergrunde, ist's, das alle Harmlosigkeit elend zu Grunde richtet und in einem Meere von Verstellung, falscher Scham, kalter Ablehnung trotz prickelnder Wollust – kurz, in konventionellen Lügen buntester Art ertrinken läßt.« [5]

Dieser Verschämtheit entsprach die allgemeine Ausdrucksweise. Wenn es nicht zu vermeiden war, über den Körper zu sprechen, bediente man sich vager Umschreibungen. Eindeutige Benennungen von Körperteilen waren verpönt. Schenkel und Waden fielen unter den Sammelbegriff »Bein«, Brust und Busen firmierten als »Hals«, Bauch wurde unter »Magen« subsumiert. Von den hinteren Körperpartien gar nicht zu reden. Schwanger wurde eine Frau nicht, sie war nicht einmal »guter Hoffnung«, »in anderen Umständen« hieß das damals.

Die Mode: »Verbrecherin an der köstlichen Schönheit des Weibes«

Die allgemeine Verschämtheit machte auch vor den Schlafzimmern nicht halt. Lange Zeit hatte man nackt geschlafen, das Nachthemd begann seinen Siegeszug erst im 16. Jahrhundert. Im eleganten Zeitalter trug die Dame dann bodenlange Gewänder, die, mit Bändern versehen, die Taille betonten und die Schultern seiner Trägerin freiließen. Ein anderes, sehr freizügiges Kleidungsstück, Casaquin genannt, erfreute sich allenthalben großer Beliebtheit. Dabei handelte es sich um eine Art Korsett mit einem abgeschnittenen Unterrock. So knapp man damit bekleidet war, galt es damals keineswegs als unschicklich, Besucher im Casaquin zu empfangen.

Mit der Herrschaft des Bürgertums endete die Zeit der verführerischen Nachthemden. Man trug bodenlange, gestärkte, zugebundene oder zugeknöpfte Gewänder ohne jede Verzierung. Das Nachtgewand diente nicht mehr der Verführung und Verlockung, sondern dem Schutz. Übrigens waren nicht nur Frauen darin eingepackt, auch Männer trugen sie. Erst an der Schwelle zum 20. Jahrhundert sollte der Pyjama in Mode kommen.

Die Unterwäsche darf als Erfindung der bürgerlichen Zeit gelten. Noch im 17. und 18. Jahrhundert dachte sich auch die vornehmste Dame nichts dabei, ohne Unterhosen auszugehen. Die ersten Unterhosen, die in Mode kamen, dienten dazu, die Röcke aufzublähen. Sie hatten Rüschen an den Fußgelenken, waren lang und ganz weit geschnitten. Lange Zeit wurden diese Pantalons von kleinen Mädchen beim Spielen getragen, bis dann sittenstrenge Erzieherinnen das monierten.

Für die Dame stand neben den Pantalons auch eine knielange Version zur Verfügung. Von der Ärzteschaft wurden diese Kleidungsstücke begrüßt, da sie dem Rheumatismus und anderen Krankheiten vorbeugten. Mit dem Siegeszug der Krinoline, des weiten Reifrocks, setzten sich die Unterhosen endgültig durch. Das entscheidende Argument dafür: Die Damen mußten beim Treppensteigen die Krinoline anheben. Dadurch wurden die Beine bis zum Knie sichtbar, und das lag nun wirklich jenseits der Grenzen der Schicklichkeit. Eine Frau ohne Unterhosen konnte nur von zweifelhaftem Lebenswandel sein.

Die Männer waren von den neuen Kleidungsstücken nun gar nicht begeistert, unerotisch seien sie und obendrein langweilig. Pariser Lebemänner bedauerten, daß die »langen Hosen« den Blick auf die Fesseln der Damen verhinderten.

Die Krinoline, der weite Reifrock der Jahrhundertmitte, verdeckte ein langes, bis an die Schenkel reichendes Korsett, Unterhemd und Pantalons, diverse Unterröcke und das Krinolinengestell. Da brauchte man als Dame schon eine Zofe, um allein das morgendliche Ankleiden zu bewältigen.

Nachdem die Krinoline aus der Mode gekommen war, benötigten die Damen allerdings kaum weniger Kleidungsstücke. Bis zum Ersten Weltkrieg blieben sie weiterhin einge-

Wer schön sein will, muß schnüren.

schnürt und zusammengepreßt. Das Korsett modellierte die Figur, die zahlreichen Wäschestücke, die darüber getragen wurden, verwischten die Konturen wieder. Denn eine Frau wollte schließlich nicht ihres Körpers wegen anziehend sein. Die Tugend einer Dame der Gesellschaft wurde von Unterhose und diversen Unterröcken verteidigt. Die Unterhose, von festen Schnüren gehalten, hatte nicht einmal einen Schlitz. Gewagte Modelle mit einem Schlitz vorn oder hinten wurden nur von Prostituierten und Damen mit zweifelhaftem Ruf getragen.

»Das erste Mal in der Historie diente Unterwäsche dazu, jede amouröse Berührung zu verhindern, was unweigerlich dazu führen mußte, eine von Doktor Freuds Patientinnen zu werden«, meinte der Wäschespezialist Cécil Saint-Laurent. Zwar war schon seit dem Mittelalter die Auffassung verbreitet, daß eine Vereinigung mit dem Ehegatten um der bloßen Lust willen Sünde sei, aber dies war nicht auch noch durch die Kleidung unterstrichen worden. Die Wäsche als Bollwerk gegen fleischliche Begierde war eine Erscheinung des 19. Jahrhunderts. Als Akt gegen die Lustfeindlichkeit der Wäsche entstand in Paris die neue Attraktion, der Striptease.

Um 1880 kam die Wespentaille in Mode, die nur durch das Tragen eines eng geschnürten Korsetts erreicht werden konnte. Vorne enthielt dieses Wäschestück Metallstäbe, die den Bauch fest zusammendrückten. Außerdem drückte der vordere Teil auf die Leiste, so daß die Damen von selbst ein Hohlkreuz machten. Nur mit einem solchen Folterinstrument war die Idealfigur zu modellieren: hochgeschobener Busen, beeindruckender Po und ein ganz flacher Bauch. Ge-

Anzeigenwerbung für das Direktoire-Korsett.

sund war eine solche Haltung keineswegs, und nicht nur Ärzte machten sich Sorgen um die Gesundheit der Frauen.

1884 wurde auf einer Gesundheitsausstellung in London ein »Survival Corsett«, ein »Überlebenskorsett« vorgestellt, das als vorbildlich galt. 1887 kam das »Dr. Anna Kuhnow'sche Reformkorsett« auf den Markt, das ebenso wie das englische Modell den Vorzug hatte, das Gewicht der Kleidung anatomisch günstiger zu verteilen. Ein wichtiger Gesichtspunkt, denn Frauen schleppten vier- bis achtmal soviel Stoff wie die Männer mit sich herum. Nur Frauen, die den Spott der Gesellschaft ertragen konnten, wichen von der Kleidermode ab und trugen Hosen.

Chronique scandaleuse: Lola Montez und der bayrische König

Kleine Leute scheuten mit ihren kleinen Affären das Licht der Öffentlichkeit. Liebeshändel hochgestellter Persönlichkeiten dagegen fanden vor aller Augen statt. In den vierziger Jahren des 19. Jahrhunderts füllte die Beziehung zwischen dem bayrischen König Ludwig I. und der Tänzerin Lola Montez die Schlagzeilen, war Gesprächsstoff in den europäischen Salons.

Lola Montez, Tochter eines englischen Soldaten und einer Kreolin, bezauberte mit ihrer sinnlichen Schönheit die Männer. Eine Chronistin schrieb über Lola: »Ihr Lächeln ist Wollust, ihr Blick Gift, sie ist die Inkarnation des Perversen nach einer Zeit, da Lieblichkeit und Anmut Hauptbedingungen des Ideals alles Weiblichen waren.«[6]

Schon früh reiste sie durch mehrere europäische Länder, sprach dadurch neben Deutsch und Englisch auch Französisch und Spanisch. Karriere machte sie als Tänzerin. Wo immer sie auftrat, verdrehte sie den Männern gründlich den Kopf. In Paris hatte ein Kritiker es gewagt, die Darbietungen Lolas nicht absolut hinreißend zu finden. Die gekränkte Diva bat einen der zahlreichen Anbeter, ihre Ehre zu verteidigen. Der forderte den respektlosen Schreiberling zum Duell – und ließ dabei sein Leben. Nach diesem Skandal konnte Lola unmöglich in Frankreich bleiben und machte sich auf nach Deutschland.

Im eleganten Kurort Baden-Baden lernte sie Prinz Heinrich von Reuß-Lobenstein-Ebersdorf kennen, der ihr bald völlig verfallen war. Der Prinz nahm die Tänzerin mit in sein kleines Reich. Doch bald empörte Lolas hochfahrendes Benehmen Untertanen wie Herrscher gleichermaßen. Mit einer saftigen Rechnung für Kleider, Schmuck und andere Petitessen ließ Lola Montez den Prinzen zurück und reiste nach München. Dort stand König Ludwig I., obwohl bereits 60 Jahre alt, in dem Ruf, ein großer Verehrer weiblicher Schönheit zu sein.

Kaum in München angekommen, verlor Lola keine Zeit und machte sich auf den Weg in das königliche Schloß. Den verdutzten Lakaien erklärte sie, daß sie den Regenten selbst zu sprechen wünsche. Angemeldet war sie selbstverständlich nicht. Der Kammerdiener versuchte vergeblich, es ihr auszureden, schließlich meldete der Adjutant ihr ungehöriges Benehmen dem König. Ludwig I. wollte die unmögliche Person selbst zur Räson bringen. Als Lola Montez dann allein vor ihm stand, war es freilich mit Ludwigs Contenance vorbei. Bewundernd betrachtete der König die rassige Schönheit, von der alle großen Zeitungen schwärmten. Lola Montez war bereits damals eine Berühmtheit, allerdings mehr durch Skandale und Affären als durch ihre Kunst auf der Bühne.

Ludwig I. bewunderte vor allem das Decolleté der Montez, wagte aber zu bezweifeln, daß so viel Schönheit ohne stützende Hilfsmittel auskomme. Das war zuviel für Lola. Sie ging zum Schreibtisch, nahm eine Schere und schnitt ihr Kleid bis zur Taille auf. Ludwig I. war von der »schönen Andalusierin« völlig hingerissen. Nicht lange, und er tat alles, was sie nur wollte.

Schon bald verfügte Lola über ein prächtig eingerichtetes Palais, eine umfangreiche Dienerschaft und die elegantesten Toiletten. Ludwig las ihr jeden Wunsch von den Augen ab. Zu Beginn ihres Verhältnisses mit dem bayrischen König unterschrieb sie die Briefe an die Lieferanten offiziell mit »Maitresse du Roi«, bis Ludwig es ihr verbot. Die Öffentlichkeit betrachtete die Affäre mit zunehmendem Mißfallen. Vor al-

Skandale säumten ihren Weg: Lola Montez.

lem, als Lola ein Inserat in die größte Münchner Tageszeitung setzte, worin sie mitteilte, sie könne unmöglich weiterhin Gnadengesuche annehmen. Gerade ihr hochfahrendes Benehmen machte sie verhaßt. Das Wort »bitte« kam nur schwer über ihre Lippen, Wünsche äußerte sie in Befehlsform, »danke« fehlte in ihrem Wortschatz.

Alle Schönheit, eleganten Roben, Schmuck konnte sie nur im eigenen Palais, bei ihren Empfängen zur Schau stellen. Von der »feinen Gesellschaft« wurde sie konsequent geschnitten. Da halfen auch der Einfluß des Königs und ihr Titel einer Gräfin Landsberg nicht. Man verkehrte nur in aller Heimlichkeit bei ihr und gab es in der Öffentlichkeit nicht zu.

Nach den ersten Schlagzeilen wurde Lola Montez auch beim Volk zunehmend unbeliebt. Ihre Allüren, ihr schlechtes Benehmen und ihre Verschwendungssucht hatten ihr nur

Feinde gemacht. Ihr königlicher Freund mußte das Palais mit Gittern versehen lassen, ein Gendarm wurde vor dem Haus postiert, um die Leute davon abzuhalten, die Fenster mit Steinen einzuwerfen. Der Unmut unter dem Volk nahm weiter zu, die allgemeine politische Unruhe tat ihr Übriges. Bald fürchtete Ludwig I. um die Sicherheit seiner schönen Maitresse und bat sie, die Stadt zu verlassen. Die bürgerliche Revolution von 1848 machte der Liaison schließlich ein Ende. Lola Montez starb 1861 verarmt in Amerika, gerade erst 43 Jahre alt.

»Im Dienste der Frau Venus«

Das Aushalten einer kostspieligen Maitresse oder einer extravaganten Freundin blieb wohlhabenden Männern vorbehalten. Weniger betuchten Bürgern standen die zahlreichen Freudenhäuser zur Verfügung, die in allen Städten zu finden waren. Die Anzahl der Prostituierten war im 19. Jahrhundert enorm gestiegen: »Keine einzige Industrie beschäftigt so viel Arbeiterinnen im Detailhandel wie Frau Venus.«[7] Allein in Berlin schätzte man die Zahl der Dirnen um 1870 auf 16000, 1909 waren es bereits 40000. Der weitaus größte Teil der Dirnen arbeitete auf der Straße und nicht in den Bordellen.

Aber nicht nur in der preußischen Hauptstadt flanierten die »falschen Damen«. Auch andere Städte registrierten allgemein eine Zunahme der Prostitution, so Köln, Hamburg, Frankfurt, Lübeck, Kiel, Leipzig, Greifswald. Die Straßenprostitution war so weit verbreitet, daß sich die Presse des Themas annahm. Man fürchtete um das Ansehen der Städte, aber auch die sittsamen Damen des Bürgertums waren zutiefst beunruhigt.

In einer Hamburger Zeitung stand zu lesen: »Man frage jeden unbefangenen Fremden, der so wenig Neuling als Schwärmer zu sein braucht, ob er nicht darüber erstaunt und in seiner Seele sich schämt, daß unsere besten Straßen und Spaziergänge in der Stadt nach Sonnenuntergang von gesitteten Frauenzimmern, von ehrlichen Dienstmädchen oder heranwachsenden Kindern kaum betreten werden können, daß die gesundesten und freundlichsten Gegenden der Neustadt, wegen der Scharen, die sich dort eingenistet haben und sich jedem Vorübergehenden zur Schau stellen, verrufen und fast unbewohnbar geworden sind.« [8]

Derartige Klagen verhallten nicht ungehört. Auch die staatlichen Behörden hatten die Entwicklung mit zunehmender Besorgnis betrachtet und ergriffen Maßnahmen. Aus Furcht vor Ansteckung und um wenigstens eine gewisse Kontrolle über die Prostituierten zu haben, führte man in den achtziger Jahren eine sittenpolizeiliche Aufsicht und eine regelmäßige ärztliche Kontrolle ein. Mit der Registrierung als Prostituierte war die Auflage verbunden, das Kontrollbuch immer mitzuführen. Negative Folgen hatte diese Vorschrift vor allem für die Mädchen, die ihr Gewerbe nur im Nebenberuf ausübten. In den Großstädten schwärmten abends viele junge Frauen aus, die tagsüber für einen mageren Lohn in Büros schufteten oder in Geschäften arbeiteten. Auch Dienstmädchen versuchten, durch Gefälligkeiten ihr Salär aufzubessern. Mit der Registrierung waren sie als Dirnen bekannt, der soziale Abstieg vorprogrammiert.

Aber auch »anständige« Damen konnten bei einer Polizeikontrolle mit den Behörden in Konflikt geraten. Für Frauen war es noch Ende des Jahrhunderts keineswegs selbstverständlich, sich alleine auf der Straße zu bewegen. So konnte es schon einmal vorkommen, daß ein Hüter des Gesetzes eine Frau unter dem Verdacht der Prostitution verhaftete und sie zwangsuntersuchen ließ, obwohl sie nur auf dem Heimweg war und mit dem horizontalen Gewerbe nichts im Sinn hatte.

Abzuschaffen war die Prostitution ohnehin nicht. Auch in den Augen der Fachleute galt sie als ein »nicht bloß zu duldendes, sondern ein notwendiges Übel, denn sie schützt die Weiber vor Untreue und die Tugend vor Angriffen und somit vor dem Falle.« [9] Damit die Jungfräulichkeit der jungen Mädchen keinerlei Gefährdungen ausgesetzt war, machten junge Männer erste Erfahrungen mit einer Dirne, und so mancher Ehemann lebte im Bordell aus, was er sich zu Hause versagte.

Der Umgang mit den Damen von der Straße war also weitverbreitet, er mußte nur mit dem Mantel der Wohlanständigkeit kaschiert werden. An diese Regel hielten sich auch die Prostituierten und bemühten sich, äußerlich möglichst wenig aufzufallen. Dazu kleideten sie sich für die Promenade genauso wie die »anständigen« Damen. Nur in ihren Verhaltensweisen unterschieden sie sich von den Damen der bürgerlichen Gesellschaft. Und traf eine Dirne einen alten Bekannten, so galt der Vierzeiler des Dichters Heinrich Heine:

Blamier mich nicht, mein schönes Kind,
Und grüß mich nicht Unter den Linden.
Wenn wir nachher zu Hause sind,
Wird sich schon alles finden.[10]

Die Mädchen sprachen die Männer auf der Straße an und gingen dann mit ihnen in eines der zahlreichen Absteigequartiere oder in die Wohnung des Mannes. Weit verbreitet waren die Chambres separées, verschwiegene Nebenräume in Restaurants, Weinstuben oder Nachtlokalen. Diese waren nicht nur für die käufliche Liebe eingerichtet, sie boten auch manchem Liebespaar die Gelegenheit, ein paar Stunden ungestört zu sein.

Als Ursachen für die ständig steigende Zahl der Prostituierten nannte *Meyers Konversations-Lexikon* von 1889: »Schlechte Erziehung der Mädchen, Not, die Fabrikarbeit der Kinder, namentlich der heranwachsenden Mädchen, die sozialen Verhältnisse, welche die Begründung von Familien erschweren, Arbeitsscheu, Putzsucht und namentlich auch die Verführung seitens junger Männer führen der P. stets neue Opfer zu.«[11]

Unter den Mädchen, die auf der Straße ihr Geld verdienten, fanden sich, zum Entsetzen vieler Zeitgenossen, immer mehr Minderjährige. Die allgemeine soziale Not, vor allem in den unteren Schichten, brachte so manche Mutter dazu, ihre eigene Tochter an zahlungskräftige Herren zu verkaufen.

Bekannt wurde ein Fall, der vor dem Berliner Landgericht verhandelt wurde. Frau Amtsgerichtsrat Schönemann war mit ihren beiden Töchtern, 14 und 16 Jahre alt, des Nachts in der Friedrichstraße und Unter den Linden spazierengegangen. Die Mädchen waren bei diesen Ausflügen auffällig elegant gekleidet. Die patroullierenden Polizisten bemerkten, daß die Mädchen des öfteren in haltende Droschken einstiegen, die erst nach einer längeren Rundfahrt durch den Tiergarten wieder an den Ausgangspunkt zurückkamen und die Mädchen absetzten. Auch in der Wohnung der Frau Schönemann war den Nachbarn der häufige und ständig wechselnde Herrenbesuch aufgefallen, und es wurde Anzeige erstattet.[12] Welche Strafe Frau Schönemann erhielt, ist jedoch nicht überliefert.

Im Vergleich zu den Mädchen in den Bordellen ging es den Straßenmädchen noch gut. Diese arbeiteten für sich allein, blieben anonym und hatten wenigstens eine gewisse Selbständigkeit. Prostituierte in den Freudenhäusern dagegen wurden wie Gefangene gehalten. Gleich nach Eintritt in das Bordell hatten sie enorme Schulden bei dem Besitzer für dessen vorgebliche Auslagen. Weitere Kosten für Kleider, Essen und Unterbringung machten dann den Schuldenberg, den die Mädchen abzuarbeiten hatten, immer größer. Damit sie nicht auf dumme Gedanken kamen, hatte der Chef des Etablissements ihre Kleider in Verwahrung genommen. Ausgang bekamen sie nur in Begleitung einer zuverlässigen Person. Meist konnten sie das Bordell erst dann verlassen, wenn ein Personalwechsel anstand und sie ausgetauscht wurden. Dies passierte etwa alle ein bis zwei Jahre, denn der gute Ruf eines Freudenhauses hing vom ständigen Nachschub an neuen Mädchen ab.

Um diesen Nachschub sicherzustellen, waren regelrechte Mädchenhändler unterwegs, die sich an naive Dienstmädchen oder kleine Verkäuferinnen heranmachten und sie mit dem Versprechen einer guten Stellung im Ausland dahin brachten, mit ihnen zu verreisen. Wenn die Mädchen dann die Wahrheit entdeckten, war es meistens zu spät.

Im 19. Jahrhundert gab es Freudenhäuser der verschiedensten Kategorien. Primitiv eingerichtete Wohnungen, deren einziger Schmuck billigste Reproduktionen an den Wänden waren, fanden ebenso Zulauf wie die gehobeneren Etablissements, die über einen angeschlossenen Barbetrieb verfügten. Hier konnten die Herren mit den Mädchen etwas trinken, bevor sie sich auf die Zimmer zurückzogen. In den besseren Etablissements waren die Neuzugänge zunächst der Stammkundschaft vorbehalten, erst dann standen sie dem allgemeinen Publikum zur Verfügung, und es gab Luxusbordelle, die auf die verschiedensten Vorlieben spezialisiert waren. Schließlich ging man für einen normalen Geschlechtsakt nicht ins Bordell, meinten jedenfalls erfahrene Gäste.

Den konnte man im so moralischen 19. Jahrhundert an nahezu jeder Straßenecke finden. Das Angebot an käuflicher Liebe war groß. Unter den allabendlich flanierenden jungen Mädchen und Frauen fand sich so manche, die nur nebenbei der Prostitution nachging. Offiziell arbeiteten sie in einem normalen Beruf mit dem Anschein von bürgerlicher Existenz, insgeheim aber im »Dienste der Frau Venus«. Dazu gehörte die kleine Näherin, die ihr mageres Salär aufbesserte, ebenso wie das Dienstmädchen oder die Verkäuferin, deren Gunst für ein Entgelt zu erhalten war. Gerade in dieser versteckten Prostitution lag für viele Männer ein ganz besonderer Reiz, der sie die Mädchen auf der Straße den Bordellen vorziehen ließ.

Schon nahezu berufsmäßig verkuppelt wurden Kellnerinnen, bei denen man voraussetzte, daß sie sich die Zudringlichkeiten der Gäste gefallen ließen. Um im Lokal neue Gesichter vorzeigen zu können, erschienen Inserate in den größeren Zeitungen, in denen gleich mehrere Mädchen als Kellnerin gesucht wurden.

Ebenfalls als berufsmäßige Freudenmädchen galten Schauspielerinnen, Sängerinnen, Tänzerinnen und die zahlreichen Kleindarstellerinnen in den Varietés. Vor allem an den Bühnen in der Provinz hatten Theaterdirektoren als kleine Bedingung für den Arbeitsvertrag eine gewisse Gegenleistung der jungen Künstlerin vorgesehen. Dies konnte eine Klausel sein, derzufolge die junge Frau nach ihrem Auftritt verpflichtet war, mit einem Gast noch ein Getränk zu nehmen.

Auch in anderen Berufen betätigte man sich nebenbei auf dem Gebiet der Kuppelei. Private Stellenvermittler waren häufig nichts als verkappte Mädchenhändler. Sie inserierten in Zeitungen und suchten auf diesem Weg Privatsekretärinnen oder Gesellschafterinnen für alleinstehende Herren. Voraussetzung für die erfolgreiche Bewerbung war eine gute Figur sowie die Bereitschaft, des Nachts die Zimmertür offen zu lassen.

Weniger bekannt ist eine andere Form der verschleierten Prostitution. Gemeint ist das Entgegenkommen der Mädchen und Frauen im Berufsleben. Nicht nur Schauspielerinnen mußten sich für ein Engagement oder eine gute Kritik gefällig erweisen, auch in den Fabriken existierte diese Form der Erpressung. Es ging um eine lohnende Arbeit oder eine weniger strenge Kontrolle, in den Geschäften um eine Beförderung oder ein höheres Gehalt. Es existierten sogar Betriebe, in denen die weiblichen Angestellten als Freiwild galten und der Chef sich die freie Auswahl gestattete. Auch manche treue Ehefrau konnte in die Verlegenheit kommen, dem Chef ihres Mannes gefällig sein zu müssen, um die Karriere des Angetrauten zu fördern. »Die Prostitution in ihren tausenderlei Formen ist gemäß der Basis, auf der sich unsere Kultur aufbaut, ein unvermeidliches Fatum unserer gesamten Zivilisation, das Fatum, dem zu entrinnen jede Frau mindestens ebenso viel Glück wie Charakter braucht.« [13]

Schwestern, auf in den Kampf!

In allen Bereichen waren Frauen den Nachstellungen der Männer ausgesetzt, manchmal sogar zu regelrechter Prostitution genötigt. Die Frauenbewegung erkannte dies als ein grundsätzliches gesellschaftliches Problem. Die Doppelmoral, die den Männern fast alles erlaubte und den Frauen alles verbot, ging ausschließlich zu Lasten der Frauen. In Hamburg entstand ein Verein, der sich mit diesem Problem auseinandersetzte. Er trat unter der Parole an: »Es gibt nur eine Moral, sie ist die gleiche für beide Geschlechter.« [14] Erst wenn für Männer und Frauen einheitliche Maßstäbe galten, konnte die Befreiung der Frau gelingen. Mit dieser Forderung aber rüttelte die Frauenbewegung an den Grundfesten der bürgerlichen Gesellschaft.

Auf dem großen Kongreß der Frauenverbände 1895 in München wurden die Themen Prostitution und Doppelmoral behandelt, und dabei beschloß man einstimmig, die Abschaffung der Prostitution zu fordern. Allerdings waren die Vorstellungen darüber, welche Folgerungen aus diesem Beschluß zu ziehen seien, eher diffus. Befreiung von der Prostitution durch staatlichen Zwang oder durch allgemeine sexuelle Freiheit, so lassen sich die unterschiedlichen Positionen zusammenfassen.

Eine Gruppe, angeführt von Hanna Bieber-Böhm, wandte sich kompromißlos gegen die staatliche Duldung der gewerblichen Liebe. Zunächst sollten die Ärzte, die die Dirnen zu untersuchen hatten, dazu verpflichtet werden, diese bei den Behörden anzuzeigen. Die registrierten Mädchen und Frauen sollten dann zwangsweise in ein Erziehungsheim eingewiesen und strafrechtlich verfolgt werden.

Diesen radikalen Forderungen konnte sich die Mehrheit nicht anschließen. Ein anderer Flügel der Frauenbewegung vertrat die Meinung, daß nur durch eine Verwirklichung der sexuellen Freiheit der Frau dem Übel beizukommen sei. Sie wandten sich mehr gegen die Ursachen der Prostitution und hatten als solche »die Geringschätzung des Weibes überhaupt, die schlechte wirtschaftliche Stellung der Frau, die starke Nachfrage von seiten des Mannes« erkannt.[15]

Nach der Gesetzeslage, die bis 1900 Gültigkeit hatte, gingen Zuhälter und Kuppler straffrei aus, während die Frauen der staatlichen Kontrolle unterlagen und auch einer ärztlichen Zwangsuntersuchung zugeführt werden konnten.

»Gesunde Frauen für ausschweifende Männer«, so nannte die Frauenbewegung etwas polemisch diesen Sachverhalt und wandte sich entschieden gegen die staatliche Reglementierung der gewerblichen Liebe. Aus der »Internationalen Abolitionistischen Föderation« – einer Vereinigung, die aus dem Kampf der Frauen gegen den Alkohol hervorgegangen war – entstand eine Gründung in Deutschland. Sie widmete sich bald auch dem Kampf gegen die Kriminalisierung der Prostitution. Zu den Gründungsmitgliedern gehörte die Hamburgerin Lida Gustava Heymann. Ihre finanzielle Unab-

»Gesunde Frauen für ausschweifende Männer«.

hängigkeit erlaubte es ihr, das erste Frauenhaus in Hamburg zu gründen.

Warum tat sie das? Was waren ihre Beweggründe? – »Bordelle? Ich war 27 Jahre alt geworden, ohne zu wissen, was ein Bordell ist. Ich ging den Dingen nach und erfuhr, daß die Männer unter dem Vorwand hygienischer Notwendigkeit zur Befriedigung ihres überzüchteten Sexuallebens wahre Lasterhöhlen schufen, in denen die Frauen mißhandelt, zur Ware gestempelt, ausgebeutet und obendrein als Paria gebrandmarkt wurden.« [16]

Im Frauenhaus konnten zum Beispiel Arbeiterinnen einen Mittagstisch einnehmen, denn damals war ein Restaurantbesuch für Frauen noch völlig undenkbar. Daneben gab es einen Kinderhort, Bäder und Duschen, Beratungsstellen für alle Lebensfragen sowie Veranstaltungen aller Art. Ihre Aktivitäten brachten Lida Heymann schnell in Konflikt mit den städtischen Behörden. Denn neben der Gründung des Frauenhauses hatte sie auch Rundgänge durch St. Pauli gemacht, um den finsteren Geschäften der Mädchenhändler auf die Spur zu kommen.

In den Lokalen ließ sie Handzettel in die Mäntel der Dirnen stecken, um auf diese Weise ihr Frauenhaus bekannt zu machen. 1902 zeigte sie einen Bordellbesitzer wegen Kuppelei an. Da die Behörden den Fall nicht lange verfolgten, sondern ihn niederschlugen, erstattete sie Anzeige gegen den Hamburger Senat »wegen Justizverweigerung«. Damit war die Angelegenheit in den Händen der Reichsbehörden, die allerdings ebensowenig einschreiten wollten. Allerdings mußte sich der Hamburger Senator im Reichstag einigen peinlichen Fragen stellen. Solche kleinen Achtungserfolge gab es durchaus, an der Sache selbst änderte sich nichts.

Bei aller Prüderie und aller Kritik an Doppelmoral und Prostitution waren die Frauen keineswegs treuer als die Männer: »Die Untreue der Frau ist ebenso häufig wie die des Mannes und sie ist zum mindesten in den Mittelschichten des Bürgertums heute häufiger, als sie dies in denselben Schichten zu allen früheren Zeiten gewesen ist.« [17] Frauen wurden nicht nur für die Karriere ihres Ehemannes untreu. Sie hatten durchaus aus persönlichen Gründen Affären und Liebschaften.

Es war im 19. Jahrhundert weit verbreitet, daß junge Mädchen an einen Mann verheiratet wurden, den sie nicht liebten und der meistens auch noch wesentlich älter war. Ein Trost war ein Geliebter, der ihnen jeden Wunsch von den Augen ablas, eine Kunst, die der werte Gatte bestenfalls in den ersten Tagen der Ehe beherrscht hatte.

Unter steter Wahrung ihres guten Rufs verfügte eine hübsche Ehefrau über Verehrer, Liebhaber, Anbeter. Aber auch für sie galt das unumstößliche Gesetz, daß sie sich nicht dabei erwischen lassen durfte. Bloß kein Skandal! Also waren die Dienstboten außer Hause, wenn der Verehrer eintraf. Oder das Paar hatte eine kleine Wohnung gemietet, in der man die gestohlenen Stunden ungestört in trauter Zweisamkeit verbringen konnte. Eine untreue Ehefrau, das rührte an die Grundfesten der bürgerlichen Gesellschaftsordnung, in der bedingungslose Treue gefordert war. Bei einer ungehemmten Sinnlichkeit der Gattin war die Legitimität der Kinder in Frage gestellt. Gerade die Erzeugung des Nachwuchses aber war der Zweck der Ehe. Daher wurde vor allem die treue Frau ein Idealbild, das im Mittelpunkt der Mädchenerziehung stand.

Erziehung zur Keuschheit

Zur Erreichung dieses Ziels war man sehr darum bemüht, jungen Mädchen schon frühzeitig beizubringen, keine sexuellen Bedürfnisse zu haben oder sie im Ernstfall im Zaum zu halten, damit kein irreparabler Schaden entstünde. Angesichts der enormen Bedeutung der Jungfräulichkeit setzten besorgte Mütter alles daran, ihre Töchter gar nicht erst auf dumme Gedanken kommen zu lassen. Junge Mädchen erhielten keine Gelegenheit, außerhalb der elterlichen vier Wände allein zu sein. Ein Spaziergang, Theaterbesuch oder ein Einkauf ohne die Begleitung wenigstens eines Dienstmädchens kam im Leben einer wohlbehüteten Bürgertochter nicht vor.

Die Erziehung war weitgehend weltfremd und auf die künftige Hausfrau und Mutter ausgerichtet.

Der Pädagoge Karl von Raumer erläuterte in seinem 1853 erschienenen Werk *Über die Erziehung der Mädchen* genauer, was darunter zu verstehen sei. Das Ziel der Mädchenerziehung sei »eine christliche, gebildete Hausfrau, deren verständige und geduldige Tätigkeit sich wenig in Worten kund thut, noch viel weniger in steter, unruhiger Hast und scheltender Unzufriedenheit, die ihrem Mann das Haus durch Tugenden und Talente anmutig zu machen weiß, daß ihm nirgends wohler wird, als in dieser Stätte des Friedens, die ihre Kinder schlicht zu christlicher Frömmigkeit erzieht...; in ihr muß sich die Meisterschaft in der Haushaltung und höhere Bildung innigst vereinen.« [18]

Schon mit 15 und 16 Jahren standen die Mädchen im Rampenlicht der Öffentlichkeit. Bei allen Auftritten wurde jeder Schritt bewacht und jedes Fehlverhalten registriert. »An das junge Mädchen stellt der gute Ton in jeder Beziehung höhere Anforderungen, als an den jungen Mann. Es wird weit aufmerksamer beobachtet, jedes Wort, jede Bewegung, jede Handlung wird weit schärfer beurtheilt und viel genauer abgewogen... Es befleißige sich daher stets nur einer gewählten Umgangssprache, vermeide unpassende Wendungen, gewöhnliche Worte und Redensarten auch im Verkehr mit Geschwistern...« [19] Diese strenge Zucht diente der Ausbildung der zukünftigen Ehefrau, in deren Aufgabengebiet auch die Repräsentation enthalten war. Ausgeklammert aus der Erziehung blieb die sexuelle Aufklärung.

Die allgemeine Körperfeindlichkeit läßt sich bereits an den Geschichten zeigen, mit denen Kindern die Ankunft eines neuen Sprößlings erklärt wurde. »Der Klapperstorch hat Mutti ins Bein gebissen«, deshalb bleibe die Mutter für einige Tage im Bett. Der neue Erdenbürger hielt das Haus in Atem. Zum Trost für die entgangene Aufmerksamkeit schenkte man den Geschwistern eine sogenannte »Storchentüte«, gefüllt mit allerlei Naschwerk. Ältere Kinder gaben sich oft mit derlei Geschichten nicht mehr zufrieden, doch auch auf hartnäckige Fragen bekamen sie meist keine Antworten.

Karl von Raumer schlug in seinem Ratgeber vor, die geplagte Mutter solle der Tochter »nur einmal ernst sagen: es wäre nicht gut für dich, wenn du so etwas wüßtest, du mußt vermeiden, davon sprechen zu hören. Ein recht sittsam erzogenes Mädchen wird von da an eine Scheu empfinden, von Dingen dieser Art reden zu hören.« [20]

Dennoch kreiste die Phantasie der Kinder darum: »Helene, die schon damals nie zugeben wollte, daß sie etwas nicht weiß, hat erklärt: ›Das ist etwas, das nur Stubenmädchen und andere gemeine Leute machen. Bei uns kommt das nicht vor.‹ Aber Margit hat gelacht. ›Bist du aber dumm! Wenn das unsere Eltern nicht gemacht hätten, wären wir nicht da.‹ Wir waren alle empört; wie kann man so etwas von seinen Eltern denken! Aber Margit war natürlich wieder einmal gescheiter als wir alle. ›Es heißt doch, nur in der Ehe. Wenn man verheiratet ist, muß man das sogar machen; dann heißt es eheliche Pflichten.‹ Helene, die immer mit Margit um den ersten Platz in der Klasse gekämpft hatte, meinte spöttisch: ›Du weißt ja auch nicht mehr als wir, du tust nur so.‹ ›Natürlich weiß ich es. Ein Mann und eine Frau legen sich zusammen ins Bett...‹ ›Na, und dann?‹ ›Dann bekommt die Frau ein Kind.‹« [21]

Gefürchtet wurde der Moment, wo das kleine Mädchen körperliche Empfindungen entdeckte: »Wenn Onkel Oskar sein hübsches kleines Nichtchen auf seinem Oberschenkel rittlings wiegt und ›Hoppreiter‹ dazu brummt, so ist das Scherz. Wenn aber das Nichtchen bei diesem Reit-Drucke ihres kleinen Unterleibes mehr als behagliche Empfindungen durchrieseln, heißrote Bäckchen zu brennen und sichtlich verlangende Augen zu glühen beginnen, so ist das – Ernst... Die Grenzen zwischen Scherz und Ernst bei Dingen, welche nebenher die weiblichen Leidenschaften erotischer Art zu entfachen vermögen, sind gefährlich nahe beieinander.« [22] Diese Beobachtungen stammen aus einem Buch von Dr. Heinz Zikel, der sich als Frauenarzt besonders mit den weiblichen Leidenschaften beschäftigt hat. Die in seiner Praxis gesammelten Erfahrungen schrieb er in Ratgebern nieder, in der ernsten Absicht, den Frauen zu helfen.

Doch nicht nur im gesellschaftlichen Umgang mußten sich

die Mädchen in Zucht halten. Die anerzogene Scheu vor geschlechtlichen Dingen sollte in eine innere Sperre gegen sexuelle Gefühle verwandelt werden. Eine Gefahr war vor allem die Onanie, diese »giftsüss einschmeichelnde, gefährliche Freundin der Einsamkeit«.[23] Diejenigen, die den Verführungen dieser Freundin erlegen sind, tröstete der Herr Doktor: Onanie ist heilbar. »Heilbar durch methodische Abhärtung und Ablenkung durch Gymnastik, Beruf und Sport. Heilbar vor allem mit ihren gesamten deprimierenden Folgen durch die Ehe! Aber eben nur fern von der Einsamkeit!«[24]

Die Spuren der Onanie waren nicht zu verbergen und von jedem Arzt leicht zu erkennen: »Bei Kindern und Jungfrauen sind die Schamlippen zusammengelegt, nach dem Geschlechtsverkehr pflegen sie dann mehr und mehr zu klaffen. Die kleinen Schamlippen sind bei Mädchen und Frauen, die sich der Selbstberührung oder starken geschlechtlich-onanistischen Reizungen ergeben, zu sogenannten ›Hottentotten-Schürzen‹ herabhängend verlängert und vergrößert.«[25]

Um diese nachhaltigen Folgen zu vermeiden, versuchte der wackere Arzt, allerdings erfolglos, einer Mutter den schädlichen Einfluß der Onanie auf die weitere Entwicklung ihrer Tochter klar zu machen: »›Gehen S‹«, sagte mir eine stattliche Wiener Dame scherzhaft, ›ich hab mich doch ganz gut dabei herausgemacht, nit? Warum vertragt's denn das Mädel gar nit!‹ Der Einwand, daß die Unsitte der Selbstberührung manchen Mädchen schädlich werden könne, wurde gar nicht beachtet. ›In der Pension haben wir's grad alle gemacht, und's hat keiner geschadet!‹ meinte sie dagegen. ›Dann hatten Sie besonders gute Naturen‹, schloß ich die erfolglose Belehrung.«[26] Gegen die Mutter kam der Frauenarzt nicht an. Sie blieb weiterhin fest davon überzeugt, daß Onanie weder ihr noch der Tochter schade. Dies war aber keineswegs die herrschende Meinung.

Auch die allenthalben verbreiteten Anstandsblätter nahmen sich des heiklen Themas an. So schrieben die *Berliner Anstandsblätter* im Jahre 1898 als einen gut gemeinten Ratschlag für die höhere Tochter: »Seit einigem indessen hast Du, wie es nun einmal alle Mädchen, auch die Töchter der höheren Stände, beklagenswerterweise tun, den wahren Weg erforscht und kannst, obschon Du nach jedem Male die aufrichtigsten Schwüre Deinem Herrgott ablegst, nicht davon lassen. So höre denn, wenn es Dir mit Deiner Gesundheit und Deiner Sittlichkeit Ernst ist: Gehe zu Deiner Mama und erbitte von ihr eine alte Salatschüssel aus der Küche. Fülle sie mit kaltem Wasser und setze Dich hinein. Es ist dies ein modernes Heilverfahren, welches nur deshalb zu wenig Anwendung findet, weil das wohlanständige Bürgertum sich des Umstandes, aus welchem es angebracht ist, geniert.« [27]

Man war allgemein der Ansicht, daß die erwachenden Gefühle und Leidenschaften der jungen Mädchen unbedingt unter Kontrolle zu halten seien. Erst in der Ehe durften sie sich einstellen, denn nur hier war der legitime Ort für Intimitäten. Wurde nun eine junge Frau – allen Vorsichtsmaßnahmen zum Trotz – doch von lustvollen Gefühlen heimgesucht, so riet der Arzt: »Der Affekt, der leidenschaftliche Anfall, ist nichts als ein akut einsetzendes Fieber, dessen natürlichen Abfall man ruhig und siegesgewiss abwarten soll.« [28] Eine reife Leistung, wie auch der Herr Doktor wußte: »Wenn man bedenkt, dass das Geschlechtsempfinden des Weibes weit intensiver ist, als das des Mannes, so darf man eine anerkennende Bewunderung den normal empfindenden reinen Jungfrauen nicht versagen.« [29]

So merkwürdig die Ratschläge des Berliner Gynäkologen heute klingen mögen, er stand durchaus auf Seite der Frauen. Er war auch gar nicht dafür, die Kinder in Unkenntnis der einfachsten biologischen Sachverhalte zu belassen und plädierte für eine möglichst umfassende Aufklärung. Damit war er überaus fortschrittlich, denn fast im ganzen 19. Jahrundert war die Auffassung weit verbreitet, daß völlige Unwissenheit den besten Schutz vor Versuchungen bot.

Die Folgen dieser Erziehung traten dann spätestens nach der Trauung zutage, die oft mit entsprechenden Katastrophen im Brautbett endete. Meist überließ man die Aufklärung dem frischgebackenen Ehemann, der dem zitternden Etwas an seiner Seite die Realitäten des Lebens erklären mußte. Es galt als selbstverständlich, daß der Mann über anatomische Kenntnisse verfügte, ganz gleich, woher er sie bezog. Danach wurde nicht gefragt. Eine Antwort konnte ohnehin nur äußerst peinlich ausfallen, denn in der Mehrzahl der Fälle stammte das Wissen aus dem Umgang mit Dirnen.

Zur Durchsetzung der genannten Erziehungsziele standen verschiedene Mittel zur Verfügung. Die einfachste Vorsichtsmaßnahme: Man ließ die Töchter nicht aus den Augen und gab ihnen bei jedem Ausgang eine Begleitperson mit. Um Einsamkeit und Langeweile zu vermeiden, wurden die Mädchen andauernd beschäftigt. Zeichnen, Klavierspielen und vor allem Handarbeiten verscheuchten Langeweile und verhinderten romantische Träumereien.

Handarbeiten galten geradezu als ein Allheilmittel, empfohlen auch von dem Pädagogen Karl von Raumer. Es komme dabei gar nicht darauf an, was hervorgebracht werde, wichtig sei nur eine Beschäftigung der kleinen Mädchen. Damit wollte man sie davon abhalten, im Freien herumzutoben. »Wilde knabenhafte Spiele sollte man den Mädchen, wie sich von selbst versteht, nie in Gemeinschaft von Knaben, aber auch nicht unter sich gestatten.«[30]

Gute Beispiele gaben nicht nur Vorbilder im realen Leben, auch die Literatur sollte dazu beitragen, Mädchen das richtige Verhalten vorzuführen. Immense Auflagen erlebten die Romane für den Backfisch, wie man damals die jungen Mädchen nannte. Zu diesen Bestsellern gehörte vor allem der Erfolgsroman von Clementine Helm *Backfischchens Leiden und Freuden*, der zwischen 1863 und 1896 fünfzig Auflagen erlebte. Noch heute viel gelesen ist ein anderer Mädchenroman, *Der Trotzkopf* der Schriftstellerin Emmy von Rhoden.

Schon damals warfen kritische Pädagogen solchen Romanen vor, daß sie durch mangelnde literarische Qualität und oberflächliche Inhalte bei den Mädchen Eitelkeit und Verliebtheit weckten, die sich nicht schickten. Dabei waren sie mit den allerbesten Absichten geschrieben. Sie wollten beispielhaft den Werdegang junger Mädchen schildern, ihren Entwicklungsprozeß beschreiben und dadurch den jungen Leserinnen helfen, ihre eigene Erziehung zu vollenden. Allerdings werden auch in dieser Literatur körperliche Entwicklungen und Reifeprozesse nicht erwähnt. Die erste Menstruation ist ebenso tabu wie das Aufkommen sexueller Gefühle.

Die prüde Erziehung der Mädchen und die Ahnungslosigkeit der jungen Frauen wurden nur selten im Eheleben ausgeglichen. Die allgemeine Lustfeindlichkeit fand sich auch im ehelichen Liebesleben wieder, nur allzu oft von der Ehefrau standhaft ertragen. Die Unterdrückung der eigenen Sexualität und die ständige Frustration im Schlafzimmer führten zu einer Zunahme psychosomatischer Krankheiten. Dieser Zustand alarmierte die Frauenärzte, die eine lebhafte Debatte über die weibliche Sexualität begannen. Eine Unzahl von Medizinern diskutierte ergebnislos die Frage, ob Frauen zur gleichen sexuellen Erregung fähig seien wie die Männer.

Bereits in der ersten Hälfte des Jahrhunderts wurde die Meinung vertreten, daß nur ein für die Frau lustvoller Beischlaf auch zu einer Befruchtung führen könne. Kaum war diese Auffassung veröffentlicht, vertrat auch schon ein anderer Gelehrter den entgegengesetzten Standpunkt.

Ganz einfach war es nicht, der weiblichen Sexualität auf die Spur zu kommen. Wie stark ist der weibliche Sexualtrieb ausgeprägt? Stärker oder schwächer als der männliche? Fragen über Fragen, und für jede Position fand sich ein gelehrter Vertreter. Ein Berliner Kollege des zitierten Dr. Zikel, der Facharzt für Haut- und Sexualleiden Iwan Bloch, berichtete, er habe »eine ganze Anzahl gebildeter Frauen über diesen Punkt befragt. Ohne Ausnahme erklärten sie die Theorie von der geringeren geschlechtlichen Sensibilität der Weiber für unrichtig, viele meinten sogar, sie sei größer und nachhaltiger als beim Mann.« Aus diesen Befragungen schloß Dr. Bloch, daß die zunehmende Appetitlosigkeit der Frauen nicht auf organische Probleme zurückzuführen sei, sondern eher auf die »erotische Phantasielosigkeit ihrer Männer.«[31]

Auf diese Publikation folgte selbstverständlich eine Erwiderung, in der bewiesen werden sollte, daß Frauen weniger am Geschlechtsverkehr interessiert seien als die Männer und eher Wert legten auf »geistiges Verständnis und zärtliche Zuwendung«.[32]

Angesichts der rigiden und prüden Erziehung ist es erstaunlich, daß es überhaupt Frauen gab, die es wagten, ihre erotischen Neigungen zu entdecken und auch zu leben. Eine Frau des 19. Jahrhunderts mit einem solchen Mut riskierte die gesellschaftliche Ächtung.

Darum galt das Verhalten der Louise Aston (1818–1871) als skandalös. Nach der Scheidung von ihrem schwerreichen Ehemann Samuel Aston genoß sie ihr Leben in vollen Zügen, tauchte in die Berliner Künstlerszene ein, pfiff auf das Geld und tat, was sie wollte. Sie trug in der Öffentlichkeit Männerkleidung, rauchte Zigarren und besuchte in diesem Aufzug auch noch öffentliche Lokale. Von ihren Freunden wurde sie wegen ihres Witzes geschätzt, einige bewunderten ihre Anmut, ihren intellektuellen Charme. Ihr Lebenswandel allein war schon schlimm genug, vollends unmöglich machte sie sich jedoch durch ihre Gedichte. Darin legte sie ein Bekenntnis zu freier sinnlicher Liebe ab und hatte damit die moralischen Grenzen der bürgerlichen Gesellschaft mehr als überschritten. Ein anonymer Schreiber denunzierte sie beim Berliner Polizeipräsidenten, der ihr daraufhin eine Vorladung schickte. In dem Protokoll des Verhörs stand zu lesen: »... sie glaube nicht an Gott und rauche Zigarren. Sie beabsichtige die Frauen zu emanzipieren und sollte es ihr Herzblut kosten. Sie halte die Ehe für ein unsittliches Institut und erst, wenn der Glaube an Gott und das Institut der Ehe fortfalle, würden die Menschen glücklich sein.«[33]

Obwohl der preußische Innenminister zugunsten von Louise Aston persönlich beim Polizeipräsidenten Einspruch erhob, wurde sie aufgefordert, Berlin innerhalb von einer Woche zu verlassen. Sie kommentierte die Verhöre lapidar mit der Bemerkung: »Nun, Exzellenz, wenn sich erst der preußische Staat vor einer Frau fürchtet, dann ist es weit genug mit ihm gekommen.«[34]

Ähnlich skandalös empfunden wurde auch das Leben der Schriftstellerin und Femme fatale Franziska Gräfin zu Reventlow. Geboren wurde sie 1871 in Husum als viertes Kind des Grafen zu Reventlow und seiner Frau. Obwohl die Familie selbst nicht reich war und das Schloß, in dem sie lebte, eine Amtswohnung war, gab es doch immer genügend Geld für eine standesgemäße Lebensführung. Zumindest nach außen hin. Franziska war in ihrer frühen Jugend nicht glücklich. Sie fühlte sich zurückgesetzt, ungeliebt. »Ich habe mir als Kind immer eingebildet, nicht das rechte Kind meiner Eltern zu sein – weil ich nicht begreifen konnte, daß Mutter mich so behandelte«, schrieb sie später an einen Jugendfreund.[35]

Zur Vollendung ihrer Erziehung wurde sie in ein vornehmes Mädcheninternat geschickt, wo die Gouvernanten nach Kräften versuchten, das temperamentvolle Mädchen zu zügeln. Vergebliche Liebesmüh – Arrest, Strafen, Isolation, nichts half, man schickte sie zu den Eltern zurück. Die Schande, der vornehmen Schule verwiesen zu sein, verbesserte nicht gerade das Verhältnis zu den Eltern. Fanny hatte keinen guten Tag mehr und wurde viel allein gelassen.

1889 zog die Familie in die Hansestadt Lübeck, wo die bürgerliche Geselligkeit Fanny gründlich auf die Nerven ging. Thomas und Heinrich Mann, der anarchistische Schriftsteller Erich Mühsam hatten sich bereits einen Namen gemacht, bald würde Franziska zu Reventlow die Galerie der berühmt-berüchtigten Bürger der Stadt erweitern. Der Bürgermeister soll auf einer Abendgesellschaft den Kopf geschüttelt und gesagt haben: »Daß die auch gerade alle aus Lübeck sein müssen – was sollen bloß die Leute aus dem Reich denken!«[36]

Mit neunzehn Jahren schrieb Franziska verärgert an einen Freund: »Die weibliche Erziehung ist eben das Unsinnigste, was es gibt; ich kann Ihnen als Beispiel anführen, was ich an mir selbst erfahren habe. Ich mußte... in der Wohnstube sitzen, nähen und stricken. Natürlich wehrte ich mich mit Händen und Füßen, benutzte jede Gelegenheit, wegzulaufen, und es konnte eben kein Mensch mit mir fertig werden, die Lehrerin kündigte, und ich wurde nach Altenburg (ins Pensionat) geschickt, wo ich hinausgeworfen wurde.«

Und sie schrieb weiter: »Sie machen sich gar keinen Begriff, wie mit solchen unglücklichen Backfischen zu Hause und in Pensionen verfahren wird, ihnen werden die unnöthigsten, uninteressantesten Kenntnisse eingetrichtert, furchtbar viel Religion, Grammatik, Handarbeit und Klavier. Sie sollen gewaltsam in eine Schablone gepreßt werden, was dabei herauskommt, können Sie an den Durchschnittsjungenmädchen und -frauen sehen, ungebildete, bleichsüchtige, spitzenklöppelnde interessenlose Geschöpfe, die, wenn sie sich verheiraten, in Haushalts- und Kindergeschichten aufgehen und ihrem Mann unmöglich etwas anderes sein können als eben seine Hausfrau; bleiben sie ledig, so entsteht aus ihnen die Sippe der unleidlichen alten Jungfern, über die sich alles lustig macht, deren Wirkungskreis in Kaffeeklatsch und Diaspora besteht.«[37]

Nachdem Franziska die Schule abgeschlossen hatte, wollte sie Malerin werden. Ausgerechnet Künstlerin! Die Eltern waren entsetzt und erlaubten es nicht. Um endlich das elterliche Haus verlassen zu können und frei zu sein, ging die junge Comteß in ein Lehrerinnenseminar. Alles wollte sie lernen, wenn sie nur von zu Hause weggehen konnte.

Tatsächlich schloß sie die Ausbildung zur Lehrerin ab, übte den Beruf aber nie aus. Im Literaturunterricht des Seminars lernte sie die gesellschaftskritischen Dramen des Norwegers Henrik Ibsen kennen. Von dieser Literatur war sie völlig begeistert, und sie schloß sich dem Ibsen-Club an. Die nächste literarische Leidenschaft gehörte Friedrich Nietzsche, dessen *Zarathustra* zu ihrer bevorzugten Lektüre wurde. Die Diskussionen und Gespräche über die freie Liebe in den Leseclubs blieben keine reine Theorie. Die Eltern brachen eines Tages ihren Schreibtisch auf und fanden Liebesbriefe ihres Freundes.

Das war zuviel, der Bruch unvermeidlich. Franziska zu Reventlow wurde von ihren Eltern in ein Pfarrhaus gesteckt. Von dort floh sie mit zwanzig Mark in der Tasche und ging fortan ihre eigenen Wege. »Ich will und muß einmal frei sein, es liegt nun einmal tief in meiner Natur, dies maßlose Sehnen und Streben nach Freiheit. Die kleinste Fessel, die andere gar nicht als solche ansehen, drückt mich unerträglich, unaushaltbar – muß ich mich nicht freimachen, muß ich mein

Ein Leben für die Liebe: Franziska zu Reventlow.

Selbst nicht retten – ich weiß, daß ich sonst daran zugrunde gehe.«[38]

Erste Station dieser Flucht war Hamburg. Dort lernte sie den Gerichtsassessor Walter Lübke kennen. Mit 23 Jahren heiratete sie ihn, hielt es jedoch nicht lange aus, die Assessorsgattin zu spielen. Sie hatte genug und wollte endlich malen. Ihr Mann zeigte zunächst Verständnis für ihren Wunsch und erlaubte ihr, für ein Jahr nach München zu gehen und sich dort ausbilden zu lassen.

Schnell fand sie Zugang zur Münchner Künstlerszene. In der Schwabinger Bohème nahm man sie mit offenen Armen auf, und sie stürzte sich in jedes Liebesabenteuer. Zwar liebte sie ihren Mann, aber sie konnte den Reizen der anderen nicht widerstehen. Franziska folgte allein ihren sexuellen Begierden, moralische Bedenken hatte sie nicht. Nur ihr Gefühl war Maßstab für die erotischen Abenteuer. Das Für und Wider einer Liebesgeschichte war ihr gleichgültig, Zukunftsperspektiven waren unwichtig, und an die Konsequenzen dachte sie überhaupt nicht.

Die Folgen blieben nicht aus: Sie wurde schwanger. »Es werden Millionen Kinder geboren und mit Jubel begrüßt, die Seligkeit aber, mit der Franziska Reventlow sich durch neun verzweifelte Monate kämpfte und dann ihren kleinen Sohn anlächelte, mutet in ihrer grenzenlosen Entrücktheit mittelalterlich religiös an... und die, welche in dieser Zeit mit ihr zusammenkamen, fanden nur ein Wort für ihren Eindruck: Madonna mit dem Kinde.« [39] Den Vater des Kindes schloß sie aus ihrem Leben aus. Der Sohn Rolf sollte nur ihr ganz allein gehören. Das Kind eines anderes Mannes – für den Herrn Assessor war das denn doch zuviel: Er ließ sich scheiden.

Das Kind war ihr ganzer Lebensinhalt, und sie umging alle bürokratischen Hindernisse, die zwischen ihr und dem Sohn hätten stehen können. Es gelang Franziska, die Amtsvormundschaft, unter die jedes unehelich geborene Kind fiel, zu umgehen. Eine Schule sollte ihr kleiner Liebling auch nicht besuchen, schließlich konnte sie ihn als Lehrerin zu Hause unterrichten.

Privat war die Gräfin glücklich, ihr Leben erfüllt. Dabei konnte von günstigen äußeren Bedingungen gar nicht die Rede sein. Sie war von ihrem Mann geschieden und lebte als uneheliche Mutter, praktisch ohne regelmäßiges Einkommen. Das Geld für gelegentliche kleinere literarische Arbeiten und Übersetzungen reichte nicht aus. Bald war der Gerichtsvollzieher ein ständiger Gast, und sie wechselte dauernd die Wohnungen, weil sie die Miete schuldig bleiben mußte. Allein in ihrer Münchner Zeit lebte sie in fünfzehn Jahren in dreißig verschiedenen Wohnungen.

Sie rackerte sich ab, nahm Schauspielunterricht in der Hoffnung, durch eine Bühnenkarriere ihre finanzielle Misere zu beenden, sie machte Übersetzungen, versuchte sich als Versicherungsagentin und lernte Stenographie, um als Sekretärin ihren Lebensunterhalt verdienen zu können. Dann pachtete sie einen Milchladen und ertrank nach drei Tagen fast in der unverkauften Milch. Auch die aufopferungsvollen Versuche ihrer Freunde, die Katastrophe durch die Erfindung eines Milchpunsches abzuwenden, schlugen fehl. Später beschloß sie, sich als Masseuse zu versuchen. Eine Woche hielt sie es aus, dann verschwand sie aus dem Atelier der Schönheit und begann wieder ihre Tour durch die Künstlerlokale.

Nebenbei gingen die Affären weiter. Franziska Gräfin zu Reventlow war eine »Abenteurerin im Reich der Liebe«: »Die Reventlow gab den Männern einen Vorgeschmack auf die neuen Freiheitsrechte der Frauen. Sie galt als Meisterin der Epochenliebe, des Reigens, der Liaison, sie bestimmte die Besetzung, den Grad, die Dauer der Verhältnisse, ihren Anfang und das Ende.« [40]

Gerade dafür sollte sie berühmt werden. Sie klagte nicht die Sexualität der Frau ein, sie lebte sie, ohne jeden Kompromiß. Für das Wilhelminische Deutschland kam dies einer Revolution gleich.

Eine Zeitlang war sie mit »Monsieur« liiert, der als einziger einen Schlüssel zu ihrer Wohnung bekam. Dennoch: »Selbst la grande passion macht mich nicht monogam.« [41] Einer ihrer Geliebten, Alfred Hentschel, lud sie zu einer Reise durch den Balkan nach Kleinasien ein. Franziska war einverstanden, allerdings wollte sie finanziell nicht völlig von ihm abhängig sein. So überredete sie Korfiz Holm, einen Freund aus Jugendtagen, der mittlerweile als Lektor im Langen-Verlag arbeitete, ihr einen Vorschuß zu geben. Sie wollte ein Buch schreiben über ihre Jugendzeit. Auf der Reise arbeitete sie sporadisch daran, nicht allzuviel, aber ein Manuskript existierte immerhin. Zurück nach München kam sie allerdings mit leeren Händen. Der Koffer, in dem sich das Manuskript befand, war an der Grenze beschlagnahmt worden. Neben ihren Papieren hatte er auch einen geladenen, entsicherten

Revolver enthalten. Unglücklicherweise hatte sich bei der Gepäckkontrolle ein Schuß gelöst und einen Beamten verletzt.

Holm war wütend, nicht so sehr, weil er kein Manuskript für sein Geld erhalten hatte. Ihn ärgerte vielmehr die phantastische Geschichte. Sie hätte sich mehr Mühe geben sollen, um »sich wenigstens etwas um eine Kleinigkeit Wahrscheinlicheres auszudenken.«[42] Die Ungläubigkeit des Verlegers verletzte die Gräfin in ihrer Ehre. Als sie das Manuskript zurückerhalten und beendet hatte, ließ sie das Buch in einem anderen Verlag erscheinen.

Das Ungewöhnliche war neben dem Erotischen die eigentliche Welt der Franziska zu Reventlow. 1909 zog sie endgültig in die Schweiz, nach Ascona. »Es war eine Flucht vor den Gläubigern«, meinte der Verleger.[43] Der Schriftsteller Erich Mühsam, ein guter Freund von Franziska, verhalf ihr zu der Bekanntschaft mit dem »Seeräuber«, dem Baron Rechenberg. Dieser suchte gerade eine Frau für eine Scheinehe, um das Vermögen der Familie erben zu können. Bedingung dafür war das Vorhandensein einer Angetrauten. Als Gegenleistung sollte die »Ehefrau« die Hälfte dieses Vermögens erhalten.

Der Baron war ähnlich unkonventionell wie die Gräfin, wenngleich nicht auf dem Gebiet der Erotik. Er hatte sich in aller Welt herumgetrieben und bei seinen Abenteuern das Gehör eingebüßt. Jetzt wollte er sich niederlassen und heiraten. Er liebte seine Waschfrau, die aber nichts von ihm wissen wollte. Weil wenigstens die Tochter der Angebeteten von ihm profitieren sollte, brauchte er eine Ehefrau. Ohne Heirat gab es keine Erbschaft.

Als Mühsam Franziska den Fall auseinandersetzte, nahm sie die Geschichte zunächst gar nicht ernst. Dann lachte sie: »Rechenberg ist ganz praktisch. Da brauche ich ja nicht einmal die Monogramme in den Taschentüchern umzustikken.«[44] Das Paar wurde getraut, und nicht einmal einen Tag lebten sie zusammen, ihr ganzes Leben lang blieben sie per Sie.

Schließlich segnete der Vater des Barons das Zeitliche. Allerdings fiel die Erbschaft geringer aus als erwartet. Den-

»Madonna mit dem Kinde« – die Gräfin und ihr Sohn.

noch: Für ihre Verhältnisse war Franziska jetzt reich geworden. Einmal, ein einziges Mal in ihrem Leben, handelte sie bürgerlich, wie jedermann. Statt wie sonst leichtsinnig mit dem Geld umzugehen, hinterlegte sie es bei einer renommierten Schweizer Bank und reiste nur mit einem kleinen Teil an die Côte d'Azur. Kaum angekommen, rief ein Telegramm sie zurück. Die Bank war pleite, das Geld verloren.

Das Leben der Franziska Gräfin zu Reventlow scheint widersprüchlich: Sie war unpolitisch und machte Politik, sie war emanzipiert, ohne Emanze zu sein. Alles, was sie tat, folgte ihrer eigenen Notwendigkeit, keiner Idee, keiner Theorie. Ihre erotische Freiheit, ihre Unabhängigkeit folgte aus ihrem Wesen, nicht aus einer Ideologie. Daher kann sie auch nicht ohne weiteres von den Frauenrechtlerinnen vereinnahmt werden, deren Ideen und Forderungen Franziska fremd waren. Vor allem die Versuche, völlige Gleichheit zwischen Mann und Frau herzustellen, waren ihr zutiefst suspekt. Und Frauenrechtlerinnen waren ihr im Grunde ein Greuel: »Es kann einem angst und bange werden, wenn man diese ›Extremisten‹ in geteiltem Lodenrock und gestärkter weißer Weste auf den Katheder steigen und mit einer Stimme wie eine Baß-Klarinette über ›Das Woib‹ reden hört.«[45]

Die »Bewegungsweiber« hätten ein grundsätzlich falsches Bild von den Männern: »Der Mann ist ihnen fortan etwas, das überwunden werden muß. Und das Bewegungsweib konstruiert sich ein seltsames Phantasiegebilde zurecht und sagt: Das ist der Mann, so ist der Mann, wir haben ihn endlich erkannt. Er steht nicht über der Frau, wie man uns gelehrt hat, er ist durchaus kein Halbgott, ja nicht einmal ein interessanter Teufel. Er ist einfach borniert, denn er faßt die Frau nicht als selbständigen Menschen auf, sondern sieht in ihr immer nur das Geschlecht, das Werkzeug seiner schlechten Laune. O Gott, wie ist er überflüssig, dieser Mann, wahrhaftig, wir können ebensogut ohne ihn auskommen, denn wir wollen nicht nur Weib sein, sondern vor allem freie selbständige Menschen.«[46]

Der Fehler liege im System, in der Erziehung werde den jungen Frauen ein völlig falsches Männerbild beigebracht, und in der Ehe komme dann das böse Erwachen: »Der Altar des unbekannten Gottes stürzt zusammen, und an die Stelle des Idols tritt das Bild eines verzerrten Scheusals und das ist der Mann, ihr Mann – jeder Mann ohne Ausnahme.«[47]

Der Unterschied zwischen den Geschlechtern könne nicht wegdiskutiert werden, war Franziskas Meinung. Frauen und Männer seien eben nicht gleich. Ziel der Frauen sollte vielmehr sein, ihrer eigenen Bestimmung gemäß zu leben. Und diese sah sie ganz eindeutig in der Mutterschaft und in einem freien Ausleben der Sexualität. Sie kritisierte die organisierten Frauen, denn die Frauenbewegung sei die ausgesprochene »Feindin aller erotischen Kultur, weil sie die Weiber vermännlichen will. Sie will unseren blutarmen höheren Töchtern durch Gymnasium und Studium das bißchen Geschlecht noch völlig abgewöhnen.«[48]

Grundsätzlich befürwortete sie den Einsatz der bürgerlichen Frauenbewegung für uneheliche Mütter und Arbeiterinnen. Für Franziska zu Reventlow ging es nicht gegen die Männer, sondern um eine natürliche Verbindung zwischen den Geschlechtern. »Er wird zum Mann durch die bestätigte Erkenntnis des anderen Geschlechts, das Weib hingegen wird niemals dadurch die Höhe seines Wesens erreichen, daß es einen oder mehrere Männer gekannt hat, sondern einzig und allein durch die Mutterschaft, die alle Funktionen seines Geschlechtslebens zur Entwicklung bringt.«[49]

Wenn dieser Zweck dann erreicht sei, wäre es eigentlich egal, ob das Paar zusammenbleibe oder nicht. Franziska fand es nicht übermäßig problematisch, wenn der Vater des Kindes nicht bei der Mutter blieb, sondern sie mit dem Kind allein ließ. »Und wenn die Frau verständig genug ist, wird sie den Mann dafür segnen, daß ihr durch ihn das höchste Gut ihres Lebens zuteil geworden ist, und wird ihn ruhig gehen lassen, wenn die Verhältnisse es mit sich bringen. Zu dieser Verständigkeit sollte man die Frauen erziehen und sie ihnen praktisch ermöglichen.«[50]

Die Frauen müßten von den Zwängen der gesellschaftlichen Konventionen befreit werden und ihren Anlagen gemäß leben können. »Am gescheitesten handeln demnach wohl schließlich noch diejenigen, die den Mann überhaupt nicht »aufzufassen« suchen, sondern einfach den gegenseitigen sexuellen Standpunkt praktisch zur Geltung bringen.« Die Frauen sollten Kinder bekommen und ihre sexuellen Wünsche ungehindert ausleben: »Aber das Weib mit dem normalen, unverkümmerten unentwegten Geschlechtssinn – wo ist das zu finden?«[51]

Nach Franziska zu Reventlow lag das Problem in der rigiden Erziehung der jungen Mädchen, die sich nur für die Ehe aufzuheben hatten und denen die eigenständige Entwicklung vorenthalten wurde. In einem Aufsatz in der Zeitschrift *Zürcher Diskussionen* unter dem Titel »Viragines oder Hetären?« kritisierte sie die Form der Mädchenerziehung: »Als kleines Mädchen artig in die Schule und manierlich mit Eltern oder »Fräulein« spazieren gehen, als großes Mädchen je nach den Verhältnissen als Nutzobjekt oder Dekorationsgegenstand im Hause figurieren, als Braut sittig errötend an der Aussteuer nähen, als Frau dem Gatten sorgend und leidend zur Seite stehen, den Pflichten des christlichen Ehebettes nach bestem Vermögen nachkommend und ihre Kinder zu derselben trostlosen Lebenslangeweile zu erziehen. Klar und deutlich ist der Weg ihr vorgezeichnet, etwaige Freiheits- oder Lustbestrebungen werden rechtzeitig unterdrückt, wo sie aber dennoch die Oberhand behalten, wird das räudige Schaf möglichst bald aus der Gemeinde entfernt – zur Freude der Gottlosen, denen ein Sünder lieber ist als 99 Gerechte.«[52]

Auch in einem anderen Aufsatz beschäftigte sie sich mit dem Thema Mädchenerziehung. Gerade durch den Kampf um ihre eigene persönliche Freiheit, die auf keinerlei gesellschaftliche Konventionen Rücksicht nahm, wußte sie, wie schwierig es war, diese Freiheit zu leben. Daher lag ihr dieses Thema besonders am Herzen. Sie wollte weg von dem angezüchteten Schamgefühl, »das in jedem Wesen des anderen Geschlechts einen Gegenstand der verbotenen Neugier sieht und eben dadurch auch am eigenen Körper ein unheimlich lockendes Rätsel.«[53] Junge Menschen sollten frei sein, ihre eigenen Erfahrungen zu machen: »Mir speziell als Mutter würde es weit sympathischer sein, wenn mein Sohn mit 18 Jahren ein ihm gleichstehendes Mädchen verführt, als wenn er sich seine Unschuld bis in die Zwanzig hineinbewahrt, um sie dann schließlich in einem Bordell zu verlieren.«[54]

Vor allem das Christentum mit seinen falschen Moralvorstellungen verneine das Leben, daher sollte sein Einfluß auf die Erziehung zurückgedrängt werden. Anstelle der ständigen Angst zu sündigen wollte sie junge Leute, Jungen wie Mädchen gleichermaßen, zum Leben erziehen. »Und da sie nun doch einmal in Sünden empfangen und geboren sind, wollen wir sie auch den Mut zur Sündhaftigkeit lehren, – die wir lieber Lebensfreude nennen.«[55]

Eine Frau wie Franziska zu Reventlow war auch noch gegen Ende des 19. Jahrhunderts eine skandalöse Erscheinung. Ihr Freund Ludwig Klages, der Philosoph, schrieb über sie: »Sie hielt es für einen Ehrenpunkt des Weibes, daß es sich nicht versagen dürfe einer ernstlich gemeinten Werbung des Mannes, auch wenn die nur einem sinnlichen Verlangen entsprungen wäre. Aber genau so verbindlich und gebieterisch wie ihre Neigungen waren für sie ihr Mangel an Neigung und vollends ihre Abneigung.« Eine Vorkämpferin für andere konnte und wollte sie auch nicht sein: »Da sie den Mut hatte, gegen die Konvention zu leben, hatte sie es nicht nötig, auf Änderung der Konvention zu dringen.«[56]

Frauen erobern die Welt

»... die Pforten des umzäunten Gartens tun sich auf, die Kette vor dem Eingang des Kerkers senkt sich, und siehe da: dort lag die unermeßlich weite Welt!«

Gertrude Bell

Vorurteilen, Voreingenommenheiten, festen Überzeugungen begegneten Frauen bei so gut wie allen ihrer Vorhaben. Jeder Versuch, aus dem gängigen Bild auszubrechen, wurde mit Skepsis und Ablehnung quittiert. So glaubte man im 19. Jahrhundert, Frauen reisten nicht gerne, blieben lieber daheim und hüteten das Haus. Alleinreisende Frauen wurden schnell als schrullige Personen angesehen. Bestenfalls als Begleitung des Ehemanns waren sie gelitten.

Zum Beispiel stand in der *Reiseschule für Touristen* von Arthur Michelis aus dem Jahre 1872 zu lesen: »Gemeiniglich verlangt es aber die Damen gar nicht sehr nach Reisen, und in der That ist ihnen in diesem Stücke kein Mangel an Logik vorzuwerfen. – Begleiten wir, sagen sie, unsre Männer, so verursacht das dreifache Kosten, Unbequemlichkeit, Mühsal, manche Unternehmung muß unsrethalben wegfallen. Alles geht langsamer, schwerfälliger, auszüglicher vor sich. Die Bestimmung des Weibes ist das Haus, nicht die Welt. Die Eine oder Andere denkt vielleicht auch: schadet meinem lieben Manne gar nicht, wenn er einmal wieder an die Vorzüge des heimischen Herdes erinnert wird, und daß es auch andren Leuten als seiner kleinen Frau passiren kann, daß ein Hemdknöpfchen fehlt oder die Milch anbrennt.« [1]

Diesem Gedanken huldigten nicht alle Frauen im 19. Jahrhundert. Viele waren durchaus nicht willens, Monate oder gar Jahre alleine zu Hause zu sitzen und auf den reisenden Ehemann zu warten. Vielmehr scheuten sie keine Mühen, um den Gatten zu begleiten.

Gerade Frauen, deren Ehemänner aus beruflichen Gründen reisen mußten, wollten nicht zu Hause bleiben und das Dasein einer Strohwitwe fristen. Denn sie wußten bei der Heirat, worauf sie sich eingelassen hatten, und waren dann auch bereit, Unbequemlichkeiten auf sich zu nehmen und mit dem Ehemann die große, weite Welt zu bereisen. Ehefrauen von Schiffskapitänen gingen häufig mit auf große Fahrt. Auf holländischen Schiffen etwa war es durchaus üblich, daß sich die Kapitänsfrauen mit an Bord befanden, obwohl die Seeleute reichlich wählerisch waren, was Mitfahrende anging. Nach altem Seemannsglauben brachten Hexen, Nonnen, Mönche und andere geistliche Personen an Bord Unglück.

Mit dem Aufbau der Kolonialreiche folgten immer mehr Frauen von Plantagenbesitzern, Verwaltern, Kaufleuten, Ingenieuren und Kolonialbeamten ihren Männern in die

Leben in der Fremde: Pflanzerfamilie auf den Samoa-Inseln.

Fremde. Selbstverständlich gehörte das Reisen für Ehefrauen von Künstlern, Diplomaten und Militärs zu ihrem Lebensalltag. Allerdings bestimmten nicht sie selbst über das Reiseziel, sondern Pflichten und Verpflichtungen des Ehemannes.

Die mitreisende Ehefrau hatte die Aufgabe, dem Gatten ein möglichst gemütliches Heim zu schaffen, in dem er fast vergessen sollte, in einem fremden Land zu sein. Die Aufgabe der Frau blieb die gleiche wie in der Heimat: Sie organisierte den Haushalt und hatte die repräsentativen Pflichten zu erfüllen, die die berufliche Position des Ehemannes mit sich brachte. Selbst die beherrschenden Gesprächsthemen der allfälligen Damenkränzchen waren die gleichen: Dienstboten und Haushalt.

Eine Ausnahme stellten die Frauen von Missionaren dar. Sie lebten im fremden Land unter fremden Menschen und nicht in einer Kolonie von Landsleuten. Ihre Aufgabe bestand in erster Linie darin, eine christliche Ehe vorzuleben und durch ihr Beispiel die Missionierungsarbeit zu erleichtern.

In vielen Ländern durften Missionare die Frauengemächer der Einheimischen nicht betreten. So konnten die Männer nur die Seelen der Männer retten, während ihren Ehefrauen die Aufgabe zufiel, die Frauen für den christlichen Glauben zu gewinnen. Darüber hinaus hatten die Missionarsfrauen Kurse in Haushaltsorganisation und Kinderpflege abzuhalten.

Zu Aufklärungs- und Erziehungszwecken konnte man auch alleinreisende Frauen in fremden Ländern antreffen. Denn die deutschen Missionsgesellschaften entsandten durchaus auch Frauen in die Missionsgebiete, um die Arbeit des Geistlichen zu unterstützen und zu ergänzen. Andere arbeiteten als Lehrerinnen oder Erzieherinnen im Ausland. Der Ruf englischer Gouvernanten war im vergangenen Jahrhundert so weit verbreitet, daß selbst der König von Siam seine Kinder von einer britischen Lehrerin unterrichten lassen wollte. Er fand eine Erzieherin, die in Singapur lebte und dort eine Schule leitete. Die abenteuerliche Geschichte dieser Frau, Anna Leonowens, ist in dem Hollywoodstreifen *Anna und der König von Siam* verewigt worden.

Einige, wie die Deutsche Ina von Binzer, schrieben die Erfahrungen, die sie in fremden Regionen gemacht hatten, nieder. *Leid und Freud einer Erzieherin in Brasilien* lautet der Titel ihres Buchs. Mit zweiundzwanzig Jahren trat Ina von Binzer eine Stelle als Erzieherin der Kinder von Doktor Rameiro an. Das Leben auf der Fazenda und ihre Arbeit hatte sie sich gänzlich anders vorgestellt. Statt in einer tropischen Landschaft reizende Kinder zu unterrichten, hatte sie sich mit dem verwöhnten Nachwuchs einer reichen Pflanzerfamilie abzuplagen, Freizeit hatte sie dabei kaum. Auch die aus Deutschland mitgebrachten pädagogischen Bücher halfen da nur wenig: »Grete«, so schreibt sie an ihre Freundin, »ich glaube, manchmal wüßte selbst Bormann nicht, wie er sich hier verhalten sollte.« [2]

Gesellschaftlich anerkannt war es, wenn Frauen sich im Namen der Nächstenliebe auf den Weg machten. Besonders berühmt geworden ist die englische Krankenpflegerin Florence Nightingale, deren Beispiel damals viele Frauen nacheiferten. Kate Marsden, Berufskollegin von Florence Nightingale und Engländerin wie diese, ging nach Sibirien, um dort verbannten Leprakranken zu helfen. Beseelt von ihrer Aufgabe, nahm sie monatelang unvorstellbare Strapazen auf sich, um die von ihren Mitmenschen ausgesetzten und verstreut lebenden Kranken zu besuchen und ihnen zu helfen.

Die elegante Welt hatte das Reisen schon seit längerer Zeit für sich entdeckt. Bildungsreisen waren bereits im 18. Jahrhundert beliebt und Italien das bevorzugte Reiseziel. Die allgemeine Begeisterung für die Antike ließ eine Reise über die Alpen zum selbstverständlichen Bestandteil von gutbürgerlicher Erziehung wie künstlerischer Ausbildung werden.

Auch aus medizinischen Gründen konnte eine Ortsveränderung angezeigt sein. Langfristige Aufenthalte in nordafrikanischen Ländern sollten Linderung von Lungenleiden bringen. Zu der Zeit entdeckte man auch den Nutzen einer Badereise. Alljährlich verließen die wohlhabenden Bürger die Städte, um an Küsten oder Seen Erholung zu finden.

Man fuhr in die Sommerfrische. »›Man‹ bedeutete die ganze Familie, zeitweilig mit Ausschluß des Vaters (der sich ja auch im Sommer ums Geschäft, um die Kanzlei, um die Ordination oder um sonstwelche beruflichen Obliegenheiten kümmern mußte), dafür aber mit Einschluß Köchin, die sowieso als Familienmitglied galt. Und ›mit Wirtschaft‹ bedeutete alle zur mehrmonatigen Führung eines Haushalts erforderlichen Geräte, unter denen weder Kaffeeservice noch Salatbesteck, weder Besen noch Staubtücher fehlen durften.« Doch damit nicht genug: »Je nach Anzahl und Anspruch der weiblichen Familienmitglieder kam eine mehr oder minder reichhaltige Garderobe hinzu, Wäsche und Kleidung für sonniges und regnerisches Wetter, Spielzeug für die Kinder, Studienmaterial für den Ältesten, Tennis-, Bade- und Wanderausrüstung und was es eben an vermeintlich Unentbehrlichem geben mochte.«[3] Ein halber Umzug war das dann schon und erforderte den Einsatz der Familie samt des Personals.

Es war durchaus nicht ungewöhnlich, daß Damen ohne Begleitung des Gemahls die Bäder zur Kur aufsuchten, um dort Heilung von den verschiedensten Leiden zu suchen. So versprach man sich von einer Badekur Besserung bei Frauenleiden und eine Hebung des Allgemeinbefindens. Die regelmäßige Kuranwendung diente der Schönheit ebenso wie der Verlängerung des Lebens. Auch standen einige Heilquellen in dem Ruf, eine fruchtbarkeitsspendende Wirkung zu haben. Und schließlich war die gesellschaftliche Bedeutung eines solchen Aufenthaltsortes als Heiratsmarkt nicht zu überschätzen, denn wo hätte man mehr Zeit und Muße für die Suche nach einer passenden Partie haben können als in einem eleganten Badeort?

Viele Frauen erkannten den Vorteil, einmal einige Zeit ohne den Ehemann zu verbringen. Den Nutzen dieser Freiheit wußten auch die Kurärzte zu schätzen: »Alles, was Aerger, Verdruß, Sorge und Kummer verursachen kann, das suche der Kurgast zu entfernen, und lasse es zu Hause. So lasse die sanfte Frau ihren rohen hartherzigen Mann, der ihr aus Geiz jedes Vergnügen versagt und so manche Stunde verbittert, den Grobian, ja zu Hause.«[4]

Mit Kind und Kegel in die Sommerfrische.

Es sind sogar Eheverträge überliefert, in denen festgeschrieben wurde, daß die Ehefrau einmal im Jahr berechtigt sei, allein ein Heilbad aufzusuchen. Neben den Quellen der Kurstadt Wiesbaden, die Geheimrat Goethe schon zu würdigen wußte und wo Dostojewski im Casino seiner Spielleidenschaft nachging, war Bad Schwalbach im Taunus besonders beliebt, vor allem bei den »... jüdischen Damen zu Frankfurt, die sich sogar bei ihren Liebhabern vor der Verheirathung ausbedingen, und im Ehecontrakte festsetzen sollen, daß sie jährlich eine Badereise nach Schwalbach unternehmen dürfen« [5].

»Einer Frauen Romfahrt und einer Henne Flug über den Zaun ist beides gleich nütze...«

Die meisten reisenden Frauen begleiteten die Ehemänner in fremde Länder. Frauen unterwegs und ganz alleine, nur zu ihrem Vergnügen und ohne männliche Begleitung, das erschien vielen Zeitgenossen unerhört und war ganz und gar nicht mit den bürgerlichen Vorstellungen von einer Dame zu vereinbaren.

Noch 1788 hieß es in einem *Lesebuch für die Jugend*: »Weiber taugen wohl zu nichts weniger als zu Entdeckungsreisen; ihre Hauben und Caiüten, ihre Furchtsamkeit und Stürme; ihre Naschhaftigkeit und Salzfleisch und hundert andere Dinge machen sie zum Seedienst schlechterdings untauglich...« [6]

Dahinter stand eine ganz bestimmte Vorstellung von Frauen und ihrer Rolle, wie der Brief des Dichters Heinrich von Kleist an seine reiselustige Schwester Ulrike zeigte: »Aber was soll ich glauben, wenn Dir der, nicht scherzhafte, nur allzu ernstliche Wunsch entschlüpft, Du möchtest die Welt bereisen? Ist es auf Reisen, daß man Geliebte suchet und findet? Ist es dort, wo man die Pflichten der Gattin und Mutter am zweckmäßigsten erfüllt? Oder willst Du endlich, wenn Dir auch das Reisen überdrüssig ist, zurückkehren, wenn nun die Blüte Deiner Jahre dahingewelkt ist, und erwarten, ob ein

Mann philosophisch genug denke, Dich dennoch zu heiraten? Soll er Weiblichkeit von einem Weibe erwarten, deren Geschäft es während ihrer Reise war, sie zu unterdrücken?«[7]

Für eine Frau, die allein gereist war und unterwegs ihre eigenen Entscheidungen gefällt hatte, war es schwierig, sich nach der Rückkehr wieder den herkömmlichen Normen zu beugen. In der Gesellschaft galt sie als unweiblich, und auch für die Frauen selbst dürfte es schwierig gewesen sein, sich fortan einem Ehemann unterzuordnen und auf Kinder und Küche zu beschränken. So wußte der Volksmund schon im 17. Jahrhundert: »Von ungewanderten Junggesellen und gewanderten Jungfrauen werde beiderseits wenig gehalten.«[8] Wenn zwei das gleiche tun, ist es eben noch lange nicht dasselbe.

Von solchen gesellschaftlichen Vorurteilen früherer Jahrhunderte konnten sich die Engländerinnen leichter befreien als die Frauen auf dem europäischen Kontinent. Was sie veranlaßte, gesellschaftliche Konventionen beiseite zu lassen und das Weite zu suchen, läßt sich nicht genau sagen. Ob die möglichen Verwandtenbesuche im britischen Kolonialreich eher eine Fahrt in die Ferne zuließen oder ob die Insellage Großbritanniens für dieses Phänomen verantwortlich ist, ist hier nicht zu entscheiden.

Tatsache ist, daß Engländerinnen und Amerikanerinnen häufiger auf Reisen waren. Dies fiel auch den Zeitgenossen auf. Der Reiseschriftsteller Albert Kreuzhage berichtet in seinem Tagebuch einer Reise nach Baden und dem Schwarzwald aus dem Jahre 1836: »Seit einiger Zeit reisen Engländerinnen und Amerikanerinnen in diesen Gegenden. Wenn sie freilich alle so alt und häßlich sind wie Miss Blackburne und Miss Home, so können sie es unbedenklich tun. Uns begegneten sehr oft große Reisewagen mit solchen alleinreisenden Damen, die weite Touren durch die Schweiz und Italien machten.«[9]

Reisende Frauen wurden auch von Geschlechtsgenossinnen nicht immer mit Wohlwollen bedacht. Die Engländerin Mary Woolstonecraft schrieb in ihrer Schrift zur Verteidigung der Rechte der Frauen, die 1793 in Deutschland erschien:

»Wenn ein Mann eine Reise macht, so hat er gemeiniglich seinen Zweck im Sinn. Ein Weib hingegen denkt in diesem Fall mehr an die zufälligen Ereignisse, die ihr unterwegs zustoßen, an die seltsamen Dinge, die ihr da begegnen könnten, an den Eindruck, den sie wohl auf ihre Reisegefährten machen möchte; und vor allem ist sie auf den Putz bedacht, den sie bei sich hat, und dann mehr als jemals wie einen Teil ihrer selbst betrachtet, vor allem, wenn sie im Begriff ist, auf einem neuen Schauplatz zu figurieren, und Sensation zu machen hofft.«[10] Obwohl die Männer den Reisen von Frauen mißtrauisch gegenüberstanden und diese Abenteuer auch von Geschlechtsgenossinnen mit Skepsis betrachtet wurden, war der Drang in die Ferne für einige Frauen unwiderstehlich.

Eine Hilfe für die Reiselustigen stellte der erste Reiseführer für Frauen dar: ein Werk aus dem Jahre 1824, verfaßt von der Britin Mariana Starke, für Bewohner des Königreiches, die die Insel verlassen und eine Reise auf den Kontinent unternehmen wollten. Nur schwer würden sich die Landsleute mit den Bedingungen, die fern der Heimat herrschten, abfinden. Daher empfahl die Autorin, all das mit sich zu führen, was für die zivilisierte und standesgemäße Reise einer Britin oder eines Briten vonnöten war: Bettzeug, Tischtücher, Regenschirm, Medizin, Bestecke, Schreibutensilien, Porzellan und natürlich das Teeservice. Daneben eine Pistole für alle Fälle, Lavendelöl gegen Ungeziefer und ein Moskitonetz; das war schon das mindeste, was man dabeihaben mußte. Wohlgemerkt, die Tips galten nicht für eine Reise nach Indien oder Afrika, sondern Ziel der großen Fahrt, die einen solchen Aufwand notwendig machte, war das europäische Festland!

Spezielle Reiseführer für Frauen kamen verstärkt auf den Markt, als auch die Zahl der alleinreisenden Frauen zunahm. Der 1877 gegründete »Internationale Verein der Freundinnen junger Mädchen« gab einen Reiseführer heraus, der auf geeignete Unterkünfte für alleinreisende Frauen verwies.

Die zunehmende Reisewelle schlug sich natürlich auch in den Modejournalen nieder, die mit Schnittmusterbögen für Reisekleider aufwarteten und Handarbeitsanleitungen für allerlei nützliches Zubehör veröffentlichten. Empfohlen wurde die Mitnahme von allerlei wichtigen, angeblich für die Reise unentbehrlichen Utensilien, wie etwa ein weißer Unterrock mit abnehmbaren Volants oder ein zusammenschiebbarer Fingerhut. Kein Wunder, daß sich derart ausgerüstete Damen zum Gespött der Männer machten. Durch das unnütze Gepäck entstünde »eben jener Ballast, der auf Reisen so unsäglich beschwerlich werden kann«.[11]

Allmählich brach ein regelrechtes Reisefieber aus. Aber nicht alle Frauen hatten den Mut, ihre Koffer zu packen und allein das große Abenteuer zu wagen. Um nicht ganz so wagemutigen Damen das Reisen zu ermöglichen, organisierten findige Unternehmer wie Thomas Cook die Gruppenreise. Die beliebte Zeitschrift *Die Gartenlaube* konnte ihren Leserinnen eine solche Fahrt nur empfehlen. Sie sei vor allem für alleinstehende Frauen, Witwen oder Unverheiratete geeignet, die weder durch berufliche Verpflichtungen noch persönliche Bindungen gehindert waren und den Wunsch verspürten, die Welt kennenzulernen.

»Sie möchten die Welt sehen... die Mittel sind vorhanden, jedoch die ›Freundin‹ fehlt, der man sich anschließen kann oder möchte. Auch beherrscht man nicht alle Sprachen und bei Gott nicht die Routine, die für Auslandsreisen erforderlich ist. Woher soll man die auch haben? Man reiste früher mit dem Gatten, mit den Eltern – oder man reiste überhaupt nicht... Bereits eine ganze große Anzahl alleinstehender Damen haben freilich schon den hier ins Auge gefaßten Ausweg gefunden und sich den Gesellschaftsreisen angeschlossen, deren Prinzip hier empfohlen werden soll.«[12]

Neben den abenteuerlustigen alleinreisenden Frauen und denen, die ihren Ehemännern in die Fremde folgten, gab es natürlich auch Frauen, die aus beruflichen Gründen reisen mußten. Die Tänzerin Fanny Elßler trat in ganz Europa auf. Oder die Botanikerin Amalie Dietrich: Sie hatte zunächst Europa durchstreift, immer auf der Suche nach Kräutern und Pflanzen, die sie sammelte und für die Forschung präparierte. Ihre Pflanzensammlungen waren so bestechend, daß sie die Gelegenheit erhielt, beim Aufbau eines Museums für Natur-

Mit der Botanisiertrommel unterwegs: Amalie Dietrich.

und Völkerkunde der Südsee mitzuarbeiten. Dazu wurde sie nach Australien geschickt, um die dortige Pflanzen- und Tierwelt zu sichten und aufzuarbeiten. 1863 ging die Reise los und sollte erst zehn Jahre später beendet sein.

Eine Frau, die mit ihren Eltern in die Fremde aufbrach und erst nach 40 Jahren wieder nach Deutschland zurückkehrte, war die als Märchenerzählerin berühmt gewordene Elsa Sophie von Kamphoevener. Als Dreijährige war sie mit ihren Eltern nach Konstantinopel gekommen und wurde dort von Privatlehrern erzogen. Sie war überaus sprachbegabt und lernte im Laufe der Zeit neun Sprachen. Elsa Sophie bereiste den Orient und lebte »teils im Wasser, teils auf Pferden«. Für ihre Streifzüge fand sie es weitaus besser und bequemer, als Mann verkleidet zu sein: »Natürlich ritt ich immer in Männerkleidern. Meines Vaters älteste Diener kamen mit, und das erschröckliche Geheimnis konnte gut gewahrt werden.« [13] Durch ihre Verkleidung war es ihr möglich, Einlaß in die geschlossene Gesellschaft der Männer zu finden. Sie saß mit ihnen an den Lagerfeuern oder in den Bazaren und hörte den Geschichtenerzählern zu.

Märchenerzählen hat in Kleinasien und dem Orient eine lange Tradition. Einige der Geschichten werden schon seit Hunderten von Jahren erzählt. So gab es spezielle Märchenerzählerfamilien, und eine jede verfügte über einen bestimmten Bestand an Märchen, die nur sie erzählen durfte. Wurde ein Märchen einer anderen Familie »gestohlen«, so war das ein größeres Verbrechen als etwa ein Pferdediebstahl.

Einer der Meister, Fehim Bey, nahm die junge Europäerin in die Gilde der Märchenerzähler auf, auch er war getäuscht worden von der Männerkleidung, denn eine Frau hätte nie in den exklusiven Kreis vordringen dürfen. In seiner Familiengilde durfte Elsa von Kamphoevener an Stelle von Fehim Bey die Erzählerrolle übernehmen.

In dieser Zeit an den Lagerfeuern legte Elsa von Kamphoevener den Grundstock für ihren späteren Ruhm. Ab 1916 schrieb sie zahlreiche Romane und Erzählungen. Richtig berühmt wurde sie aber erst, als sie die Märchen und Geschichten der Beduinen entgegen allen Traditionen, die das Aufschreiben verboten, als Buch veröffentlichte. *An Nachtfeuern des Karawan Serail*, erschienen 1956/57, erreichte hohe Auflagen. Ihr Ruf war so weit verbreitet, daß Elsa im Auftrag der Luftwaffe während des Zweiten Weltkriegs als »Kamerad Märchen« zu den Soldaten an die Front reiste. Nach dem Krieg erzählte sie ihre Märchen vor allem im Rundfunk. Sie starb 1963 im Alter von 85 Jahren.

»Schreiben ist ein Surrogat fürs Leben«

Frauen, die sich auf eigene Faust auf den Weg machten, schrieben häufig ihre Erlebnisse nieder und veröffentlichten die Aufzeichnungen nach ihrer Rückkehr. »Man mag im allgemeinen gegen weibliche Autoren und ihre Bücher sich eines gewissen Vorurtheiles nicht erwehren können, wenn sie Land und Leute schildern, sind sie auf dem Platze und behaupten ihr Recht... Die scharfe Beobachtungsgabe der Frau, ihre Unbefangenheit gegenüber Dingen, welche der Mann dem Gesichtspunkte seines doctrinären Systems nicht unverfälscht zu sehen vermag, und ihre Aufmerksamkeit auf scheinbare Kleinigkeiten, welche der Mann ganz unbeobachtet läßt, geben ihren Schilderungen einen eigenen Reiz und besonderen Werth.« [14]

Einige der Fachleute wußten die Berichte und Beschreibungen der Frauen sehr wohl zu schätzen. Erst die Inflation der Reiseberichte, die in steigender Zahl auf dem Markt erschienen, verstärkte die Position derer, die den Berichten von Frauen eher skeptisch gegenüberstanden. So schrieb ein Gelehrter schon im Jahre 1852: »Es macht heuer kein Blaustrumpf mehr eine Spazierfahrt über Wasser, ohne ein ästhetisches Gewäsch und touristisches Geschreibsel in einigen Bänden loszulassen – eine ganz erschreckliche Art von Natur- und Kunstquälerei.« [15]

Eine der bekanntesten Reiseschriftstellerinnen war die Gräfin Ida Hahn-Hahn. Sie reiste mit ihrem Lebensgefährten, dem Grafen Bystram, durch Deutschland, nach Italien, Spanien, Skandinavien, Frankreich, Schottland, England, Irland, in die Schweiz und in den Orient. Ihre Briefe, die sie vor allem aus dem Orient nach Hause schickte, wurden nach ihrer Rückkehr unter dem Titel *Orientalische Briefe* veröffentlicht und machten sie mit einem Schlag berühmt. Nach ihren Reisen wurde sie zu einer vielgelesenen Autorin des Vormärz. Heinrich Heine zeigte auf seine eigene Weise den Respekt vor der Kollegin, die nach einer erfolglosen Operation nur noch ein Auge hatte: »O diese Weiber!... Wenn sie schreiben, haben sie ein Auge auf das Papier, das andere auf einen Mann gerichtet, und dieses gilt von allen Schriftstellerinnen, mit Ausnahme der Gräfin Hahn-Hahn, die nur ein Auge hat.« [16]

Alleinreisende Frauen waren eben eine ungewöhnliche Erscheinung, die nicht nur die Aufmerksamkeit, sondern auch den Spott der Männer auf sich zogen. Dazu mußten die Damen nicht einmal besonders exzentrisch sein.

Ein weiteres Beispiel ist Gertrude Bell, die sich als Dichterin, Bergsteigerin, Historikerin, Diplomatin und Archäologin einen Namen gemacht hatte. Auf dem Höhepunkt ihrer Karriere galt sie als eine der mächtigsten Frauen des Mittleren Orients. Virginia Woolf hielt sie für herrisch, der Diplomat Mark Sykes, der mit ihr gereist war, meinte von ihr, sie sei ein dummer, schnatternder Windbeutel und eine blöd daherredende Gans.

Gertrude Bell kam aus einem sehr reichen und feinen Elternhaus, in dem für die Erziehung der Kinder weder Kosten noch Mühen gescheut wurden. Gertrudes Erziehung folgte den strengen Regeln des englischen Adels, und die eigens angestellten Hauslehrer mühten sich redlich, der Widerspenstigen alles beizubringen, was eine vornehme junge Dame der Zeit zu wissen hatte.

Vergebliche Liebesmüh, denn Gertrudes Interesse galt der Geschichtswissenschaft, und trotz einiger Bedenken stimmten die Eltern schließlich zu, die begabte Tochter in Oxford studieren zu lassen.

1892 kam sie das erste Mal in den Nahen Osten, der sie fürderhin nicht mehr loslassen sollte. Sie beherrschte bereits mehrere europäische Sprachen, nun lernte sie auch Persisch und Arabisch. Das Reisen war im letzten Jahrhundert keineswegs eine bequeme Angelegenheit, was Gertrude allerdings nicht abschreckte. Sie konnte sich mit allem arrangieren, nur in einem Punkt machte sie keine Kompromisse: bei ihrer Garderobe. Die finanziellen Mittel der Familie erlegten ihr in diesem Punkt keine Mäßigung auf, und Gertrude scheute selbst auf ihren Reisen durch die Wüste weder Kosten noch Mühen, immer elegant auszusehen. Schon als sie noch in London lebte, stand sie in dem Ruf, bei gesellschaftlichen Anlässen ein Kleid nie zweimal zu tragen.

In diesem Punkt blieb sie sich bei ihren Ritten durch die Wüste treu. Sie zerrte voluminöse Kleiderkoffer, gefüllt mit den teuersten Kleidern der europäischen Damenschneider, durch die Sanddünen der Sahara. Erstaunen darüber bekundete eine andere Engländerin, die sie einmal in Konstantinopel traf, »als sie gerade aus der Wüste zurückkam, mit all den

Abendkleidern und dem Besteck, das sie immer unbedingt auf ihren Touren mitnehmen mußte«[17]. Noch zu der Zeit, als sie als Orientsekretär des britischen Hochkommissariats im Nahen Osten arbeitete und die Inthronisation des irakischen König Feisal als ihre persönliche Leistung verbuchen durfte, galt sie als eine Frau, die »nichts von einer wettergegerbten Entdeckerin an sich hatte; sie war durch und durch eine englische Lady mit Pariser Schick«[18].

»Reisen war der Traum meiner Jugend«

Nicht jede reisende Frau konnte so sorglos mit dem Geld umgehen wie die begüterte Gertrude Bell. Welche Anstrengungen eine Frau unternehmen mußte, die von Hause aus nicht mit einem entsprechenden Vermögen ausgestattet war, zeigen Leben und Reisen der Österreicherin Ida Pfeiffer.

Für ihre große Leidenschaft entwickelte sie erstaunliche Energien. Sie verdiente, sparte, ja bettelte sogar, um fremde Länder sehen zu können. Dank ihrer Reiseberichte und genauen Aufzeichnungen ist viel darüber zu erfahren, wie solche Reisen gemacht wurden, was man tun konnte, um sie zu finanzieren, wie man fuhr und übernachtete – und was sie kosteten!

»Ich machte mein Testament, bestellte alles derart, daß im Falle des Todes, worauf ich mehr gefaßt sein mußte als auf eine glückliche Rückkehr, die Meinigen alles in bester Ordnung fänden.«[19] Eine solche Vorbereitung trifft niemand, der sich sicher ist, unbeschadet nach Hause zurückzukehren. Tatsächlich war die Reise in das Heilige Land, die Ida Pfeiffer 1842 antrat, ein Abenteuer, eine ungeheure Herausforderung. Freunde und Verwandte hatten alles darangesetzt, sie von ihrem Plan abzubringen. »Ich konnte nichts als meinen festen unabänderlichen Willen entgegensetzen.«[20] Der allerdings genügte. Sie packte ihre Koffer und machte sich auf den Weg.

Die Frau, die als erste allein um die Welt reisen sollte, wurde 1797 als Tochter eines wohlhabenden Musselinfabrikanten geboren. Der Vater war der Meinung, daß die Tochter die gleiche Erziehung wie die Söhne erhalten sollte. Bis zum Alter von neun Jahren war Ida das einzige Mädchen und mußte sich gegenüber ihren fünf Brüdern behaupten. Äußerlich unterschied sie sich nicht von den Geschwistern, denn auch sie trug Jungenkleidung. Im allgemeinen wurden die Kinder nicht verwöhnt. Trotz des Wohlstands der Familie pflegte der Vater einen eher spartanischen Erziehungsstil. Kleine Wünsche der Kinder wurden nicht erfüllt, und auch die Mahlzeiten fielen nicht üppig aus.

Nach dem frühen Tode des Vaters übernahm die Mutter die Führung im Hause. Damit war für Ida die Zeit vorbei, da sie wie ein Junge erzogen wurde und in bequemer Kleidung nach Herzenslust herumtoben konnte. Nach dem Willen der Mutter hatte sie fortan Mädchenkleider zu tragen und eine »richtige« Mädchenerziehung zu erhalten. Diesen Wechsel verkraftete Ida kaum. Sie wurde krank, und beim Lernen stellten sich Probleme ein. Erst nachdem man ihr die vertraute Jungenkleidung zurückgegeben hatte, besserte sich ihr Gesundheitszustand.

1810 engagierte die Mutter einen Hauslehrer für die Mädchen. Joseph Trimmel übte auf Ida einen starken Einfluß aus. Vor allem seine Begeisterung für Reisen und fremde Länder wirkte ansteckend, und Ida nahm alles begierig auf. Er selbst war in seiner Freizeit ein begeisterter »Tourist« und verschlang jede Art von Reiseliteratur, die ihm in die Hände fiel. Auch Ida begeisterte sich für Reisebeschreibungen: So konnte sie wenigstens in der Phantasie der häuslichen Enge entgehen und sich in ferne Welten träumen.

Später verliebten sich Lehrer und Schülerin ineinander und wollten heiraten. Aber die Mutter war gegen die Verbindung ihrer Tochter mit dem elf Jahre älteren Beamten. Ida fügte sich und heiratete 1820 den wesentlich älteren Rechtsanwalt Dr. Pfeiffer. Insgeheim aber hielt sie die Verbindung zu ihrer Jugendliebe ihr ganzes Leben lang aufrecht.

Die Ehe mit dem Anwalt war keine sonderlich glückliche Verbindung. Ida stammte aus begüterten Verhältnissen und war an einen bestimmten Lebensstil gewöhnt. Der Ehemann konnte ihr nicht viel bieten. Er hatte sich eine Menge Feinde geschaffen, die ihm beruflich schadeten und das Leben schwer machten. Schließlich mußte er seine Stellung aufgeben, worunter vor allem seine Familie zu leiden hatte.

Ida sah sich gezwungen, selbst zum Unterhalt der Familie beizutragen: »Ich verrichtete alle Hausarbeiten, ich fror und hungerte, ich arbeitete im Geheimen für Geld, ich ertheilte Unterricht in Zeichnen und Musik, und doch trotz aller Anstrengungen gab es oft Tage, an welchen ich meinen armen Kindern kaum etwas mehr als trockenes Brot zum Mittagessen vorzusetzen hatte!«[21] Ida Pfeiffer war nicht die Frau, die bei solchen Schwierigkeiten zusammenbrach. Ihr Pflichtgefühl und die strenge elterliche Erziehung halfen, alle Probleme durchzustehen; eine Einstellung, die ihr später auf Reisen zustatten kam.

Eigene Pläne entwickelte und verfolgte sie jedoch erst später: »Als die Erziehung meiner Söhne geendet war, und ich in stiller Zurückgezogenheit lebte, da geschah es, daß meine Jugendträume und Phantasien nach und nach wieder auftauchten. Ich dachte an fremde Sitten und Gebräuche, an andere Welttheile, an einen anderen Himmel und Boden. Ich träumte von dem unbeschreiblichen Glücke jene Orte zu betreten, die unser Heiland durch seine Gegenwart heiligte, – und faßte endlich den Entschluß auch dahin zu wandern.«[22] Obwohl eine reife Frau und Mutter, mußte sie sich selbst dann noch einen Vorwand ausdenken, um die Reise allein antreten zu können. Also erzählte sie ihren Verwandten, sie wolle eine Freundin besuchen. Im März 1842 machte sie sich auf. Ziel der Reise: das Heilige Land.

Ihre erste Fahrt führte sie die Donau hinunter, nach Konstantinopel, dann weiter nach Beirut, Jaffa, Jerusalem und Bethlehem. Die Rückreise ging über Damaskus, Alexandria, Kairo, Malta, Sizilien, Italien nach Wien. Fast neun Monate dauerte es, bis sie zurückkam, und Ida Pfeiffer hatte dabei auch so manches Abenteuer bestehen müssen.

Schon auf der Fahrt von Konstantinopel nach Beirut stellte sich die Frage, welche Kleidung sie denn tragen sollte. Bekannte rieten ihr, sich wie ein Mann anzuziehen: »...allein ich fand diesen Rat nicht klug, indem meine kleine, magere Gestalt wohl für einen Jüngling, mein ältliches Gesicht aber für einen Mann gepaßt hätte. Da mir aber der Bart fehlte, so würde man die Verkleidung gleich geahndet und ich mich dadurch mancher Unannehmlichkeit ausgesetzt haben. Ich zog es vor, meine einfache europäische Tracht, die aus einer Bluse und Beinkleidern bestand, beizubehalten. Auf dem Kopf trug ich einen runden Strohhut. In der Folge wurde ich immer mehr überzeugt, wie gut ich getan, mein Geschlecht nicht zu verleugnen. Man begegnete mir überall mit Achtung und hatte oft Nachsicht und Güte für mich gerade weil man auf mein Geschlecht einige Rücksicht nahm.« [23]

Trotz der einfachen Kleidung gab es Probleme. In Jerusalem nahmen die Einheimischen in der Kirche Anstoß daran, daß Ida Pfeiffer einen Hut anstelle eines Tuches auf dem Kopf trug und keinen Schleier anlegte. Sie zeigte sich zwar kompromißbereit, was den Hut betraf, und vertauschte ihn gegen ein Tuch, aber ihr Gesicht verhüllen – das kam für sie überhaupt nicht in Frage.

Nach den meisten Berichten hatte sie für die erste Fahrt etwa 1000 Gulden zur Verfügung. Die ganze Zeit war sie sehr sparsam mit ihrer knappen Barschaft umgegangen, nahezu geizig. In ihrem Bericht über diese Reise finden sich immer wieder Hinweise, daß sie die Preise, die sie für Übernachtung oder auch Transport zu zahlen hatte, unverhältnismäßig hoch fand. In Pest zum Beispiel stieg sie in einem kleinen Gasthof ab. »Es ist ein höchst eleganter Ort, aber unverschämt teuer. Ein kleines Stübchen im Hof kostet über Nacht vierundfünfzig Kreuzer.« [24] Im Orient feilschte sie mit Schiffskapitänen über die Kosten einer Passage ebenso wie für kleine Dienste, die sie auf der Straße in Anspruch nahm.

Erfahrungen mit den fremden Sitten und Gebräuchen stand sie stets skeptisch gegenüber. So wurde sie in Acre eingeladen, den Harem des Paschas zu besuchen. Die orientalischen Frauen hielt Ida Pfeiffer für ziemlich dumm und ungebildet, sie könnten weder lesen noch schreiben. Die Orientalinnen wiederum zeigten sich erstaunt ob der Magerkeit der Fremden und ihrer Kleidung, »...am meisten staunten sie aber über meine kurz abgeschnittenen Haare, bei deren Anblick diese armen Geschöpfe vielleicht gar dachten, die Natur habe den Europäerinnen den langen Haarwuchs versagt.«[25]

Obwohl sie unterwegs immer wieder Landsleute traf, die ihr weiterhalfen, und sie auch die Hilfe der österreichischen Behörden in Anspruch nehmen konnte, blieben ihr doch die Strapazen einer solchen Reise nicht erspart. Da waren nicht nur anstrengende Ritte auf Pferden und Kamelen zu bewältigen, auch mit Hitze, schlechter Unterbringung, ungewohnter Nahrung und wenig Wasser mußte Ida fertigwerden. Auf dem Weg nach Nazareth litt sie unter heftigen Kopfschmerzen und Fieber. »Das traurigste bei der Sache war, daß ich meine Unpäßlichkeit... verbergen mußte, aus Furcht zurückgelassen zu werden.« Daher versuchte sie, sich immer wieder von der Reisegruppe abzusetzen. »Als wir zu Tisch gingen, erregte mir der Geruch der Speisen einen solchen Ekel und solche Übelkeit, daß ich mir schnell das Sacktuch vor die Nase hielt und ein plötzliches Nasenbluten vorgab, um hinauseilen zu können. Nur meiner braunen Gesichtsfarbe, die die Blässe meines Aussehens nicht durchschimmern ließ, verdankte ich es, daß mein Übelbefinden nicht bemerkt wurde.«[26]

Aber allen Unbilden zum Trotz: Ida Pfeiffer kehrte im Dezember 1842 nach Wien zurück und machte unverzüglich neue Reisepläne: »Allein, je mehr ich sah, desto mehr wurde meine Neugier erregt, und es drängte mich immer weiter und weiter.«[27]

Zunächst aber mußte sie Geld auftreiben, denn die Reise nach Palästina hatte ihre bescheidenen Mittel erschöpft. Auf das Zureden ihrer Freunde hin entschloß sie sich, ihre Aufzeichnungen zu veröffentlichen. »Ich bin keine Schriftstellerin, ich habe nie etwas anderes als Briefe geschrieben, mein Tagebuch kann daher nicht als literarisches Werk betrachtet werden... darum ersuche ich alle meine geneigten Leser und Leserinnen um Nachsicht, denn ich wiederhole es noch einmal: ferne ist mir der Dünkel, mich in die Reihe jener geistreichen Frauen drängen zu wollen, denen schon in der Wiege der Weihekuß der Musen ward.«[28]

Trotz der Bescheidenheit der Autorin war das Buch ein Erfolg. Etwa 700 Gulden betrug das Honorar. Damit war zumindest die nächste Reise zu bestreiten, die sie nach Island und Skandinavien führte.

Auf dieser Reise begann sie mit dem Sammeln von Pflanzen und Tieren, die sie nach ihrer Rückkehr verkaufte. Der Verkauf der Sammlungen an die naturwissenschaftlichen Museen und die Veröffentlichung des Reiseberichts brachten ihr genug Geld, um ihre erste Weltreise zu unternehmen.

Schon vor der Islandreise hatte sich Ida für eine neue Erfindung, die Kamera, begeistert, mit der sich für ihre Reisen gleichfalls Geld verdienen ließ. In Wien kaufte sie sich einen solchen Apparat, und es sind zwei von ihr angefertigte Daguerreotypien von Reykjavik erhalten. Es sind wahrscheinlich die ersten Aufnahmen überhaupt, die in Island gemacht wurden. Sie lernte auch die wissenschaftliche Sammeltätigkeit zu verbessern und vor allem die Konservierung ihrer Funde. Dazu war sie am British Museum in die Technik des Sammelns eingewiesen worden. Schließlich verhalfen ihr die Empfehlungsschreiben der Wiener Museen und naturwissenschaftlichen Sammlungen auch zu einem kleinen Reisekostenbeitrag aus der kaiserlichen Schatulle.

Am 1. Mai 1846 war es dann endlich soweit: Ida Pfeiffer trat ihre erste Weltreise an, die zweieinhalb Jahre dauern sollte: »Manche glauben vielleicht, Eitelkeit sei die Veranlassung zu dieser großen Reise gewesen. Ich kann darauf nichts erwidern, als: wer dies denkt, möge selbst eine ähnliche Reise unternehmen, um zu sehen, daß solche Beschwerden, solche Entbehrungen und Gefahren nur durch angeborene Reiselust, durch unbegrenzte Wißbegierde überwunden werden können.« [29]

Von Europa aus war das erste Ziel der Reise Brasilien. Rio de Janeiro gefiel ihr gar nicht. Daher unternahm sie mit einem Begleiter, den sie auf dem Schiff kennengelernt hatte, einen Ausflug in die neu angelegte deutsche Kolonie Petrópolis in den Bergen.

Um Geld zu sparen, machten die beiden den Weg dorthin zu Fuß. Das hätte sie beinahe das Leben gekostet, denn sie wurden von einem Schwarzen überfallen, der sie trotz ihrer verzweifelten Gegenwehr umgebracht hätte, wären nicht zwei Reiter zufällig des Weges gekommen, die den Räuber in die Flucht schlugen. Ida hatte sich nicht nur mit ihrem Sonnenschirm, sondern auch mit einem Messer zur Wehr gesetzt. Bei dem Gerangel war der Griff des Sonnenschirms abgebrochen, und sie behielt diese Trophäe ihr Leben lang bei sich. Nach diesem Zwischenfall besorgte sie sich eine doppelläufige Pistole, die ihr zu ihrem Schutz auf der weiteren Reise dienen sollte.

Nach einer Besichtigung des Landesinnern ging es dann weiter nach Chile, schließlich nach Tahiti, nach Kanton. Der größte Teil der Strecke wurde auf einem Segelschiff zurückgelegt. Zwar gab es zu dieser Zeit auch schon Dampfschiffe, aber für diesen Luxus fehlten Ida Pfeiffer die finanziellen Mittel.

Segelschiffe waren damals nicht sonderlich bequem, denn sie »...sind mit Ausnahme der großen Ostindienfahrer für Reisende selten eingerichtet. Als Hauptsache werden die Waaren betrachtet, und die Reisenden sind eine dem Schiffspersonale sehr unangenehme Zugabe, auf die gewöhnlich nur sehr wenig Rücksicht genommen wird... Die Räume sind meist so beschränkt, daß man sich in der Schlafcabine kaum umwenden, in der Coje (Schlafstelle) nicht einmal aufrichten kann. Außerdem ist auch auf einem Segelschiffe die Bewegung weit stärker als auf einem Dampfschiffe, – dagegen behaupten aber wieder Viele, daß auf letzterem das ewig gleichmäßige Erzittern, sowie der üble Geruch des Oels und der Steinkohlen unerträglich sei. Ich fand dies nicht; es ist wohl unangenehm, doch viel leichter zu ertragen als die vielen Unannehmlichkeiten, die man auf einem Segelschiffe trift.«[30] Neben den praktischen Unannehmlichkeiten versuchten die Schiffskapitäne auch noch, die Passagiere kräftig übers Ohr zu hauen.

Waren die Schiffe schon kaum auf Passagiere eingerichtet, so verfügten die allerwenigsten über die Möglichkeit, eine alleinreisende Frau »standesgemäß« unterzubringen. Ida kostete es einige Überwindung, »mit den Männern in einer Kajüte die Nacht zu verbringen«[31].

Die Weltreisende Ida Pfeiffer.

Auf ihren Reisen lernte Ida Pfeiffer an die siebzig Segel- und Dampfschiffe kennen, zu ihrem Vergnügen unternahm sie die Seereisen allerdings nie: »Land bleibt Land: man zieht festen Grund und Boden dem besten Schiffe vor.« [32]

Doch als sie zum ersten Mal auf einem der Luxusdampfer fahren konnte, staunte sie nicht wenig: »Wo man nur hinsah, nichts als Sammt und Gold, kostbare Teppiche, Spiegel von ungeheurer Größe... Man lebte da nicht wie in einer geschlossenen Gesellschaft, sondern wie in einer Stadt; man ging an den Leuten so fremd und unbekümmert vorüber, wie auf einem öffentlichen Spaziergange. Aber bequem fand ich diesen Dampfer nicht eingerichtet. Darauf scheinen indes die Amerikaner weniger zu halten, als auf Pracht, Luxus und

Prunk.«[33] Besonders mißfielen ihr die Fenster, durch die man gar nichts mehr von Landschaft und Umgebung sehen konnte. Damit bekam Reisen eine neue Qualität: Man reiste nicht mehr, um Landschaften anzuschauen, sondern um sich fortzubewegen. Und das mit immer größeren Geschwindigkeiten. Die neuen Verkehrsmittel, Dampfschiffe und Eisenbahnen, machten die Welt kleiner, die Entfernungen scheinbar geringer, die Reisezeiten kürzer: »Leider kann man, seit man auf Dampfschiffen fährt, all diese Merkwürdigkeiten nicht mehr besehen. Man fliegt überall schnell vorüber, und wird bald die größte Reise mit einigen Worten beschreiben können.«[34]

Die neuen Verkehrsmittel bedeuteten aber nicht nur, daß man schneller reisen konnte. Es wurde auch weniger gefährlich, Reisen war nicht länger ein Abenteuer, für das man Mut und Ausdauer mitbringen mußte. Diese Entwicklung führte letztlich auch zum Niedergang der Reiseschriftstellerei. Das mußte Ida Pfeiffer allerdings nicht mehr erleben: Noch immer fand sie für die Beschreibungen ihrer Reisen Verlag und Publikum.

1846 reiste sie nach China, wo sie die segensreiche Tätigkeit eines christlichen Missionars aus nächster Nähe miterleben durfte. Man unternahm einen Ausflug von Kanton aus, und Idas Gastgeber hatte ihr den Geistlichen zur Begleitung mitgegeben, da dieser auch die Landessprache beherrschte. Auf diesen Ausflügen führte der Gottesmann jede Menge erbaulicher Schriften mit sich, die er unter die Bevölkerung verteilte. »Noch ärger war das Ding, wenn wir in ein Dorf kamen. Da mußte der Diener ganze Pakete nachschleppen. In einem Augenblicke umgaben uns viele Neugierige, und eben so schnell waren die Bücher unter sie vertheilt. Jeder Chinese nahm, was man ihm bot, – es kostete ja nichts und wenn er auch nicht lesen konnte, so hatte er doch wenigstens einiges Papier. Unser Missionär kehrte seelenvergnügt heim, – er hatte alle seine 500 Exemplare richtig an den Mann gebracht. Welch herrlichen Bericht gab das nicht für die Missionsgesellschaft, welch glänzenden Artikel für die geistliche Zeitung!«[35] Fünf Wochen verbrachte Ida in Kanton, dann machte sie sich wieder auf den Weg. Hongkong, Singapur und Ceylon waren die nächsten Stationen auf ihrer Reise.

Es folgte Indien: Kalkutta, Benares, Agra, Delhi, Poona, Bombay. In Bombay nahm sie einen kleinen Dampfer, der sie nach Basra bringen sollte. Während der Fahrt brachen die Pocken aus, die drei Menschenleben forderten. Ida hatte Glück – wie so oft. Sie blieb von der Krankheit verschont.

Auf einem englischen Schiff reiste sie weiter nach Bagdad, später war sie die erste Europäerin, die mit einer kleinen Karawane durchs wilde Kurdistan ritt. Offiziell über die Grenze nach Rußland einzureisen war nicht möglich, doch der englische Konsul intervenierte zu ihren Gunsten, und Ida durfte reisen. »Kaum aber stand ich auf russischem Boden, so fing auch schon die unverschämte Bettelei um Trinkgeld an. Der Beamte hatte unter seinen Leuten einen Kosaken, der vorgab, deutsch zu verstehen. Der Spitzbube wußte so viel deutsch als ich chinesisch, kaum drei bis vier Worte. Ich bedeutete ihm daher, daß ich seiner nicht bedürfe; trotz dem streckte er gleich die Hand aus und bat um Trinkgeld.« [36]

Später fuhr sie mit der russischen Post weiter entlang der Schwarzmeerküste. Konstantinopel und Athen waren die nächsten Stationen der Reise. Hier erreichte sie die Nachricht von den revolutionären Vorgängen in ihrer Heimatstadt Wien – man schrieb das Jahr 1848 –, und nun konnte sie nichts mehr aufhalten: Im Eilwagen machte sie sich auf über Korfu und Triest zurück in die österreichische Metropole.

»In größter Besorgniß mußte ich einige Tage vor der Stadt zubringen, da sie am letzten October im Sturm genommen und nicht vor dem 4. November geöffnet ward. Erst nachdem ich alle die Meinigen unversehrt gesehen hatte, war ich im Stande, mit frohem Herzen mein Dankgebet an die gütige Vorsehung zu richten, die mich in allen Gefahren und Leiden so wunderbar geschützt und stets kräftig erhalten hatte.« [37]

Nach ihrer Rückkehr von dieser ersten Weltreise war Ida Pfeiffer erst einmal finanziell am Ende. Ihre Reiselust aber noch lange nicht, daher machte sie sich auf die Suche nach neuen Geldquellen. Die nächste Reise sollte sie nach Australien führen, und dafür mußte sie die Mittel und Wege finden.

Für die Finanzierung von Entdeckungs- und Forschungsreisen standen damals mehrere Möglichkeiten zur Verfügung: Privatpersonen betätigten sich als Mäzene, oder man konnte bei wissenschaftlichen oder staatlichen Institutionen um Unterstützung nachsuchen. Ida Pfeiffer beschloß, einen Zuschuß aus der kaiserlichen Schatulle zu beantragen. Die Leiter der naturwissenschaftlichen Sammlungen bestätigten den Wert der von Ida Pfeiffer aus fernen Ländern mitgebrachten Tier- und Pflanzenfunde und unterstützten das Gesuch.

Auf einer Sitzung des Ministerrates wurden Ida schließlich 100 Pfund Sterling zugesprochen. Später schickte sie von unterwegs Kisten mit naturwissenschaftlichem Material an das Museum, woraufhin man ihr wieder eine kleine Summe zur Verfügung stellte. Damit allein konnte sie aber die nächste Fahrt noch nicht finanzieren. Der Bericht über ihre letzte Reise brachte auch keine großen Summen, deshalb verkaufte sie kleine Ausschnitte daraus als Sensationsberichte an die Zeitungen.

Endlich hatte sie das Geld zusammen und konnte sich auf den Weg machen. Von Wien aus reiste sie nach Hamburg und schiffte sich dort nach London ein. Hier traf sie mit dem berühmten Geographen Petermann zusammen und überlegte ernsthaft, ihr ursprüngliches Reiseziel zugunsten einer Entdeckungsreise nach Afrika aufzugeben. Eine solche Fahrt hätte aber sowohl ihre finanzielle als auch körperliche Leistungsfähigkeit überschritten, und so beließ sie es bei ihren ursprünglichen Plänen. Sie nahm ein Schiff Richtung Singapur. Borneo war dann die nächste Station, wo sie von den englischen und holländischen Beamten und Kaufleuten tatkräftig unterstützt wurde.

Auf ihren nächsten Stationen, Java und Sumatra, war Ida durch nichts davon abzuhalten, eine Reise in das Landesinnere anzutreten, obwohl die ansässigen Europäer sie davor eindringlich warnten. Bei gefahrvollen Begegnungen mit den Einheimischen verließ sich Ida auf ihren Mutterwitz und versuchte, die fremden Menschen zum Lachen zu bringen und so gespannte Situationen zu entschärfen.

Bei dem Versuch, sie von der Weiterreise abzuhalten, bedeutete man ihr, sie zu töten, wenn sie den Versuch wagte. Ida Pfeiffer: »Ich erhob mich also, klopfte dem Vordersten der sich am meisten an mich heran drängte, freundlich auf die Achsel und sagte mit heiterer, lächelnder Miene, halb Malaiisch, halb Battakisch: ›Ihr werdet eine Frau nicht tödten und auffressen, am wenigsten eine so alte wie ich bin, deren Fleisch schon hart und zähe ist.‹ ... Glücklicherweise fingen sie an, über mein Kauderwelsch, über meine Pantomime zu lachen. Meine Furchtlosigkeit, mein Zutrauen gefiel ihnen – ich hatte gesiegt. Sie reichten mir die Hände, die Reihen der Lanzenknechte öffneten sich, und froh und heiter, im Gefühle der überstandenen Gefahr, setzte ich mit meinen Leuten die Wanderung fort.« [38]

Kreuz und quer reiste Ida in Indonesien umher, da man ihr hier viele Freifahrten offerierte, die sie kaum ausschlagen konnte. Dann machte sie sich auf die Seereise nach Kalifornien. Australien hatte sie von ihrer Reiseroute gestrichen, da dort der Goldrausch tobte, auf dessen genauere Kenntnis Ida keinen großen Wert legte.

Die Westküste Nordamerikas konnte sie auch nicht lange halten, dann lockte Südamerika mit seinen geheimnisvollen Wegen und Bergen. Den Amazonas konnte sie nicht besuchen, aber eine Fahrt den Mississippi hinauf ließ sie sich nicht entgehen. Nach dem Besuch mehrerer nordamerikanischer Städte und der schon damals berühmten Niagarafälle reiste sie über London nach Wien zurück.

Auch mit dieser zweiten Weltreise war die unbändige Reiselust in Ida Pfeiffer noch nicht gestillt. Eine letzte Fahrt unternahm sie noch. Ziel dieser Reise: Madagaskar. Vermutlich war es die ungemein interessante Tier- und Pflanzenwelt, die sie unwiderstehlich anzog.

Auf Madagaskar allerdings machte sich Ida nicht nur Freunde. Damals wurde die Insel von einer Königin beherrscht, und der in Begleitung von Ida Pfeiffer reisende Franzose Lambert, ein zwielichtiger Sklavenhändler, verfolgte Pläne, die politischen Verhältnisse auf der Insel zu verändern. Ida nahm zwar nicht aktiv an dem Putschversuch teil, billigte ihn aber vermutlich insgeheim. Jedenfalls mißlangen die Pläne, und die siegreiche Königin verwies alle Ausländer des Landes. Unter strenger Bewachung mußte Ida die Hauptstadt Tananarive verlassen. Demütigend und strapaziös war der Zug über die Insel. 53 Tage lang wurden die Ausländer durch Gebiete mit äußerst ungesundem Klima geführt. Krank und erschöpft erreichte Ida Pfeiffer Mauritius, wo sie sich erst einige Zeit von den Strapazen erholen mußte, bis sie dann die Rückreise ins heimische Österreich antreten konnte.

Diese Fahrt war die letzte Reise der rastlosen Wienerin. Insgesamt hatte sie auf ihren Reisen rund 300000 Kilometer zurückgelegt, davon mehr als die Hälfte auf dem Landweg. Unermüdlich war sie von einem Ziel zum anderen geeilt, hatte keine Mühen und Strapazen gescheut, um ihre Ziele zu erreichen. Woher sie die schier unerschöpfliche Energie bezog, ist schwer zu sagen. Reisen war ihr Leben, und nach ihren eigenen Worten ist sie mit der Reise- und Wanderlust geboren worden, der Drang in die Fremde war schier unwiderstehlich.

Um diesen Drang zu befriedigen, nahm sie alles auf sich. Auch ungewohnte Kost, die ihr als Europäerin suspekt erschien, lehnte sie nicht ab. Sie handelte nach der Maxime: »... wovon sie (die Einheimischen) leben kann kann auch ich leben; mundet mir ihre Kost nicht, so fehlt mir der ächte Hunger, und da heißt es dann so lange fasten, bis er so tüchtig wird, daß man jedes Gericht gut findet.«[39]

Diese überaus pragmatische Haltung half Ida Pfeiffer bei der Überwindung zahlreicher Schwierigkeiten, wie ein letztes Beispiel aus ihrem bewegten Leben zeigt: In Ägypten war sie allein und ohne männliche Begleitung unterwegs. Um nicht von den Trägern, die sich am Kai den ankommenden Reisenden anboten, bedrängt zu werden, wartete sie in ihrer Kajüte »... bis das ärgste Gedränge vorüber war und die Treiber niemand mehr vermuteten. Unterdessen sah ich vom Kajütenfenster ans Ufer und spekulierte, welcher Tiere ich mich gleich bemächtigen wollte; dann eilte ich rasch hinaus, und ehe sich's die Eigentümer versahen, faßte ich schon ein Eselchen am Zaum und deutete auf das zweite. Nun war ich geborgen, denn die Eigentümer meiner Auserwählten verteidigten mich gegen die übrigen und gingen mit mir in die Barke, um meine Effekten zu holen.« [40]

Bedenkt man die weiten Entfernungen, die die Wienerin Ida Pfeiffer zurückgelegt hat, so kann man ihr die Bewunderung nicht versagen. Durchhaltevermögen und Mut, dazu eiserne Disziplin und die Fähigkeit, sich den Gegebenheiten anzupassen, waren die unentbehrlichen Eigenschaften, die eine solche Leistung erst möglich machten.

Den Zeitgenossen jedoch war die kleine Frau nicht ganz geheuer. Sie paßte so gar nicht in das gängige Bild, das man sich von einer reifen Frau machte. In Zeitungsberichten stand über sie zu lesen: »kleines Hexenwunder des Mittelalters«, »weiblicher Soldat« oder auch »das ist ein Mann, keine Frau!«

Eine ungewöhnliche Frau war sie gewiß. Sie lebte ihre eigenen Vorstellungen und Wünsche, aber erst nachdem sie ihre Mutterpflichten als erledigt ansehen konnte. Emanzipation war ihr eigentlich fremd. »Und möchten doch alle Emancipations-Proselytinnen bedenken, daß gerade der Beruf, von dem sie sich emancipieren wollen, zu den schönsten und edelsten gehört. Oder kann es etwas Edleres geben als den Beruf der Mutter?... Eine besonnene Hausfrau, eine vernünftige, liebende Mutter war und wird ewig das Ideal des Weibes bleiben.« [41]

»Man stirbt an der Ewigkeit!«

Auf eine ganz andere Art exzentrisch als Gertrude Bell oder Ida Pfeiffer war die Schriftstellerin Isabelle Eberhardt, deren ganze Liebe den Wüsten Nordafrikas gehörte. Liest man Bücher und Aufsätze über sie, stößt man ständig auf Widersprüche, Ungenauigkeiten, Geheimnisse. Zeitlebens hatte sie es gut verstanden, ihre Spuren zu verwischen.

Die Engländerin Lesley Blanch widmete der Schriftstellerin ein Kapitel in ihrem Buch über Frauen im Orient. Während ihrer Recherchen in Nordafrika konnte sie eine Zeugin ausfindig machen, die Isabelle Eberhardt noch persönlich gekannt hatte. Die alte Frau entwarf ein wohl recht realistisches Bild der Schriftstellerin: »Sie war eine Trinkerin. Und das war das einzige, was nicht mit ihrer tiefen Religiosität übereinstimmte... Sie lebte wie ein Mann, oder richtiger: wie ein Knabe, denn sie hatte in ihrer äußeren Erscheinung etwas von einem Hermaphroditen – sie war leidenschaftlich und sinnlich, aber sie war es nicht wie eine Frau... Sie war auch eitel – wie ein arabischer Dandy. Sie färbte sich ihre schönen Hände mit Henna, ihr Burnus war immer tadellos, und wenn sie es sich leisten konnte, so badete sie förmlich in den starken Parfüms, die alle Araber lieben... Manchmal verbrachte sie lange Zeit auf den ›Souks‹. Wenn sie einen Mann sah, der ihr gefiel, so nahm sie ihn. Sie winkte ihm zu, und fort waren sie. Sie brauchte nie Vorwände, sie machte aus ihren Abenteuern niemals ein Geheimnis...« [42]

Geboren wurde Isabelle Eberhardt 1877 in Genf. Ihre Kindheit verbrachte sie in einer Villa, die wegen ihres exotischen Gartens »Villa Tropicale« getauft wurde. Isabelles Mutter war mit einem General verheiratet gewesen, den sie mit ihren drei Kinder verlassen hatte, um mit dem russischen Hauslehrer der Familie zu leben. Alexander Trofimowskij war ein ehemaliger Priester, Philosoph und Lehrer, der wegen Nathalie Eberhardt seine eigene Familie im Stich gelassen hatte.

Der General hatte mehrfach versucht, seine Frau zurückzugewinnen, war ihr durch ganz Europa nachgereist – doch vergeblich. Nach einigen Jahren verstarb er und hinterließ ihr und seinen Kindern ein beträchtliches Vermögen.

Nathalie lebte mit ihrem Geliebten und den Kindern einige Jahre nur aus Koffern; sie waren ständig unterwegs, bis sie sich schließlich in Genf niederließen. Nach Isabelles Geburt wurde die Villa gekauft, in der sich die Familie häuslich einrichtete. Die beherrschende Figur in Isabelles Leben wurde der russische Vater, den sie Vava nannte. Er war ein überzeugter Anarchist, und so gestaltete sich auch das Leben in der Villa und die Erziehung. »Bürgerliches Leben« wurde zum Schimpfwort. Isabelle durfte keine Kirche und keine

Schule besuchen, sondern wurde von dem ehemaligen Hauslehrer selbst erzogen, ohne gesellschaftliche Zwänge und Konventionen. Sie lernte Geographie, Philosophie, Geschichte und Chemie. Im Garten der Villa unterrichtete Vava die Kinder in Botanik, ließ sie selbst biologische Versuche machen. Isabelle weigerte sich bereits als Kind, Kleider zu tragen, sie waren ihr beim Spielen nur hinderlich. Schon früh lernte sie viele Sprachen: So soll sie mit zwölf Jahren fließend Russisch, Französisch, Deutsch und Italienisch gesprochen und die antiken Klassiker in den Originalsprachen gelesen haben. Danach begann sie mit dem Studium des Arabischen.

Dennoch war das Zusammenleben in der Villa keine reine Idylle. Allen Anregungen und Freiheiten zum Trotz war Isabelle nicht glücklich. Als Jugendliche schrieb sie an ihren Bruder Augustin: »Ohne Schreiben gibt es keine Hoffnung mehr für mich in diesem verfluchten Leben in ewiger Finsternis.« Auch ihre Geschwister fühlten sich nicht wohl, hielten immer Abstand zu dem Lebensgefährten der Mutter. Sobald als möglich verließen sie das Haus und gingen ihre eigenen Wege.

Eines Tages stieß Isabelle in einer Zeitung auf die Anzeige eines französischen Offiziers, der in Algerien stationiert war und eine Briefpartnerin in Europa suchte. Sie schrieb ihm, und es entwickelte sich eine intensive Freundschaft. In seinen Briefen schilderte ihr Eugène Leotard, so der Name ihres Brieffreundes, Land und Leben in Nordafrika und weckte ihr Interesse für Algerien, Marokko und Tunesien, wohin sie später für lange Zeit reisen sollte. Etwa zur gleichen Zeit verliebte sich Isabelle in einen jungen Armenier namens Archavir, der als Attaché an der türkischen Botschaft in Genf arbeitete. Er machte sie mit den Lehren des Islam vertraut und unterrichtete sie in der türkischen Sprache.

1897 verließen Isabelle und ihre Mutter die Schweiz und machten sich auf nach Algerien. Augustin, Isabelles Bruder, war noch in Algerien, Eugène Leotard und auch andere Freunde hatte in Isabelle den Wunsch verstärkt, selbst nach Nordafrika zu gehen. Die Mutter teilte ihre Interessen und schloß sich der Tochter an.

In Constantine wohnten sie zuerst bei europäischen Freunden, später ließen sie sich in der Hafenstadt Bône nieder. Die Kenntnisse des Arabischen, die sie bereits vorher erworben hatte, kamen Isabelle nun sehr zustatten, und bald beherrschte sie die Sprache perfekt. Die Beschäftigung mit dem Islam und die Lektüre der heiligen Bücher überzeugten Isabelle und ihre Mutter immer mehr, und schließlich bekannten sich die beiden Frauen zum Islam. Das glückliche Zusammenleben von Mutter und Tochter währte jedoch nicht lange, Isabelles Mutter starb an einem Herzanfall.

Vava reiste aus Genf an und traf auf eine völlig verzweifelte Isabelle. Sie war so am Ende, daß sie sich das Leben nehmen wollte. Der Vater reichte ihr einen geladenen Revolver und öffnete das Fenster, damit sie ihr Vorhaben in die Tat umsetzen könne. Der Schock hatte die gewünschte Wirkung: Isabelle brachte sich nicht um, sondern packte ihre Sachen und machte sich auf den Weg nach Tunis.

Auf ihren Ritten durch die Wüste trug Isabelle ausschließlich Männerkleidung. Dies und ihre guten Sprachkenntnisse, ihr wenig geziertes Gehabe und das Rauchen von Kif erleichterten ihr den Zugang zur Männerwelt. Sie verkehrte in Bars und Bordellen, besuchte die heiligen Stätten des Islam. In Algier erreichte sie dann die nächste Schreckensnachricht: Ihr Bruder Wladimir, der noch in Genf bei dem Vater geblieben war, hatte Selbstmord begangen. Diese Schicksalsschläge, der Verlust der Menschen, die ihr nahestanden, lockerten Isabelles Bindungen nach Europa immer mehr. Sie nahm ihr Nomadenleben wieder auf und zog weiter nach Tunis, dann wieder zurück nach Algier.

Hier wohnte sie bei einem Freund. »Doch meist verbrachte ich die Nächte unterwegs oder in verrufenen Lokalen, wo ich oft Zeuge unglaublicher Szenen war, die nicht selten ein ziemlich blutiges Ende nahmen.«[43] Wenn sie nicht die Nächte in der Unterwelt von Algier verbrachte, war sie mit ihrem Freund Achmed zusammen, mit dem sie ein leidenschaftliches Verhältnis hatte. Sie stürzte sich in das arabische Leben und genoß es in vollen Zügen: »Doch in der Trunkenheit der Gegenwart vergaß ich alles, vor allem die Zukunft. Oder viel-

Durch die endlosen Weiten der Wüste: Isabelle Eberhardt.

mehr, die Zukunft kam mir wie eine endlose Fortsetzung der Gegenwart vor... Es war eine Trunkenheit ohne Ende. Die Trunkenheit meines Herzens in diesem wunderbaren Land, unter dieser wunderbaren Sonne, wo die Gedanken in die Unendlichkeit der Illusion entschwebten – es war die Trunkenheit der Ekstase, vermischt mit der Süsse der Wehmut, es war die Ekstase der Kunst, die geheimnisvolle Quintessenz der Sinneslust überhaupt.«[44]

Ende 1899 verließ Isabelle Eberhardt Tunis und reiste nach

Genf, um dort den Nachlaß der Mutter zu regeln. Hier traf sie auch wieder mit ihrem Lieblingsbruder Augustin zusammen, der von der Fremdenlegion zurückgekommen war.

Vava war über den Verlust von Nathalie, Isabelles Mutter, nie hinweggekommen, nun war er unheilbar krank, und die Geschwister pflegten ihn. Auch ihren türkischen Freund Archavir sah Isabelle wieder. Die beiden verliebten und verlobten sich, denn die Versetzung Archavirs in den Orient stand bevor. Als sich diese Pläne zerschlugen und er eine Berufung nach Den Haag erhielt, ließ Isabelle lieber die Verlobung platzen. Der Orient lockte sie mehr als die Aussicht, sich für immer in Europa niederlassen zu müssen.

Mit der Zeit ging es dem Vater immer schlechter, und er bat die Geschwister um Hilfe. Sie gaben ihm die tödliche Dosis eines schmerzstillenden Mittels, und er starb noch in der gleichen Nacht. Ob Versehen oder nicht, es wurde nie geklärt. Nach dem Tod des Vaters trennten sich die Wege der Geschwister. Der Bruder ging nach Südfrankreich, wo er heiratete, und Isabelle zog es nach Paris.

Hier wollte sie versuchen, mit Hilfe von Freunden einen Verleger oder Auftraggeber zu finden, der ihr mit einem Vorschuß auf ein Buch das weitere Reisen ermöglichen würde. Mit Unterstützung einer Freundin fand sie Zugang zu den eleganten Kreisen. Aber es gelang ihr nicht, le tout Paris zu faszinieren. Nur die Marquise von Morés, deren Ehemann in der Wüste verschollen war, gab ihr den Auftrag, Nachforschungen nach dem Schicksal des Marquis anzustellen. Mehr konnte Isabelle nicht erreichen. Mit dem Geld der Marquise machte sie sich wieder auf nach Afrika, nach Tunesien.

Monatelang war sie in Tunis, rauchte Haschisch und besuchte die verrufensten Lokale – und schrieb. Endlich hatte sie wieder die Ruhe gefunden, die sie zum Schreiben brauchte. Im Juli verließ sie Tunis und machte sich auf in die Wüste. Für diese Reise zog sie nicht nur arabische Männerkleidung an, sie nahm auch endgültig einen arabischen Namen an: Si Mahmud Saadi. Sie reiste allein und gab vor, Sohn eines reichen arabischen Bürgers zu sein, der seine Erziehung vervollständigen müsse.

Im Jahre 1900 war Isabelle ständig irgendwo in der Wüste unterwegs, meistens allein mit ihrem Pferd Souf und dem Hund Loupiote. Ihr Schicksal führte sie in El Oued mit Slimène Ehnni zusammen. Er war Offizier in der Garnison, sprach gut Französisch und besaß die französische Staatsbürgerschaft. Isabelle und Slimène verliebten sich sofort ineinander, bald war von Heirat die Rede. »Ein sanfter, heiterer Mensch, der den Lärm verabscheut, die abendlichen Ausgänge, die Kneipen, er ist häuslich und eifersüchtig darauf bedacht, seine Privatsphäre gegen aussen zu verteidigen. Slimène ist der ideale Gatte für mich, denn ich bin müde, angewidert und vor allem der verzweifelten Einsamkeit überdrüssig, in der ich mich trotz gelegentlicher Bekanntschaften befand«, schrieb sie an ihren Bruder.[45]

Aber wovon sollten die beiden leben? Sein Sold war lächerlich gering, und auch Isabelle hatte keine regelmäßigen Einkünfte. Nur hin und wieder ein Honorar, die Unterstützung durch die Marquise de Morés hatte sie verloren, da sie keine Ergebnisse vorweisen konnte.

Bald war die gesamte Habe zu Geld gemacht, und Isabelle zog sich erst einmal zurück, um ihre religiösen Studien weiterzutreiben. Sie wurde in den Orden der Kadryas aufgenommen. Ein anderer Orden, der mit den Kadryas rivalisierte, betrachtete die Aufnahme einer Frau in die religiöse Gemeinschaft als einen Verrat am wahren Glauben, und man beschloß Isabelles Vernichtung. Als sie gerade einen Brief für einen Araber übersetzte, stand plötzlich ein religiöser Fanatiker vor ihr, schwang den Säbel und ließ ihn auf Isabelle heruntersausen. Nur eine Wäscheleine, die sich über ihrem Kopf befand, hielt den Schlag auf und rettete ihr das Leben. Der Säbel fuhr an ihrem Kopf vorbei und verletzte sie am Handgelenk. Im Krankenhaus notierte sie in ihrem Tagebuch: »Nein, ich werde den Händen der Mörder nicht entkommen...«[46]

Der Prozeß gegen den Attentäter mobilisierte die Fanatiker und die französische Presse. Der Täter wurde zu 20 Jahren Zwangsarbeit verurteilt, Isabelle aber ausgewiesen. Slimène war schon vorher in eine andere Stadt versetzt worden. Kein Einspruch fruchtete: Isabelle mußte das Land verlassen. Sie reiste ab und ging nach Marseille zu ihrem Bruder. In Europa war mittlerweile das gesamte Erbe verlorengegangen, und am Ende der Streitereien blieben ihr noch geringe Schulden übrig.

Immer wieder schrieb sie an Freunde in Paris und bat um Unterstützung. Diese Freunde versuchten, für ihre literarischen Arbeiten Verleger zu finden. Schließlich hatte Isabelle ihr gesamtes Geld aufgebraucht. Nun half alles nichts, sie mußte im Hafen von Marseille mit Gelegenheitsarbeiten ihr Geld verdienen. Heiraten wollte sie immer noch, aber der Geliebte saß nach wie vor in einer Kaserne am Rande der Wüste. Endlich erreichte es Isabelle, daß auch Slimène nach Frankreich reisen konnte. Die beiden wurden im Oktober 1901 in Marseille getraut. Zur Feier des Tages trug Isabelle sogar Frauenkleider, die sie sich zusammengeborgt hatte.

Aber das Paar fühlte sich nicht wohl in Frankreich, und Isabelle setzte Himmel und Hölle in Bewegung, um eine Rückkehr nach Afrika zu ermöglichen. Endlich, im Januar 1902 war es soweit: »Die Rückkehr aus dem Exil! Endlich ist der Traum Wirklichkeit geworden und wir sind wieder da, unter der strahlenden, ewig jungen Sonne, auf der geliebten Erde... Möge dieses Jahr der Anfang des neuen Leben, des so heiß ersehnten und so sehr verdienten Friedens sein!« [47]

Voller Energie machte Isabelle Pläne für ihren Ehemann, versuchte seinen Ehrgeiz zu wecken, damit sie beide ein Auskommen fänden. Sie tat alles, um Slimène zu unterstützen. Aber er hatte nicht ihren Elan und machte sich nur widerwillig an die Sache. Das Blatt wendete sich erst zum Besseren, als Isabelle Victor Barrucand kennenlernte, der in Algerien eine arabische Zeitung herausgab. In seinem Blatt konnte Isabelle ihre Arbeiten veröffentlichen, und schnell verbreitete sich ihr Ruhm in Algerien und Frankreich.

Barrucand nutzte seinen Einfluß, um Slimène zu einem anderen Posten in Ténès zu verhelfen. Dort erregte das Paar nicht wenig Aufsehen, denn noch immer war Isabelle eine ungewöhnliche Erscheinung. Viel Gerede verursachte aber ihr Verhalten, denn auch nach ihrer Heirat hatte sie zahllose Affären, die sie nicht einmal zu verheimlichen suchte.

Im Zuge der politischen Auseinandersetzungen geriet Isabelle dann immer wieder in die Schlagzeilen. Sie hatte sich durch ihre Artikel nicht nur Freunde gemacht und mußte sich oft gegen die übelsten Verleumdungen verteidigen. Schließlich flüchtete sie auf Einladung Barrucands nach Algier, in die Hauptstadt, wo sie in der Anonymität untertauchen konnte.

Aber das Leben in der Stadt hielt sie kaum noch aus, sie nutzte daher die erste Gelegenheit, ihr Nomadenleben wieder aufzunehmen. Als sie den Auftrag erhielt, eine Reportage über die Franzosen zu schreiben, die gerade aufsässige Stämme im Grenzgebiet zu Marokko unterwarfen, sagte sie sofort zu. Das war eine Aufgabe so ganz nach Isabelles Geschmack. Sie packte ihre Sachen und machte sich auf den Weg.

Endlich war sie wieder frei und konnte tun und lassen, was sie wollte. In Süd-Oran trank sie mit den Soldaten um die Wette und begleitete sie auf ihren Touren durch die Kneipen der Gegend. Auf dieser Reise lernte sie auch den General Lyautey kennen, der bald von ihr völlig bezaubert war und oft in ihrer Gesellschaft angetroffen wurde.

Auf sich selbst hatte Isabelle nie Rücksicht genommen. Auf den Reisen schonte sie sich nicht, keine Strapaze war ihr zu groß. Das anstrengende Leben in der Wüste, ihr ständiger Kampf um das Geld, ihre Arbeit und ihr Lebensstil, all das hatte ihre Gesundheit zerrüttet. Ständige Malariaanfälle zwangen sie, zwei Wochen in einem Krankenhaus zuzubringen. Aber sie hielt es nicht aus. Ihr Tatendrang war nicht zu bremsen, außerdem sehnte sie sich nach ihrem Mann. Sie verließ das Krankenhaus gegen den Rat der Ärzte. Isabelle wollte sich in Ain Sefra (Gelbe Quelle) mit Slimène treffen, denn trotz aller Eskapaden mit anderen Männern liebte sie ihren Ehemann sehr.

Es war der 21. Oktober 1904. Durch den Ort führte der Lauf des Oued, der aber meistens trocken war. An diesem Tag aber ging ein Wolkenbruch nieder, und der Wadi wurde zu einem reißenden Strom, der die tieferliegenden Häuser überschwemmte. Die höhergelegenen Stadtbezirke blieben verschont.

Isabelle Eberhardt befand sich in einem der Häuser, die von den hereinbrechenden Fluten überschwemmt wurden. Sie überlebte die Katastrophe nicht. Ihr Tod war ebenso ungewöhnlich wie ihr Leben: ertrunken in der Wüste.

Gerade siebenundzwanzig Jahre alt war sie geworden, immer auf dem Weg, immer auf der Suche. »Ein Recht, das die meisten Intellektuellen vernachlässigen und nur wenige für sich fordern, ist das Recht auf unstetes Herumirren, das Recht auf Vagabondage. Und doch, die Vagabondage ist Befreiung, und das wandernde Leben auf der Straße ist Freiheit.«[48]

Anmerkungen

Das traute Glück zu zwein. Ehealltag im 19. Jahrhundert

1. nach: Schmid, Totgeschwiegen, S. 144
2. Fuchs, Sittengeschichte, Bd. 3, S. 100
3. Koch, Hochzeitsglocken, S. 361
4. Gabriele Reuter, Töchter. Der Roman zweier Generationen, Berlin 1927, 2. Auflage, zit. nach: Könnecker, Mädchenjahre, S. 285
5. von der Recke, Tagebücher, S. 34 f.
6. Stefan Zweig, Die Welt von gestern, S. 94 ff., zit. nach: Weber-Kellermann, Frauenleben, S. 115
7. zit. nach: Otto, Bürgerliche Töchtererziehung, S. 66
8. Koch, Hochzeitsglocken, S. 381
9. Fuchs, Sozialgeschichte, S. 102
10. Herbert Bosse, Aus der Jugendzeit, Leipzig 1904, S. 153, zit. nach: Weber-Kellermann, Frauenleben, S. 60
11. Briefe, S. 23
12. Koch, Hochzeitsglocken, S. 373
13. Zikel, Sexualleben der Frauen, zit. nach: Könnecker, Mädchenjahre, S. 218
14. Beide Annoncen in: Fuchs, Sittengeschichte, Bd. 3, S. 243 ff.
15. Fanny Lewald, Meine Lebensgeschichte, 2. Abteilung, Leidensjahre, 1. Teil, Berlin 1863, S. 244 ff., zit. nach: Möhrmann, Frauenemanzipation, S. 154
16. Fuchs, Sozialgeschichte, S. 116
17. ebd., S. 116
18. Beide Zitate in: Vicki Baum, Es war alles ganz anders, Berlin/Wien 1962, S. 100 ff., zit. nach: Weber-Kellermann, Frauenleben, S. 107
19. Lily Braun, Memoiren einer Sozialistin. Lehrjahre, München 1909, S. 13 f., zit. nach: Frevert, Frauen-Geschichte, S. 131
20. Weißbrodt, Vom rechten Gebrauche, S. 99 f.
21. ebd., S. 59
22. zit. nach: Lahann, Hochzeit, S. 134
23. Blasius, Ehescheidung, S. 45
24. Denkschrift des Solinger Gefängnisvereins, 1830, zit. nach: Blasius, Ehescheidung, S. 87
25. zit. nach: Blasius, Ehescheidung, S. 90
26. Bloch, Prinzip Hoffnung, Bd. 1, S. 438
27. Richard und Jost Hermand, Gründerzeit, München, 1971, S. 25, zit. nach: Weber-Kellermann, Frauenleben, S. 120 f.
28. Charlotte Berend-Corinth, Als ich ein Kind war, Hamburg 1950, S. 19 f., zit. nach: Weber-Kellermann, Frauenleben, S. 118

29. Milde, Der deutschen Jungfrau, S. 286, 289
30. ebd., S. 182
31. ebd., S. 185 f.
32. ebd., S. 258
33. Koch, Hochzeitsglocken, S. 311
34. zit. nach: Müller-Staats, Klagen über Dienstboten, S. 91
35. Fanny Lewald, Clementine, Berlin 1872, 2. Auflage, S. 13 f., zit. nach: Möhrmann, Frauenemanzipation, S. 151
36. zit. nach: Blasius, Ehescheidung, S. 148
37. zit. nach: Frevert, Frauen-Geschichte, S. 131
38. Möller, Das praktische Frauenbuch, S. 655

Der Kampf um die Universität

1. zit. nach: Handbuch der Frauenbewegung, Bd. 3, S. 76
2. zit. nach: Hahn u. a., Kinder, Küche, Kleider, S. 61
3. zit. nach: Zinnecker, Sozialgeschichte der Mädchenbildung, S. 27
4. zit. nach: Simmel, Erziehung, S. 63
5. zit. nach: Handbuch der Frauenbewegung, Bd. 3, S. 154
6. ebd., S. 157
7. ebd., S. 144, 145
8. ebd., S. 157
9. ebd., S. 109
10. in: Archiv für vaterländische Interessen oder Preußische Provinzial-Blätter, Königsberg 1843, S. 380
11. in: Meysenbug, Memoiren einer Idealistin, Bd. 1, Stuttgart/Berlin/Leipzig, 1922, S. 298
12. Beide Zitate aus Nave-Herz, Geschichte, S. 13
13. in: Meysenbug, Memoiren einer Idealistin, Bd. 1, Stuttgart/Berlin/Leipzig, 1922, S. 299
14. zit. nach: Lange, Kampfzeiten, S. 9
15. zit. nach: ebd., S. 7
16. ebd., S. 19
17. zit. nach: ebd., S. 4
18. zit. nach: Schröder, Die Frau ist frei geboren, S. 233
19. zit. nach: Möhrmann, Frauenemanzipation, S. 16
20. zit. nach: Schroeder, Sophie & Co, S. 131
21. ebd., S. 132
22. ebd., S. 132
23. ebd., S. 134
24. Gerhard, Unerhört, S. 156
25. Handbuch der Frauenbewegung, Bd. 3, S. 89
26. ebd., S. 99
27. ebd., S. 99
28. ebd., S. 121
29. Schröder, Die Frau ist frei geboren, S. 228
30. zit. nach: Schroeder, Sophie & Co, S. 128
31. zit. nach: Alic, Hypatias Töchter, S. 189

32. Feyl, Der lautlose Aufbruch, S. 124
33. Boehm, Von den Anfängen, S. 309
34. zit. nach: Frevert, Frauen-Geschichte, S. 121
35. zit. nach: ebd., S. 122
36. Boehm, Von den Anfängen, S. 307
37. Feyl, Der lautlose Aufbruch, S. 122
38. ebd., S. 122
39. ebd., S. 123
40. zit. nach: ebd., S. 128

Es ist Arbeit, Arbeit, Arbeit: Frauen in der Kunst

1. zit. nach: Berger, Malerinnen, S. 67
2. Johanna Schopenhauer, zit. nach: Berger, Und ich sehe nichts, S. 62 f.
3. von Preuschen, zit. nach: Berger, Malerinnen, S. 166
4. Vgl. Berger, Malerinnen, S. 104
5. zit. nach: ebd., S. 139
6. Philippine Wolff-Arndt, Wir Frauen von einst, S. 11
7. Berger, Malerinnen, S. 78
8. Robert Prutz, Die Literatur und die Frauen, S. 252 f., zit. nach: Häntzschel, in: Brinker-Gabler, Deutsche Literatur, S. 119
9. Novellenzeitung, Nr. 176, 1847, S. 1567, zit. nach: Goetzinger, in: ebd., S. 86
10. Louise Aston, Meine Emancipation, S. 7
11. Louise Dittmar, Skizzen und Briefe, S. 116 f., zit. nach: Goetzinger, in: Brinker-Gabler, Deutsche Literatur, S. 104
12. zit. nach: Kohlhagen, Sie schreiben, S. 32
13. zit. nach: Maurer, Droste-Hülshoff, S. 19
14. zit. nach: ebd., S. 100
15. zit. nach: ebd., S. 113
16. zit. nach: Kohlhagen, Sie schreiben, S. 37
17. Hensel, Die Familie, S. 116
18. zit. nach: Die Mendelssohns in Berlin, S. 59
19. zit. nach: Weisweiler, Komponistinnen, S. 187
20. zit. nach: ebd., S. 186
21. zit. nach: Kleßmann, Die Mendelssohns, S. 143 f.
22. Felix Mendelssohn, zit. nach: ebd., S. 145
23. Fanny Hensel 1836, zit. nach: ebd., S. 145
24. zit. nach: ebd., S. 148
25. zit. nach: ebd., S. 62
26. zit. nach: Hensel, Die Familie, Bd. 2, S. 74
27. zit. nach: ebd., S. 84
28. ebd., S. 88
29. ebd., S. 98
30. ebd., S. 104
31. ebd., S. 105
32. ebd., S. 124
33. ebd., S. 126

34. ebd., S. 129
35. zit. nach: Die Mendelssohns in Berlin, S. 63
36. zit. nach: Kleßmann, Die Mendelssohns, S. 150
37. zit. nach: ebd., S. 150
38. Vgl. Mouchard, Es drängte sie, S. 151 ff.
39. CAMERA 5/1979, S. 33
40. ebd., S. 14
41. ebd., S. 14
42. ebd., S. 23
43. ebd., S. 23
44. Unter Bezug auf Anne Thackeray Ritchie, Thackeray and His Daughter, New York, London, 1924, zit. nach: ebd., S. 13
45. ebd., S. 13
46. Krichbaum, Künstlerinnen, S. 86

»Das Weib im Conflict mit den sozialen Verhältnissen«

1. Meysenbug, Memoiren, zit. nach der Ausgabe von Renate Wiggershaus, Frankfurt 1985, S. 117
2. Laterne Nr. 12, 5. 11. 1848, Landesbibliothek Stuttgart
3. zit. nach: Hummel-Haasis, Schwestern, S. 13
4. Meysenbug, Memoiren, S. 115
5. ebd., S. 123 f.
6. zit. nach: Henkel/Taubert, Das Weib, S. 33
7. Vgl. Faksimile der Frauen-Zeitung, in: ebd., S. 47 f.
8. zit. nach: Kohlhagen, Mehr als nur, S. 102 f.
9. Meysenbug, Memoiren, S. 148
10. zit. nach: Hering-Zalfen, Die Hamburger Jahre, in: Tietz, Malwida, S. 63
11. Meysenbug, Memoiren, S. 152
12. ebd., S. 158
13. ebd., S. 143 f.
14. ebd., S. 146
15. Lipp, Schimpfende Weiber, S. 258
16. zit. nach: Henkel/Taubert, Das Weib, S. 64 f.
17. zit. nach: ebd., S. 99
18. zit. nach: ebd., S. .9
19. zit. nach: ebd., S. 86 f.
20. Meysenbug, Memoiren, S. 180
21. zit. nach: Tietz, Malwida, S. 94
22. Meysenbug, Memoiren, S. 247
23. ebd., S. 281
24. zit. nach: Tietz, Malwida, S. 97
25. Meysenbug, Memoiren, S. 283
26. Alle Nietzsche-Zitate in: Tietz, Malwida, S. 134 ff.
27. in: ebd., S. 130
28. zit. nach: Gerhard, Verhältnisse, S. 443
29. zit. nach: Gerhard, Unerhört, S. 81
30. zit. nach: ebd., S. 82

31. zit. nach: ebd., S. 85
32. zit. nach: Schenk, Die feministische Herausforderung, S. 29f.
33. zit. nach: Gerhard, Unerhört, S. 166
34. Beide Zitate: ebd., S. 222
35. zit. nach: Schmid, Totgeschwiegen, S. 139f.
36. zit. nach: Nave-Herz, Geschichte, S. 43
37. zit. nach: Fuchs, Sittengeschichte Bd. 3, S. 339f.
38. zit. nach: Nave-Herz, S. 44
39. zit. nach: ebd., S. 19
40. zit. nach: ebd., S. 19f.

In Küche und Kontor – Frauen verdienen ihr eigenes Geld

1. Ottilie Bader, in: W. Emmerich (Hg.), Proletarische Lebensläufe, Reinbek 1974, Bd. 1, S. 134f., zit. nach: Weber-Kellermann, Frauenleben, S. 164
2. Nach H. Rosenbaum, Formen der Familie, Frankfurt/M. 1982, S. 408f., zit. nach: ebd., S. 165f.
3. Felix Notvest, Tüchtige Kaufleute gesucht, in: Zeitschrift für weibliche Handlungsgehilfen, 10/1913, S. 145f., zit. nach: Nienhaus, Berufsstand weiblich, S. 27
4. zit. nach: Preußen. Zur Sozialgeschichte eines Staates, S. 281f.
5. Eugen Roth, Ernst und heiter, S. 159
6. Die Post vom 10.12.1890, wiederholt in: Der Landbote, Prenzlau 12, 1891, S. 728, zitiert nach: Saul, Um die konservative Struktur Ostelbiens, S. 147
7. Beide Zitate in: Walser, Dienstmädchen, S. 19, 20
8. zit. nach: Fuchs, Sittengeschichte, Bd. 3, S. 301
9. zit. nach: Stillich, Lage der weiblichen Dienstboten, S. 324f.
10. Viersbeck, In fester Stellung, S. 5
11. ebd., S. 5
12. zit. nach: Wierling, Mädchen für alles, S. 77
13. Torberg, Die Tante Jolesch, S. 47f.
14. Viersbeck, In fester Stellung, S. 7f.
15. ebd., S. 14
16. ebd., S. 15
17. zit. nach: Stillich, Lage der weiblichen Dienstboten, S. 151
18. zit. nach: ebd., S. 151
19. Viersbeck, In fester Stellung, S. 35f.
20. Wetzorke, Aber ein eigener Haushalt, S. 39
21. W. Buchholz, Wasser und Seife, Hamburg 1868, S. 63, zit. nach: K. Hausen, Große Wäsche, S. 285
22. Holle, Das deutsche Haus, Bd. 1, S. 451
23. zit. nach: Müller, Dienstbare Geister, S. 177f.
24. Viersbeck, In fester Stellung, S. 23
25. ebd., S. 23f.
26. Nur stets fidel und zangossi, Altberliner Theaterlieder – Gesammelt von L. Richter, Berlin 1896, S. 62, zit. nach: Schultz, In Berlin in Stellung, S. 56
27. Müller-Staats, Klagen über die Dienstboten, S. 76

28. ebd., S. 42
29. Die Hamburger Köchinnen und Dienstmädchen und der Hamburger Beobachter als Mörder ihres guten Rufs, Hamburg, 2. Auflage 1848, zit. nach: ebd., S. 99
30. zit. nach: Stillich, Lage der weiblichen Dienstboten, S. 254
31. Müller-Staats, Klagen über Dienstboten, S. 123
32. zit. nach: Wetzorke, Aber ein eigener Haushalt, S. 47
33. zit. nach: Stillich, Lage der weiblichen Dienstboten, S. 332
34. Viersbeck, In fester Stellung, S. 105 f.
35. zit. nach: Wetzorke, Aber ein eigener Haushalt, S. 50
36. zit. nach: Walser, Dienstmädchen, S. 101

Die Last mit der Lust

1. Aretz, Elegante Frau, S. 227
2. Fuchs, Sittengeschichte, Bd. 3, S. 116
3. ebd., S. 3
4. zit. nach: ebd., S. 120
5. Hedda Droneck, Zur Mädchenerziehung, in: Geschlecht und Gesellschaft, Bd. 2, zit. nach: ebd., S. 313
6. Aretz, Elegante Frau, S. 253
7. Fuchs, Sittengeschichte, Bd. 3, S. 386
8. zit. nach: Buhr, 1000 Jahre, S. 29 f.
9. zit. nach: Fuchs, Sozialgeschichte, S. 404
10. zit. nach: ebd., S. 390
11. Meyers Conversations-Lexikon 1889, S. 418
12. vgl. Fuchs, Sittengeschichte, Bd. 3, S. 395
13. ebd., S. 398
14. zit. nach: Gerhard, Unerhört, S. 254
15. zit. nach: ebd., S. 251
16. zit. nach: ebd., S. 254
17. Fuchs, Sittengeschichte, Bd. 3, S. 363
18. von Raumer, Über die Erziehung der Mädchen, S. 80 f.
19. Ebhardt, Franz, Der gute Ton in allen Lebenslagen. Ein Handbuch für den Verkehr in der Familie, in der Gesellschaft und im öffentlichen Leben, Berlin 1878, S. 27 f., zit. nach: Krumrey, Entwicklungsstrukturen, S. 349
20. von Raumer, Erziehung der Mädchen, S. 68 f.
21. Herminynia Zur Mühlen, Das Riesenrad, Stuttgart 1932, zit. nach: Könnecker, Mädchenjahre, S. 226
22. Zikel, Hygiene, S. 72 f.
23. ebd., S. 81
24. ebd., S. 81
25. Heinz Zikel, Das Geschlechtsleben der Frauen. Handbuch der Geschlechtslehre und Gefühlshygiene für Frauen und Erzieher, Berlin 1918, 31. Auflage, zit. nach: Könnecker, Mädchenjahre, S. 218
26. Zikel, Hygiene, S. 34
27. zit. nach: Weber, Sitte und Sünde, S. 30 f.

28. Zikel, Hygiene, S. 84
29. ebd., S. 77
30. von Raumer, Erziehung der Mädchen, S. 63
31. zit. nach: Frevert, Frauen-Geschichte, S. 129
32. ebd., S. 129
33. zit. nach: Gerhard, Unerhört, S. 44
34. zit. nach: ebd., S. 45
35. zit. nach: Schröder, Franziska, S. 4
36. zit. nach: Fritz, Erotische Rebellion, S. 44
37. von Reventlow, Briefe, S. 21
38. zit. nach: Gnüg, Frauen Literatur, S. 263
39. zit. nach: Schröder, S. 5
40. Fritz, Erotische Rebellion, S. 30
41. Schröder, Franziska, S. 8
42. zit. nach: ebd., S. 12
43. zit. nach: ebd., S. 15
44. ebd., S. 16
45. zit. nach: ebd., S. 7
46. von Reventlow, Autobiographisches, S. 455
47. ebd., S. 453
48. Zürcher Diskussionen, S. 7, zit. nach: Schröder, Franziska
49. von Reventlow, Autobiographisches, S. 458
50. ebd., S. 459
51. Beide Zitate ebd., S. 463
52. zit. nach: Zürcher Diskussionen, S. 2, in: Schröder, Franziska
53. von Reventlow, Autobiographisches, S. 483
54. ebd., S. 484
55. ebd., S. 488
56. zit. nach: Schröder, Franziska, S. 19
57. ebd., S. 19

Frauen erobern die Welt

1. zit. nach: Jehle, Ida Pfeiffer, S. 14f.
2. Binzer, Alegrias e tristezas, S. 23
3. Torberg, Die Tante Jolesch, S. 76f.
4. zit. nach: Jehle, Ida Pfeiffer, S. 12
5. zit. nach: ebd., S. 11
6. zit. nach: ebd., S. 1
7. zit. nach: Potts, Aufbruch, S. 16
8. zit. nach: Pelz, in: Brinker-Gabler, Deutsche Literatur, S. 147
9. zit. nach: Jehle, Ida Pfeiffer, S. 13
10. zit. nach: Pelz, in: Brinker-Gabler, Deutsche Literatur, S. 149
11. zit. nach: Jehle, Ida Pfeiffer, S. 13
12. Die Gartenlaube 1913, zit. nach: ebd., S. 10
13. Munzinger-Archiv, 1976
14. Deutsche Rundschau für Geographie und Statistik 22/1900, zit. nach: Jehle, Ida Pfeiffer, S. 15

15. Ferdinand Gregorovius, Zur Reiseliteratur, in: Deutsches Museum, Leipzig 1852, Bd. 1, S. 212, zit. nach: Jehle, Ida Pfeiffer, S. 16
16. zit. nach: Potts, Aufbruch, S. 51
17. vgl. Keay, Mehr Mut, S. 157
18. zit. nach: ebd., S. 167
19. zit. nach: ebd., S. 193
20. Pfeiffer, Reise einer Wienerin, S. 9f.
21. ebd., S. 9
22. Ida Pfeiffer, Reise nach Madagaskar, S. 21, zit. nach: Jehle, Ida Pfeiffer, S. 25
23. zit. nach: ebd., S. 60
24. Pfeiffer, Reise einer Wienerin, S. 83
25. ebd., S. 12
26. ebd., S. 196
27. ebd., S. 181
28. zit. nach: Jehle, Ida Pfeiffer, S. 61
29. Pfeiffer, Reise einer Wienerin, S. 313
30. Pfeiffer, Eine Frau, S. 9
31. zit. nach: Jehle, Ida Pfeiffer, S. 89
32. zit. nach: ebd., S. 92
33. zit. nach: ebd., S. 92
34. zit. nach: ebd., S. 93
35. zit. nach: ebd., S. 93
36. Pfeiffer, Reise nach Madagaskar, S. 88f.
37. Pfeiffer, Eine Frau, S. 222
38. Pfeiffer, Eine Frau, S. 245
39. zit. nach: Jehle, Ida Pfeiffer, S. 50f.
40. zit. nach: ebd., S. 117
41. zit. nach: ebd., S. 147
42. Pfeiffer, Meine zweite Weltreise, zit. nach: ebd., S. 220
43. Blanch, Sie folgten ihrem Stern, S. 332
44. Eberhardt, Die Zawiya, zit. nach: Errera, Isabelle Eberhardt, S. 72
45. ebd., zit. nach: Errera, Isabelle Eberhardt, S. 76
46. zit. nach: ebd., S. 181
47. zit. nach: ebd., S. 245
48. zit. nach: ebd., S. 323
49. zit. nach einem Manuskript von Ria Endres, »Recht auf Vagabondage«, gesendet auf NDR 3 am 30.04.1991

Literatur

Alic, Margaret: *Hypatias Töchter*. Der verleugnete Anteil der Frauen an der Naturwissenschaft, Zürich 1987

Aretz, Gertrude: *Die elegante Frau*. Eine Sittenschilderung vom Rokoko bis zur Gegenwart, Leipzig/Zürich 1929

Aston, Louise: *Meine Emancipation*. Verweisung und Rechtfertigung, Brüssel 1846

Berger, Renate: *Malerinnen auf dem Weg ins 20. Jahrhundert*. Kunstgeschichte als Sozialgeschichte, 2. Auflage Köln 1986

Berger, Renate (Hg.): *»Und ich sehe nichts, nichts als die Malerei«*. Autobiographische Texte von Künstlerinnen des 18.–20. Jahrhunderts, Frankfurt/Main 1987

Binzer, Ina von: *Alegrias e tristezas de uma educadora alemã no Brasil*, São Paulo 1956

Blanch, Lesley: *Sie folgten ihrem Stern*. Frauenschicksale im Orient, Hamburg 1955

Blasius, Dirk: *Ehescheidung in Deutschland 1794–1945*. Scheidung und Scheidungsrecht in historischer Perspektive. (= Kritische Studien zur Geschichtswissenschaft Bd. 74), Göttingen 1978

Bloch, Ernst: *Das Prinzip Hoffnung*, 3 Bde., Frankfurt/Main 1980, 7. Auflage

Blochmann, Elisabeth: *Das »Frauenzimmer« und die »Gelehrsamkeit«*. Eine Studie über die Anfänge des Mädchenschulwesens in Deutschland, Heidelberg 1966

Blos, Anna: *Frauen der deutschen Revolution*. Zehn Lebensbilder, Dresden 1928

Boehm, Laetitia: Von den Anfängen des akademischen Frauenstudiums in Deutschland. Zugleich ein Kapitel aus der Geschichte der Ludwig-Maximilians-Universität München, in: *Historisches Jahrbuch* 1958, S. 298–327

Brinker-Gabler, Gisela: *Deutsche Literatur von Frauen*. Zweiter Band: 19. und 20. Jahrhundert, München 1988

Buhr, Emmy: *1000 Jahre Hamburger Dirnentum*. Aus der Sittengeschichte der Hansestadt vom grauen Altertum bis zum modernen Heute, Hamburg o. J.

CAMERA Nr. 5, 58. Jahrgang, 1979

Diebie, Pascal: *Wie man sich bettet*. Eine Kulturgeschichte des Schlafzimmers, Stuttgart 1991

Die Mendelssohns in Berlin. Eine Familie und ihre Stadt. Ausstellung des Mendelssohn-Archivs der Staatsbibliothek Preußischer Kulturbesitz Berlin, Wiesbaden 1983

Errera, Eglal: *Isabelle Eberhardt*. Eine Biographie mit Briefen, Tagebuchblättern, Prosa, Basel 1989

Feyl, Renate: *Der lautlose Aufbruch*. Frauen in der Wissenschaft, Darmstadt 1983

Frevert, Ute: *Frauen-Geschichte.* Zwischen Bürgerlicher Verbesserung und neuer Weiblichkeit, Frankfurt/Main 1986

Fritz, Helmut: *Die erotische Rebellion.* Das Leben der Franziska Gräfin zu Reventlow, Frankfurt/Main 1980

Fuchs, Eduard: *Illustrierte Sittengeschichte vom Mittelalter bis zur Gegenwart in drei Bänden*, Berlin 1912

Fuchs, Eduard: *Sozialgeschichte der Frau*, Berlin 1906, Nachdruck Frankfurt/Main 1973

Gerhard, Ute: *Unerhört.* Die Geschichte der deutschen Frauenbewegung, Reinbek 1990

Gerhard, Ute: *Verhältnisse und Verhinderungen.* Frauenarbeit, Familie und Rechte der Frauen im 19. Jahrhundert. Mit Dokumenten, Frankfurt/Main 1978

Gerhard, Marlis: Franziska zu Reventlow, in: Hans-Jürgen Schulz (Hg.): *Frauen.* Porträts aus zwei Jahrhunderten, Stuttgart, Berlin 1981

Gnüg, Hiltrud/Möhrmann, Renate (Hg.): *Frauen Literatur Geschichte.* Schreibende Frauen vom Mittelalter bis zur Gegenwart, Stuttgart 1985

Greven-Aschoff, Barbara: *Die bürgerliche Frauenbewegung in Deutschland 1894–1933*, Göttingen 1981

Hahn, Georg, Angelica und Friedrich Götz, Brigitte Marcher (Hg.): *Kinder, Küche, Kleider...* Historische Texte zur Mädchenerziehung, Wien 1982

Hausen, Karin: *Große Wäsche.* Technischer Fortschritt und sozialer Wandel in Deutschland vom 18. bis ins 20. Jahrhundert, in: Geschichte und Gegenwart, 1987, S. 273–303

Henkel, Martin/Rolf Taubert: *Das Weib im Conflict mit den socialen Verhältnissen.* Mathilde Franziska Anneke und die erste deutsche Frauenzeitung, Bochum 1976

Hensel, Sebastian: *Die Familie Mendelssohn.* 2 Bde., Leipzig 1924

Hippel, Theodor Gottlieb von: *Über die Ehe*, Erstausgabe 1774, Nachdruck Stuttgart 1972

Holle, Luise (Hg.): *Das deutsche Haus.* Ein Ratgeber und Helfer für das gesamte häusliche Leben der deutschen Familie, 2 Bde., Hanau o. J.

Hummel-Haasis, Gerlinde: *Schwestern, zerreißt eure Ketten.* Zeugnisse zur Geschichte der Frauen in der Revolution von 1848/49, München 1982

Jehle, Hiltgund: *Ida Pfeiffer.* Weltreisende im 19. Jahrhundert. Zur Kulturgeschichte reisender Frauen, Münster/New York 1989

Keay, Julia: *Mehr Mut als Kleider im Gepäck.* Frauen reisen im 19. Jahrhundert durch die Welt. Geschichten von weiblicher Entdeckerfreude und Abenteuerlust jenseits aller Konventionen, Bern, München, Wien 1991

Kleßmann, Eckart: *Die Mendelssohns.* Bilder aus einer deutschen Familie, Zürich, München 1990

Koch, Christiane: *Wenn die Hochzeitsglocken läuten.* Glanz und Elend der Bürgerfrauen im 19. Jahrhundert, Dissertation Marburg 1985

Könnecker, Marie-Louise: *Mädchenjahre.* Ihre Geschichte in Bildern und Texten, Darmstadt 1989, 2. Auflage

Kohlhagen, Norgard: *Mehr als nur ein Schatten vom Glück.* Mathilde Franziska Anneke. Ein Leben in abenteuerlicher Zeit, Reinbek 1990

Kohlhagen, Norgard: *»Sie schreiben wie ein Mann, Madame!«* Von der schweigenden Frau zur schreibenden Frau, Frankfurt/Main 1983
Krichbaum, Jörg/Rein A. Zondergeld: *Künstlerinnen*. Von der Antike bis zur Gegenwart, Köln 1979
Krumrey, Horst-Volker: *Entwicklungsstrukturen von Verhaltensstandarden*. Eine soziologische Prozeßanalyse auf der Grundlage deutscher Anstands- und Manierenbücher von 1870–1970, Frankfurt/Main 1984
Lahann, Birgit: *Hochzeit*, Hamburg 1987
Lange, Helene und Gertrud Bäumer (Hg.): *Handbuch der Frauenbewegung*. Erster Teil: Die Geschichte der Frauenbewegung in den Kulturländern, Berlin 1901, Nachdruck Weinheim/Basel 1980
Lange, Helene: *Kampfzeiten*. Aufsätze und Reden aus vier Jahrzehnten, 2 Bde., Berlin 1928
Lipp, Carola (Hg.): *Schimpfende Weiber und patriotische Jungfrauen*. Frauen im Vormärz und in der Revolution, Bühl-Moos 1986
Maurer, Doris: *Annette von Droste-Hülshoff*. Ein Leben zwischen Auflehnung und Gehorsam, Bonn 1982
Meysenbug, Malwida von: *Memoiren einer Idealistin*, hg. von Renate Wiggershaus, Frankfurt/Main 1985
Meysenbug, Malwida von: *Memoiren einer Idealistin*, Stuttgart/Berlin/Leipzig 1922
Milde, Karoline: *Der deutschen Jungfrau Wesen und Wirken*. Winke für das geistige und praktische Leben, 8. Auflage, Leipzig 1888
Möhrmann, Renate (Hg.): *Frauenemanzipation im deutschen Vormärz*. Texte und Dokumente, Stuttgart 1989
Möller, Wilhelm: *Das praktische Frauenbuch*. Ein bewährter Ratgeber der Hausfrauen in allen Lebenslagen, Berlin o. J. (um 1900)
Mouchard, Christel: *Es drängte sie, die Welt zu sehen*. Unentwegte Reisende des 19. Jahrhunderts, Hannover 1990
Müller, Heidi: *Dienstbare Geister*. Leben und Arbeitswelt städtischer Dienstboten, Berlin 1985
Müller-Staats, Dagmar: *Klagen über Dienstboten*. Eine Untersuchung über Dienstboten und ihre Herrschaften, Frankfurt/Main 1987
Nave-Herz, Rosemarie: *Die Geschichte der Frauenbewegung in Deutschland*, Lizenzausgabe für die Bundeszentrale für politische Bildung Bonn, 3. Auflage, Bonn 1988
Nienhaus, Ursula: *Berufsstand weiblich*. Die ersten weiblichen Angestellten, Berlin 1982
Obschernitzki, Doris: *»Der Frau ihre Arbeit!«* Lette-Verein. Zur Geschichte einer Berliner Institution 1866 bis 1986, Berlin 1987
Ottmüller, Uta: *Die Dienstbotenfrage*. Zur Sozialgeschichte der doppelten Ausnutzung von Dienstmädchen im deutschen Kaiserreich, Münster 1978
Otto, Ingrid: *Bürgerliche Töchtererziehung im Spiegel illustrierter Zeitschriften von 1865 bis 1915*, Hildesheim 1990
Pfeiffer, Ida: *Die Reise nach Madagaskar*, Marburg 1980
Pfeiffer, Ida: *Eine Frau fährt um die Welt*. Die Reise 1846 nach Südamerika, China, Ostindien, Persien und Kleinasien, Wien 1850, Nachdruck Wien 1989

Pfeiffer, Ida: *Reise einer Wienerin in das Heilige Land*, Wien 1844, Nachdruck Stuttgart 1969

Potts, Lydia (Hg.): *Aufbruch und Abenteuer*. Frauen-Reisen um die Welt ab 1785, Berlin 1988

Preußen. Versuch einer Bilanz. Bd. 3: *Preußen. Zur Sozialgeschichte eines Staates*. Eine Darstellung in Quellen, bearbeitet von Peter Brandt. Reinbek 1981; darin: Barbara Duden/Elisabeth Meyer-Renschhausen: »Landarbeiterinnen, Näherinnen, Dienstmädchen, Hausfrauen.« Frauenarbeit in Preußen, S. 265–285

Raumer, Karl von: *Die Erziehung der Mädchen*, Stuttgart 1853

Reventlow, Franziska Gräfin zu: *Briefe 1890–1917*. Herausgegeben von Else Reventlow, München 1975

Reventlow, Franziska Gräfin zu: *Autobiographisches*. Herausgegeben von Else Reventlow, München 1980

Roth, Eugen: *Ernst und heiter*, München 1964

Saint-Laurent, Cécil: *Drunter*. Eine Kultur- und Phantasiegeschichte der weiblichen Dessous, Wien 1988

Saul, Klaus: »Um die konservative Struktur Ostelbiens: Agrarische Interessen, Staatsverwaltung und ländliche ›Arbeiternot‹«. Zur konservativen Landarbeiterpolitik in Preußen-Deutschland 1889–1914, in: Dirk Stegmann u. a. (Hg.): *Deutscher Konservatismus im 19. und 20. Jahrhundert*. Festschrift für Fritz Fischer zum 75. Geburtstag und zum 50. Doktorjubiläum, Bonn

Schenk, Herrad: *Die feministische Herausforderung*. 150 Jahre Frauenbewegung in Deutschland, München 1980

Schmid, Sigrid/Hanna Schnedl (Hg.): *Totgeschwiegen*. Texte zur Situation der Frau von 1880 bis in die Zwischenkriegszeit, Wien 1982

Schröder, Hannelore: *Die Frau ist frei geboren*. Texte zur Frauenemanzipation, Bd. 2: 1870–1918, München 1983

Schröder, Hans Eggert: *Franziska zu Reventlow*. Schwabing um die Jahrhundertwende, in: Marbacher Magazin, 8/1978

Schroeder, Hiltrud: *Sophie & Co*. Bedeutende Frauen Hannovers, Hannover 1991

Schultz, Violet: *In Berlin in Stellung*. Dienstmädchen im Berlin der Jahrhundertwende, Berlin 1989

Simmel, Monika: *Erziehung zum Weibe*. Mädchenbildung im 19. Jahrhundert, Frankfurt/Main, New York 1980

Stillich, Oscar: *Die Lage der weiblichen Dienstboten in Berlin*, Berlin/Bern 1902

Tietz, Günter (Hg.): *Malwida von Meysenbug*. Ein Portrait, Frankfurt, Berlin, Wien 1985

Torberg, Friedrich: *Die Tante Jolesch oder der Untergang des Abendlandes in Anekdoten*, München 1977

Viersbeck, Doris: »*...in fester Stellung*«. Leben eines Hamburger Dienstmädchens um 1900. Nachdruck der Ausgabe von München 1910, Düsseldorf 1986

Walser, Karin: *Dienstmädchen*. Frauen und Weiblichkeitsbilder um 1900, Frankfurt/Main 1985

Weber, Annemarie (Hg.): *Sitte und Sünde*. Erotischer Ratgeber aus den letzten 100 Jahren, Frankfurt/Main 1979

Weber-Kellermann, Ingeborg: *Frauenleben im 19. Jahrhundert*, München 1983

Weißbrodt, Karl: *Vom rechten Gebrauche des Ehebettes*. Gattenpflichten christlich und ärztlich beleuchtet. Ein Hochzeitsbrevier für Brautleute und Vermählte, Bern/Leipzig 1881, 2. Auflage, Nachdruck Tübingen 1979

Weisweiler, Eva: *Komponistinnen aus 500 Jahren*. Eine Kultur- und Wirkungsgeschichte in Biographien und Werkbeispielen, Frankfurt/Main 1981

Wetzorke, Friederike: *»...aber ein eigener Haushalt wär' schöner«*. Dienstmädchen in Braunschweig um die Jahrhundertwende, Frankfurt/Main 1988

Wierling, Dorothee: *Mädchen für alles*. Arbeitsalltag und Lebensgeschichte städtischer Dienstmädchen um die Jahrhundertwende, Berlin/Bonn 1987

Wolff-Arndt, Philippine: *Wir Frauen von einst*. Erinnerungen einer Malerin, München 1929

Zikel, Heinz: *Hygiene der weiblichen Leidenschaften*. Ein ärztlicher Ratgeber für das weibliche Geschlecht und seine Erzieher, 2. Auflage, Berlin o. J. (um 1910)

Zikel, Heinz: *Das Sexualleben der Frauen*. Handbuch der Geschlechtslehre und Gefühlshygiene der Frauen und deren Erzieher, Berlin o. J. (um 1911)

Zinnecker, Jürgen: *Sozialgeschichte der Mädchenbildung*. Zur Kritik der Schulerziehung von Mädchen im bürgerlichen Patriarchalismus, Weinheim, Basel 1973

Schlagwortverzeichnis

Bildquellennachweis

Archiv der deutschen Frauenbewegung, Kassel: 77, 135, 163, 239, 275
Archiv für Kunst und Geschichte, Berlin: 11, 21, 34, 41, 47, 57, 69, 85, 89, 99, 107, 115, 125, 155, 171, 177, 193, 211, 212, 215, 223, 245, 249, 265
Dalli-Werke, Stolberg: 187
Ullstein Bilderdienst, Berlin: 42, 181, 195, 235
Nationalarchiv der Richard-Wagner-Stiftung/Richard-Wagner Gedenkstätte Bayreuth: 129